第三批“中央党校人才强校专项基金”及国家自然科学基金青年项目（项目编号：71103183）资助出版

激活中国财政存量资金

基于货币政策视角的研究

陈建奇／著

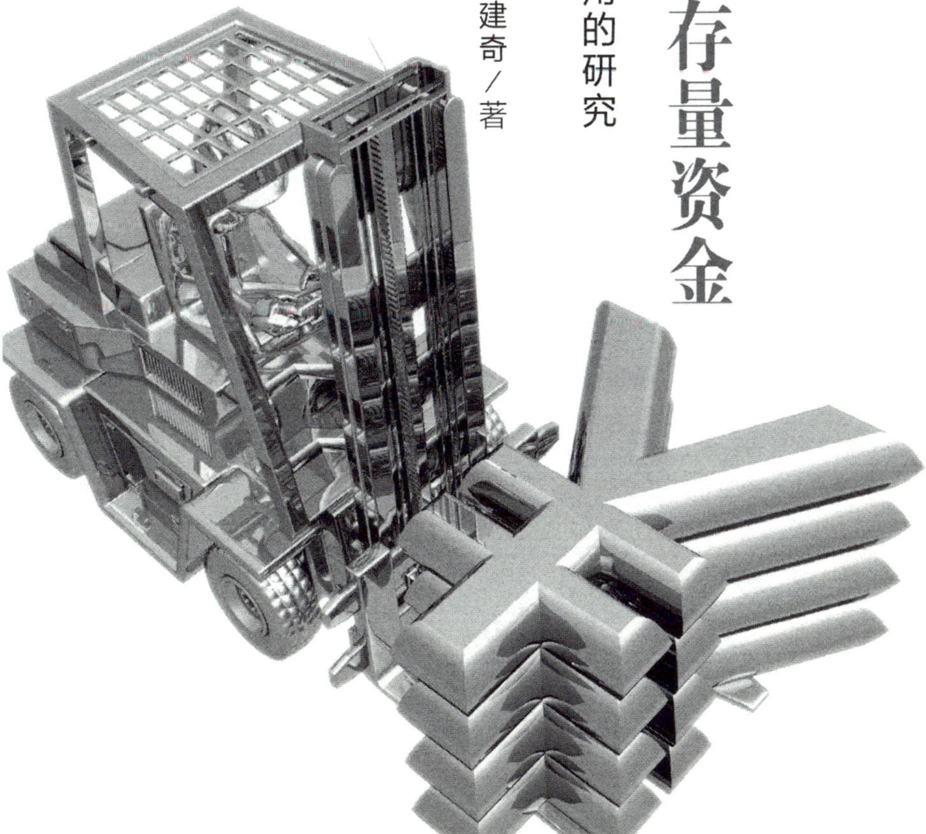

知识产权出版社
全国百佳图书出版单位

图书在版编目（CIP）数据

激活中国财政存量资金：基于货币政策视角的研究/ 陈建奇著.
—北京：知识产权出版社，2014.12

ISBN 978-7-5130-3210-0

Ⅰ.①激… Ⅱ.①陈… Ⅲ.①国库—现金管理—研究—中国 Ⅳ.①F832.21

中国版本图书馆CIP数据核字（2014）第283474号

内容提要

中国拥有的财政国库存量资金在金融危机以来逆势上升并一度超过4万亿人民币，中国成为世界上拥有最多财政现金的国家。巨额财政国库存量资金高位运行尽管有助于提升财政支付能力，但国库现金存放于央行国库并未服务实体经济发展，凸显了财政现金的体外循环与巨大的时间价值损失。为此，本书重点研究如何激活财政存量资金的问题。通过中国现实制度背景探讨财政国库现金出现巨额闲置的内在原因，分析不同国库现金管理制度下财政现金波动对宏观货币政策的影响机制，在此基础上，提出激活财政存量资金并且规避其对宏观货币政策负面影响的制度选择，寻求财政部门与央行均能接受的折中方案，目标是推动中国现代国库现金管理制度的创新与完善，促进财政现代化以提升国家治理能力。本书适合关注公共财政、货币金融及宏观经济的读者。

责任编辑：许　波

激活中国财政存量资金——基于货币政策视角的研究
JIHUO ZHONGGUO CAIZHENG CUNLIANG ZIJIN JIYU HUOBI ZHENGCE SHIJIAO DE YANJIU
陈建奇 著

出版发行：知识产权出版社有限责任公司	**网　址：**http：//www. ipph. cn
电　话：010－82004826	http：//www. laichushu. com
社　址：北京市海淀区马甸南村1号	**邮　编：**100088
责编电话：010－82000860转8380	**责编邮箱：**xbsun@163.com
发行电话：010－82000860转8101／8029	**发行传真：**010－82000893／82003279
印　刷：北京中献拓方科技发展有限公司	**经　销：**各大网上书店、新华书店及相关专业书店
开　本：720mm×1000mm　1/16	**印　张：**12. 75
版　次：2014年12月第1版	**印　次：**2014年12月第1次印刷
字　数：210千字	**定　价：**42．00元

ISBN 978－7－5130－3210－0

前　言

伴随21世纪以来中国经济的快速成长，中国财政国库现金持续飙升，甚至一度突破4万亿人民币，激活财政存量资金已成为当前社会极为关注的热点话题。然而，类似国库现金等财政存量资金的相关概念生僻难懂，或者由于财政存量资金研究领域相对狭窄，阻碍了学界对其深入的讨论与研究；同时，21世纪之前，中国财政现金并不充裕的现实情况也预示财政存量资金问题的研究并不迫切。但近年来在世界经济格局加速变革的背景下，全球经济逐步显露中国因素，中国不仅占据了全球第二大经济体的位置，而且成为拥有最多外汇储备的国家，中国人民银行资产超过美联储、欧洲央行和日本央行而跃居首位。上述问题都引发了激烈的讨论与大量的研究，但相比上述一系列光环，金融危机以来中国拥有全球最多的财政国库现金则不被外界所熟知，但相关事实已足以说明本书研究的重要性。

如上所述，财政存量资金问题的研究颇为生僻，为何我会选择这个问题呢？这与我的工作经历具有较大的联系。2000年以来财政部在全国开展国库集中收付管理制度改革试点，福建省作为试点省份获得了率先开展国库集中支付管理制度改革的机会，我于2002年进入福建省财政厅工作并有幸参加了省级财政部门的国库集中支付管理制度改革，这为我熟悉并参与现代财政国库业务改革及发展提供了重要的机会，也为我积累提升对财政存量资金的认识奠定了重要的基础。2007年我到浙江大学攻读博士学位，博士生导师陈凌教授和李金珊教授建议我结合自身的背景对财政国库问题进行深入的研究，近年来我与中国劳动关系学院张原副教授等持续合作发表了关于财政特别是国库现金的多篇研究成果，形成了对激活财政存量资金的研究观点。

相关研究成果的发布引发了业界的关注，也引起了财政部国库司的重视。2008年年底，受财政部国库司国库现金管理处的邀请，我有幸作为财政部国库司与联合国发展计划署国际国库现金管理课题研讨会的中方专家，在会上做“关于设置财政最优国库库底现金余额的模型选择”的报告。此后与财政部国库司、亚洲开发银行及部分地方财政部门合作，研究中央及地方政府财政国库现金最优余额及制度优化，多次在财政部国库司举办的地方国库现金管理座谈会上做主题演讲，并于2010年受聘亚洲开发银行地方国库现金管理专家，到黑龙江、山西、甘肃、重庆、上海、深圳等六省市进行较为深入的国库现金管理课题调研，逐步形成了国库现金等财政存量资金问题的新思路。

然而，财政存量资金的问题颇为复杂，本书的研究也不能面面俱到。为何这么多年来政府不仅没能有效激活财政存量资金，而且还导致财政存量资金大幅膨胀？激活财政存量资金面临什么困难？结合中国的实际来看，这些问题的核心在于厘清激活财政存量资金与货币政策的关系。为此，本书侧重从货币政策视角进行研究，主要分析不同制度下财政国库存量资金波动对货币政策的影响机制，在此基础上，提出激活财政存量资金并且规避其对货币政策影响的制度选择，目标是构建和完善中国现代国库现金管理制度，提升国家治理能力。

本书的写作和完善经历了较长时间，如今能够面世离不开单位及家人、朋友的帮助。这里尤其要感谢博士生导师陈凌教授、李金珊教授给予的指导，他们不仅在写作中给予我理论指导，而且积极引荐相关领域的官员及专家学者为我把关指正。此外，还要感谢北京大学博士后合作导师卢锋教授的指导，他使我对宏观经济有了更深的理解，促使我拓展思维，从宏观经济视角重新审视财政国库现金这一看似生僻的领域。中央党校的任教经历让我有机会与更多政府领导对相关问题进行深入的交流，2014年到浙江省长兴县挂职副县长又让我对相关问题有了更深的体会，中央党校国际战略所韩保江所长的鼓励促使我加快出版本书的计划。同时，还要感谢知识产权出版社对本书出版的支持。总之，本书从写作到如今的出版经历多年，需要感谢的太多，仅以此书的出版表达谢意，并欢迎多提宝贵意见。

陈建奇

2014年秋于北京紫成嘉园

目　录

第1章　导　论

1.1 研究背景与问题提出

全球经济增长的中国因素在近年来尤其突出，伴随中国经济总量在2010年超越日本跃居全球第二之后，2013年中国货物进出口总额超过美国，金融危机以来中国成为拉动全球经济增长贡献最强的国家。与实体经济较快发展相对应的是，货币金融体量也开始急剧膨胀，截至2014年3月，中国拥有3.95万亿美元外汇储备，位居全球首位，中国央行购买巨额外汇储备而被动投放将近30万亿人民币，促使货币供应量与央行资产均位居世界主要国家首位。上述现象在近年来持续受到多方关注并且引发诸多评论。然而，中国还有规模巨大但比较低调的领域，最具代表性的当属位居全球首位的巨额财政国库现金，即财政在中央银行的活期存款。2013年11月中国财政国库现金达到4.2万亿人民币，2014年4月仍然高达3.5万亿人民币，在2008年至2013年之间月均存量达到2.8万亿人民币。国库现金高位运行尽管有助于提升中国财政支付能力，避免出现短期流动性风险，但国库现金存放于央行国库并未服务实体经济发展，而且央行给予国库现金是极低的活期利率，凸显了国库现金的体外循环与巨大的时间价值损失。

以习近平为总书记的新一届政府执政以来，通过三中全会释放包括深化财税体制改革在内的全面深化改革思路，然而，宏观经济在改革元年以来出现了减速运行态势，"稳增长、促改革、惠民生"成为宏观政策重点。但本届政府明确不再诉诸于扩张性财政货币政策，而是着力通过改革释放红利，通过结构性调整稳定经济增长，其中激活财政存量资金就是其重要内容之一。2013年7月3日，李克强总理主持召开国务院常务会议，强调"把闲置、沉淀的财政资金用好，集中有限的资金用于稳增长、调结构、惠民生的重点领域和关键环节。"激活财政资金存量迅速引发热议，激活财政存量资金核心就在于激活存放于央行的巨额国库现金。然而，激活财政存量资金并非什么新的政策，早在2006年政府就启动了激活财政资金存量的措施，当时财政部与中国人民银行发布《中央国库现金管理暂行办法》，批准财政部开展中央国库现金管理，旨在深化财政国库管理制度改革，提高国库现金的使用效益。为何这么多年来政府不仅没能有效激活财政资金存量，而且还导致财政存量资金大幅膨胀？激活财政存量资金面临什么困难？针对这些问题的回答有助于理解本书的研究目的。

1.1.1 财政国库现金高位运行并非常态

激活财政存量资金的前提是财政拥有较大的沉淀资金，然而，观察中国财政收支演变，财政存量资金高位运行并非常态。改革开放以来，中国经历了“分灶吃饭”和“大包干”等财政体制改革，但都未能实现财政收入稳步增长和财政资金充裕的目标，在1994年之前中央财政甚至出现由于现金不足而向中央银行透支的行为。1994年中国推行分税制财政体制改革，从收入方面初步理顺中央与地方之间的分配关系，破解了长期以来全国财政收入占GDP比重和中央财政收入占全国财政收入比重偏低的难题。紧接着财政又推行了“收支两条线”、预算外资金清理等收入管理制度改革，财政收入从1978年的1132亿元上升到2000年的13395.23亿元。与此同时，中国财政国库的存量现金余额也不断增加，从1993年12月的473.4亿元上升到2000年12月的3100.4亿元 。

在巩固财政收入改革成果的同时，政府逐步将改革重点转向财政支出管理。2000年以来，政府着力推行部门预算改革，提高了预算编制的科学性和完整性，在此基础上，政府于2001年启动了国库集中收付管理制度改革，改变了传统财政预算收支的分散模式，财政预算收入直接进入国库，财政预算支出实行国库集中支付，预算单位账户实现零余额制度，原来滞留在预算单位账户的预算资金在未使用之前必须纳入财政集中管理。在这种背景下，伴随着财政收入于2012年快速增长到117209.75亿元，财政国库存量资金也出现迅速增长的现象，其由2001年1月的3678.27亿元上升到2014年4月的34977.18亿元，其中，2013年11月曾经触及41915.69亿元的高度。可见，财政存量资金高位运行自21世纪以来才出现，而且直到2004年财政出现巨额超收，该问题才引发关注。

可见，中国财政存量资金在近年来呈现快速上升的事实，但为什么说是高位运行呢？这就需要进行国际比较，看看其他国家的情况。结合世界主要国家来看，截至2013年1月，美国财政国库存量现金仅为4126亿元人民币，而日本为1600亿元人民币，印度为875亿元人民币，德国为190亿元人民币，法国为118.9亿元人民币（用当时汇率测算）。在金融危机前美国财政国库现金通常保持在50~70亿元美元。这些都表明当前中国财政存量资金偏高的事实。

1.1.2. 财政存量资金为何高位运行？

从1980年至今，中国财政收支除了部分年份出现小幅盈余外，90%左右的年份都是财政赤字，特别是21世纪以来，除了2007年外，中国每年都是财政赤字，但为何在财政赤字情况下却能持续积累财政存量资金呢？潜在的原因是，财政存量资金并非等同于财政盈余，而是由财政现金收支不匹配造成的，比如某些大项目批复了大额的预算资金，但这些项目需要很多年才完成，所以在项目完成之前这些项目现金流就会出现收大于支的现象，由此促使财政存量资金增加。

从这个角度看，财政存量资金较多与财政赤字并存是正常的现象。然而，如果确实由于项目的进度原因导致财政出现存量资金增长问题，那么随着项目结束必然导致财政存量资金大量下降。但事实并非如此，近年来中国财政国库现金持续多年在两万亿元以上，预示中国财政存量资金高有其更深层次的原因。结合实际情况看，财政存量资金高位运行可能有两方面的原因。一是财政批复项目预算资金的效率较低，无法准确把握项目各期实际资金需求，结果是随着财政收入的持续上升，每年大项目不断增多，当期新增大项目的现金存量平衡之前大项目消耗的资金存量，从而促使财政存量资金多年高位运行。二是财政资金沉淀较多，以前批复的项目预算资金由于超过实际需求，从而导致项目资金随着项目预算执行完毕而出现结余，最终沉淀在财政国库账户或者专户。

不管是上述哪种原因，都暴露了财政体制的内在缺陷。在2014年《中华人民共和国预算法》（以下简称《预算法》）修订之前，规定“各级政府预算的上年结余，可以在下年用于上年结转项目的支出；有余额的，可以补充预算周转金；再有余额的，可以用于下年必需的预算支出。”可见，原《预算法》并未对财政资金存量的使用作出强制性要求，促使财政及预算部门缺乏对预算执行的重视，预算单位倾向于高报项目或者部门的预算经费，多余的资金或者由于延迟预算执行进度而留下的资金既不会被财政部门“回收”，也不会遭受处罚，而且还可以结转来年使用，结果将导致财政存量资金随着财政收入上升而持续增长。尽管第十二届全国人民代表大会常务委员会第十次会议通过了关于修改《预算法》的决定，但修订后的《预算法》仍然允许结转结余资金的跨年度使用，其指出“各级政府上一年预算的结转资金，应当在下一年用于结转项目的支出；连续两年未用完的结转资金，应当作为结余资金管理。”同时，目前各预算单位重视投入而轻视产出的现象依然存在，不管预算执行是否合理或者是否达到预期，政府部门缺乏对预算单位的有力约束，容易导致预算单位“偷工减料”，降低实际开支而增加资金结余用于来年的其他支出，由此也将推升财政存量资金。

1.1.3 财政存量现金问题：巨额机会成本损失

巨额财政存量资金存放央行国库，代表着资金的巨大时间价值损失。尽管2003年之后，财政部和中国人民银行颁布了《国库存款计付利息管理暂行办法》，央行开始对国库资金计付利息，然而，由于中央银行也是政府直属机构，它支付了国库资金利息将增加央行的成本支出，导致央行上缴国家财政收入的减少，这对政府来说净收益是零，从而这种制度不能说明国库资金得到了利息收益 。如果以5%的收益率来计算，那么2013年闲置国库资金收益损失达到1600亿元左右，这相当于2013年中央单位“三公经费”71.54亿元的22倍，在各方纠结于如何压低三公经费的同时，对国库现金巨大损失的漠视显示现有公共预算管理的制度缺陷。

与此相对的是，截至2013年，中央财政有9.1万亿国债。一方面是资金闲置在财政国库滋生时间成本损失，另一方面是高额国债必须持续支付较高的利息支出，这些都凸显了财政存量资金管理效率的低下。究其原因，核心在于现行财政体制没有明确财政存量资金“谁管理、怎么管”等问题。

财政存量资金的时间价值损失，内在地要求在保证财政正常资金拨付和资金安全的前提下，最大可能地提高国库资金管理效率，在这种情况下，财政部门针对巨额国库资金闲置问题，必然倾向于激活存量，获取投资收益。

1.1.4 激活财政存量资金的难点：货币政策的影响

国库现金管理为何会出现如此低效率的状况？核心的问题应归咎于《预算法》。现行《预算法》规定：中央国库业务由中国人民银行经理，地方国库业务依照国务院的有关规定办理。中国人民银行经理国库确立了人民银行对国库现金的管理权，人民银行实行垂直管理，地方金库基本遵照中央国库做法，在这种体制下，财政部门难以单独通过开展现代国库现金管理以寻求在安全性的前提下实现国库现金收益最大化。

然而，中国人民银行为何不希望将国库现金转入流通领域而实现激活财政存量资金目标？核心原因在于激活财政存量资金与货币政策存在不一致性。中国人民银行由于购买了巨额外汇储备而向市场投入巨额货币，如果这些货币不采取措施回收，那么可能引发恶性通货膨胀。对此，央行采取多样化的举措对冲外汇占款，其中就包括将巨额国库现金用于对冲外汇占款的现象。观察中国人民银行货币当局资产负债表，对冲外汇占款的方式主要是发行央行票据、调高存款准备金率、冻结巨额国库现金。

结合目前的数据来看，央行票据从高峰时期的4万多亿人民币下降到2014年初的1万亿以下，央行票据已经逐步退出了外汇占款冲销的舞台。而存款准备金率除了近期由于经济减速而进行结构性调整以外并没有太大变化，从2003年1月至2011年3月，中国人民银行共调整存款准备金率33次，累计提高存款准备金率13%，尽管2014年以来中央银行实施差别准备金率的定向降准，但目前商业银行整体存款准备金率水平仍高于发达国家10%左右，此举相当于回收资金10万亿人民币以上。同时，财政国库现金“留在”央行国库也意味着央行回收资金近3万亿人民币。

存款准备金率提高和财政存量资金“留存”不仅极大缓解了央行的外汇占款对冲压力，更让央行走出了被动的货币政策困境。如此两全其美的事情，加快了央行从央票这个工具的退出。进一步说，央行为何要尽快放弃央票回收流动性的手段？归根到底在于央行需要支付较高的利息，反过来会促使央行货币冲销成本的上行。因而，2009年以来，央行票据不仅没有用来作更多的对冲，反而出现余额快速下降，导致货币净投放。这表明，央行货币冲销明显依赖于存款准备金率和财政存量资金，央行不希望激活财政存量资金也就情有可原。

1.1.5 激活财政存量资金的核心:理顺与货币政策的关系

财政在中央银行的存款源自政府税费及债务收入，属于全体中国公民的资产。政府理应通过市场化手段管理国库现金，实现财政闲置现金最小化和投资收益最大化，激活财政存量资金。但央行却将其压在库底对冲外汇占款，并以低利率支付利息，由此节约的对冲成本显然是以财政存款利息损失为代价，这将增加未来全国公众的纳税负担。换句话说，财政存量资金对冲外汇占款的成本，由全国纳税人共同承担，这种方式不仅缺乏效率而且也难以持续。

当然，激活财政存量资金会对市场产生什么影响呢？关于存放在央行国库的巨额财政国库现金，除了保障日常财政支出需求而必须保留适度资金余额外，其他大部分将转入流通领域，由此将增加基础货币，短期内相当于大幅降低存款准备金率的作用，从而，激活财政存量资金核心在于理顺其与货币政策的关系。

本书的选题也在于此，主要以财政国库资金对货币政策的影响为主线研究激活财政存量资金的问题。然而，关于国库资金对货币政策的影响问题，具有相当的复杂性和广泛性。一种理想的研究方式是，在世界各个国家各自的国库资金管理制度下，分析比较国库资金对货币政策的影响，然后，在此基础上总结归纳出问题的一般结论的做法可能是比较科学的。对此，由于各方面的约束，本书主要通过学习和比较国内外已有的研究成果，得出国库资金对货币政策影响的一些结论，在此基础上，结合中国的实际情况进行深入的实证研究，目标是为中国解决当前巨额财政存量资金的问题提供一些有益的参考。

1.2 研究思路与研究框架

本书以现阶段中国巨额财政国库资金闲置的时间价值损失和对央行货币政策影响的事实为问题导向，研究国库资金对货币政策的影响机制，并结合中国的现实进行实证分析，在此基础上，探讨激活财政存量资金的制度选择。具体的研究思路是：在明确国库资金管理制度分类的基础上，从理论上深入研究各种制度下国库资金对货币政策的影响机制和影响程度，接着结合中国国库资金的相关数据作实证分析，客观评价中国国库资金对货币政策的影响，在此基础上，结合理论研究得出的各种制度下国库资金对货币政策影响的特点，分析激活财政存量资金的制度选择。根据这个思路，本书的研究框架如图1.1所示。

各章内容安排如下：

第1章是导论。阐述本书选题的基本情况。

第2章是相关概念界定及文献综述。国库资金尽管属于财政的重要内容，但相关著作对此却较少进行专门阐述，因而本书在本章概念界定部分对国库资金内涵作简单的分析。第2章的重要部分在于对相关文献进行综述，通过梳理相关文献，评述国库资金对货币政策的影响。

第3章研究国库资金管理制度变迁。国库资金对货币政策的影响与国库资金管理制度安排息息相关，只有明确国库资金管理制度分类，在特定制度下讨论国库资金问题才有意义。本章重点解决国库资金管理制度分类问题，分析比较现有的分类标准，对分类体系的完备性和适用性进行讨论，完善传统国库资金管理制度的分类体系，在此基础上，分析国库资金管理制度变迁问题。

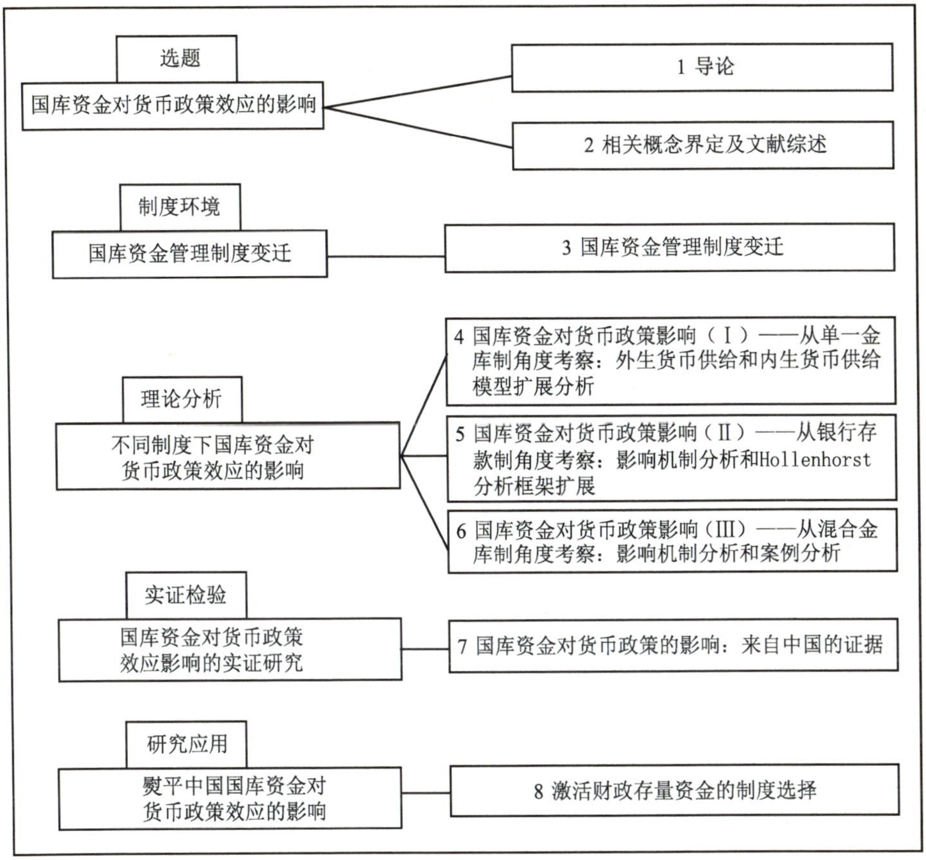

图1.1 本书的研究框架

第4章、第5章和第6章分别探讨不同国库资金管理制度下国库资金对货币政策的影响。第4章研究的是单一金库制下国库资金对货币政策的影响，第5章从银行存款制角度来分析这个问题，第6章从混合金库制角度进行研究。通常认为，单一金库制下，国库资金的增减代表基础货币的收缩和扩张，进而结合货币乘数的作用对货币供应量等货币变量造成影响，但国库资金变动影响基础货币的同时也影响了货币乘数，国库资金变化是否导致货币供应量变化的问题仍需进一步探讨。另外，传统观点一般基于外生货币供给理论，然而从内生货币供给角度看，国库资金是否会影响货币政策？这些问题在第四章进行专门分析。对于银行存款制，传统思想认为政府将资金存放在商业银行，从而可以克服单一金库制的问题，消除国库资金对货币政策的影响，然而，这种观点是否正确，如果存在偏颇，那么银行存款制下国库资金对货币政策将产生什么影响？第5章对此进行重点研究。第6章分析的混合金库制度，是现代社会很多发达市场经济国家采用的国库资金管理制度，通过本章的研究，可以明确混合金库制下国库资金对货币政策的影响机制。

第7章以中国国库资金和其他相关变量月度时间序列数据实证研究国库资金对货币政策的影响。运用动态计量分析方法研究中国国库资金对货币政策操作目标、货币政策中介目标和货币政策信贷传导机制的影响。具体而言，采用协整分析方法检验变量间的协整关系，通过Granger因果检验法判断国库资金与货币变量之间潜在的因果关系，采用脉冲响应和方差分解技术分析国库资金对货币变量的影响程度，以此综合反映中国国库资金对货币政策的影响。

第8章研究激活财政存量资金的制度选择，探讨如何熨平中国国库资金对货币政策的影响。针对中国国库资金对货币政策影响的问题，根据前面各种国库资金管理制度的理论分析结果，结合中国的具体情况，提出激活财政存量资金的制度选择，并对制度变迁的核心问题进行重点分析，为相关改革提供借鉴参考。

1.3 研究方法

本书运用现代经济学分析方法，采用规范分析与实证分析相结合的方式进行研究，具体而言，主要采用的方法如下：

（1）调研分析法。笔者到财政部国库司了解一些实际问题，包括国库资金的一些操作办法、当前国库资金管理制度的现状、存在问题，以及了解近年来国库相关改革的一些具体工作，同时到福建省财政厅等省级财政部门了解地方国库资金管理制度的一些相关改革和管理办法，了解地方国库与中央国库的关系。此外，笔者还多次向其他相关部门了解一些具体问题。

（2）逻辑推理与归纳分析。本书通过分析各国国库资金管理制度的一些现实情况，归纳总结出一些共同特征，揭示了国库资金管理制度变迁的特点。在此基础上，本书将国库资金变量纳入 *IS－LM* 模型和内生货币供给模型，拓展货币政策分析框架，结合逻辑推理方法，从理论模型中推导出单一金库制下和银行存款制下国库资金对货币政策的影响机制。

（3）计量分析法。本书运用这一方法实证研究中国国库资金对货币政策的影响，具体而言，主要利用动态计量分析方法考察国库资金与相关货币变量之间的动态关系，即通过单位根检验分析国库资金与相关货币变量的平稳性；在此基础上，运用协整理论对非平稳时间序列进行检验，分析同阶单整时间序列之间是否存在长期协整关系；同时采用Granger因果检验方法分析国库资金与货币变量之间潜在的Granger因果关系，并运用脉冲响应和方差分解方法度量国库资金对货币变量的影响方向、影响程度。

（4）比较分析法。本书运用这一方法，对不同国库资金管理制度安排进行比较分析，明确各种制度形式的特征。在此基础上，对单一金库制、银行存款制、混合金库制下国库资金影响货币政策的渠道和程度进行分析比较，并结合中国实际情况，提出熨平中国国库资金对货币政策负面影响的制度选择。

第2章 相关概念界定及文献综述

国库资金是本书的重要概念，有必要对其作一些具体的说明，从而为后面的理论分析和实证研究打下基础。本章首先对国库资金概念进行分析，在此基础上，对现有文献进行梳理总结。

2.1 相关概念界定

2.1.1 国库概念

在遥远的罗马时代就已经出现国库，当时国库的含义很简单，是指“钱笼”的意思，到帝政时代，则是指帝皇财产的意思，社会发展到近代以后，国库才开始出现现代国库的雏形，即将国库与国家财产收入联系起来，并以此与传统的帝皇财产相区别（谭平，1929）。对于国库具体的概念，虽然其历史比较久远，但并没有形成完全一致的定义，而是随着经济的发展出现不同的解释。《辞海》指出：“金库，亦称国库，经管国家预算收支的机构。金库或由国家在财政机关内单独设立，或由国家银行代理。国家预算收入均须纳入金库；国家预算支出均须自金库拨付。”[1]这个解释表明国库是管理机构，管理对象是国家预算收支。黄挹卿和王传纶（1994）对国库职能作了较明确的定位，他们指出：“国库是负责办理政府预算收入和支出的出纳机关，它是政府预算执行工作的重要组成部分，是政府预算执行的基础。”这些解释与史密斯Smith(1776)所强调的政府角色相适应，即政府仅仅扮演“夜警”的角色，市场由“看不见的手”支配，财政收支的定位仅仅为了满足政府正常运作的需要，从而决定了国库相对比较单一的职能。

20世纪30年代经济大萧条以后，发达市场经济国家运用凯恩斯有效需求理论主张政府干预，强调扩大政府支出可以解决经济有效需求不足问题，从而财政收支规模得到了空前发展，国库的管理内容和作用得到了不断加强，因此在国库概念的认识上也有了新的解释。邱华炳（2001）指出“传统意义上的国库，是经

[1] 单学勇. 国库制度——理论分析与运作管理[M]. 合肥：中国科学技术大学出版社，2004.

管政府预算收入和支出的机关，担负着办理政府预算资金的收纳和支拨，反映和监督政府预算执行情况的重要任务，是国家宏观经济抉择的信息资料库。而现代意义上的国库已不再仅仅是政府资金的托管者，而是一个主动的政府现金和财务的管理者，并在此基础上凭借全面及时的信息优势，成为对政府财政收支活动进行全方位管理的管理机构。”马海涛和安秀梅（2003）对国库作了进一步的深化，认为“现代意义上的国库已不仅仅是经办政府预算收支的保管出纳机关，而是政府实施宏观财政管理和微观财政控制的重要工具，是全面履行财政管理职能、对政府财政收支进行全方位管理和控制的综合性管理机构。”

国库的内涵随着经济水平的提高而逐步走向复杂化。从物质形态上看，国库是办理财政预算收入的收纳、划分、留解和库款支拨的专门机构，这是国库内涵的传统解释；但在现代市场经济条件下，政府成为纠正市场失灵的主体，担负着宏观调控的角色和任务，财政国库内涵也由传统的单纯物质形态发展到财政实施宏观调控的预算收支综合管理机构，它包含了财政宏观调控管理职能。可见，国库是指财政代表政府控制预算的执行、保管政府财政现金资产和负债的一系列管理职能。

2.1.2 国库资金概念

明确了国库涵义之后，国库资金的概念就容易理解。顾名思义，国库资金就是国库管理的财政预算资金[1]，具体而言，国库资金是指纳入国库管理且暂未实现支付的财政预算资金，它不仅包括库存资金，也包括国库将财政预算资金转存商业银行形成的存款[2]和国库利用财政预算资金购买的金融工具等[3]。现阶段中国实行中国人民银行经理国库制度，纳入国库管理的财政预算资金主要体现为政府在中央银行的存款，因而国库资金理论上就等于政府在中央银行的存款。具体而言，国库资金=上年国库资金结余+当年纳入国库管理的财政预算收支结余。《中华人民共和国国家金库条例》第四章规定：国家的一切预算收入，应按照规定全部缴入国库，任何单位不得截留、坐支或自行保管。因而，中国国库资金=上年国库资金结余+当年财政预算收支结余，在现行统计报表中，中国国库资金反映在货币当局资产负债表中的政府存款项目。可见，国库资金表现为一段时间内纳

❶ 包括债务收支，不包括未纳入预算管理的预算外资金。

❷ 美国政府将很多国库资金存放在商业银行作为存款，并获取利息收益。

❸ 英国、法国等国家将部分国库资金投资于货币市场，并获取投资收益。

入国库管理的财政预算收支结余的累积变化，国库资金变化是财政预算收支变化的累积反映，从而，国库资金比单期财政预算收支余额包含更多信息。

随着经济水平的发展和财政国库职能的转变，财政预算收支形式产生很大的变化，国库资金来源日趋多样性。银行体系的发展，财政预算收入可能通过发行货币解决，即向中央银行透支借款，财政预算收入在传统的税收和非税收入渠道之外增加了透支借款渠道。同时，政府主体也可以享受资本市场带来的融资方便，即可以通过发行债券筹集财政预算收入，因而，债务收入就成为财政预算收入的重要渠道，这些变化都促使国库资金的组成复杂化。另外，财政预算支出大部分由年度预算决定，从而相对固定，财政国库可以较好地把握预算支出的进度和数量；但财政预算收入随着经济形势的变化而变化，随着产出的季节性波动而发生波动，因而，国库资金波动主要来自于财政预算收入的不确定性。

通过上述分析，可以看出国库资金的多样性，从而也决定其复杂性，为了更好地把握国库资金内涵，这里有必要对国库资金与其他几个概念作一个区分。

（1）国库资金与政府储蓄。郭庆旺和赵志耘（1999）指出按照国际惯例，在经济统计中，政府储蓄是指一般政府部门的储蓄，即一般政府部门的经常性收入大于经常性支出的余额：政府储蓄=经常性收入–经常性支出。由此可见，国库资金与政府储蓄在统计口径方面存在着显着的差异：政府储蓄来源于经常性收支差额，但国库资金不仅来源于经常性收支差额，而且包括资本性收支。从而政府储蓄增加就不一定意味着国库资金的上升，同样地，国库资金的增加也不一定表明政府储蓄的增加，因为政府储蓄带来的国库资金的变化可能被不包含在政府储蓄在内的资本性收支的变化所抵消。因而，政府储蓄与国库资金不同，而且不存在明确的关系。

（2）国库资金与政府预算差额。Musgrave(1989)将政府预算差额看作是财政经常性收入扣除经常性支出后与政府投资支出的差额，郭庆旺和赵志耘（1999）在定义了政府储蓄的基础上，将预算差额称政府资金储蓄，即政府储蓄与政府投资的差。如果预算差额是正值，就表明是预算盈余，从而将减少总需求，属于紧缩性政策。相反，如果政府预算差额为负值，就出现预算赤字，这种预算赤子属于软赤字，从而表明向收入流中注入额外的需求，属于一种扩张性政策。显然，政府预算差额虽然考虑了政府的资本性支出，但是并没有纳入债务收支，这就是国库资金与政府预算差额的显著差异。另外国库资金从收入角度看，还包含了国库资金上年结余，它的范围比政府预算差额更广。如果财政资金的各种预算支出按照预算安排拨付，那么一个财政年度的国库资金与政府预算差额的关系式是：国库资金=国库资金上年结余+当年纳入国库管理的债务收支差额+当年纳入国库管理的政府财政预算差额。因而容易看出在其他条件不变的情况下，政府预算差额与国库资金可能呈现同方向变化，然而必须说明的一点是国库资金的范围更广，因而政府预算差额赤字只是意味着，在其他条件不变的情况下国库资金也可能下降，但并不能说明国库资金会出现赤字。当然预算赤字与国库资金赤字对经济的影响极为相似，都将体现为赤字融资，因而可以将预算赤字作为国库资金赤字的工具变量，研究国库资金赤字对经济的影响，这在本书后面的研究中将作更深入的讨论。

上面的讨论说明，国库资金比一般财政预算收支的范围广，它不仅由年度财政预算所决定，而且与国债管理政策有关，与财政预算执行情况有关。国库资金虽然来源于财政预算收支余额，具有容易度量和测定的特点，但它却是财政多种行为的综合反映，体现出潜在的复杂性。

2.2 文献综述

现有相关文献中，国外的相关研究大致可以分为两个阶段。一是20世纪80年代之前，发达市场经济国家还没有成熟的现代国库资金管理制度安排，有关国库资金对货币政策影响的理论研究大都集中在这个阶段，特别是20世纪六七十年代，相关问题引起了激烈的理论争议。二是20世纪80年代以来，发达市场经济国家在前一阶段理论研究的基础上，结合先进的信息网络技术逐步建立起较为高效的国库资金管理制度，相关研究逐步转向具体制度安排的应用操作层面，这个阶段的研究较多集中在具体的制度安排方面。与国外不同，中国到20世纪90年代才逐步开始建立公共财政体制，国内相关研究集中在2001年以后，特别是近年来国库资金的高速增长引起了学术界的一些讨论。总体而言，国外关于国库资金对货币政策影响的研究大致可以归结为两个方面：一是国库资金对货币政策影响机制的相关研究；二是激活财政存量资金规避其对货币政策影响的相关研究。接下来文献综述将首先阐述这两方面的内容，接着阐述国内的相关研究。

2.2.1 财政国库存量资金对货币政策影响机制的相关研究

国库资金对货币政策的影响机制与国库资金管理制度有着密切的关系，不同制度下国库资金对货币变量将产生不一样的影响。Kinley(1908)研究了独立金库制[1]的情形，指出在经济发展过程中，税收和其他预算收入不断将货币从流通领域转入国库，政府财政支出使货币由国库返回流通领域，但这些操作只关注财政自身的状况而没有考虑这种行为所引致的货币需求，从而难免对货币供给产生影响。在最简单的情况下，国库就像是一个水库一样，资金从各个方面源源不断地流入国库，同样地又不时地流出，但流出和流入却没有什么固定的关系。财政收入行为导致流通中高能货币即基础货币的减少，而支出行为又导致流通中基础货币的增加，结果可能发生以下情况，当经济流通领域需要货币时，国库却因财政收入上升而导致流通中基础货币的减少，造成不必要的紧缩效应；而当流通中货币过多供应时，财政却因增加支出而产生基础货币的额外膨胀。

这些观点得到了Friedman和Schwartz(1963)研究的证实，他们在《1867—1960年美国货币史》研究中，运用19世纪末的美国历史数据研究发现，1879年至1897年美国货币供应量的变化归因于基础货币的变化，而国库资金在很大程度上是造成当时基础货币短期波动的大部分原因，假如没有国库资金的不稳定性，那么基础货币[2]和货币存量将更加稳定。这种结论比较符合美国当时推行的独立金库制度（Trask，2002），在这种制度下，国库资金变化会导致基础货币反向变化，即国库资金增加将减少流通中的基础货币，国库资金收缩将造成市场上的基础货币供给增加的现象，从而影响货币供应量。

然而，Duggar和Rost(1969)对上述结论提出了质疑，他们研究指出，1879年至1892年之间国库的目标是通过偿还债务(Debt Retirement)抵消财政预算盈余带来的国库资金增长。然而国家债券的偿还并没有实现预算盈余下降从而促使国库资金的减少，相反地，债务偿还导致银行票据存量的减少，从而增加了国库资金，但总体而言对基础货币并没有造成很大的影响。这具体的解释是：当用于银行票据抵押的政府债券被赎回时，不是导致了预算盈余由于偿还国债而产生国库资金存量的等量下降，而是仅仅导致国库资金一小部分的下降，其原因是私人银行简单地将债券卖给政府而资金仍然作为存款放在国库，并用于国库对银行票据的偿还和回收。因而，银行法定存款的增加与国债偿还导致的国库存款下降相抵消，从而国库资金并没有产生太大的改变，因而对基础货币也就没有太多的影响。产生这些争议的主要原因在于当时美国政府国库部分扮演了中央银行的角

[1] 关于国库资金管理制度的具体分类，可以参考本书第3章。

[2] 基础货币有时也称为高能货币。

色，国库既有财政预算收支，而且还包含私人银行的法定储备，即当时美国国库资金可以分为两类：① 国库账户自有资金，即纳入国库管理的财政预算收支；② 银行的准备金。Friedman 和 Schwartz（1963）研究时所指的是第一类国库资金，即本书所说的国库资金，而Duggar 和 Rost(1969)的研究却没有对国库资金进行分类，而是将两类国库资金作为一个总体，从而得出了不一样的结论。

对于委托金库制，相关研究发现国库资金对货币政策的影响与独立金库制相似，都造成了基础货币的变化，进而对其他货币变量产生扰动。Hald(1956)研究指出，1913年美国联邦储备系统（以下简称美联储）成立，并且扮演了中央银行的角色，美国联邦政府决定将大部分国库资金存放在联邦储备银行，国库资金管理制度由原来的独立金库制转变到委托金库制。然而，这种行为并没有改变国库资金对基础货币等变量的影响方式，具体表现为，美联储存放着国库资金及其成员银行的准备金，从而国库资金的改变将引起成员银行准备金的反向变化。政府财政部门通过控制美联储持有的国库资金数量，就可以有效控制其成员银行的准备金，从而影响市场的货币供给。Hald发现在20世纪40、50年代国库资金已经成为货币市场的一个重要的短期因素，美国联邦政府有几次通过国库资金的变动来控制成员银行的准备金。这种观点也得到Bloch(1964)的证实，他研究指出，当时国库资金收支的不规则波动确实影响基础货币、货币供应量和利率等变量。

20世纪60年代以来，国库资金的管理逐步表现出复杂化，其对货币政策的影响机制也变得相对复杂。20世纪中期发达市场经济国家运用凯恩斯有效需求理论主张政府干预，赢得了经济的长足发展，到20世纪60年代美国等发达国家经济仍处于高速发展阶段，政府国库产生了较大的国库资金盈余，国库资金收益问题开始引起政府的广泛关注[1]。为了实现闲置国库资金收益最大化，政府部门将国库资金的管理策略由以前单纯的“库藏管理”转向闲置资金投资运作，国库资金管理制度开始转向银行存款制或者混合金库制度[2]。在这种制度下，国库资金对货币政策的影响与闲置国库资金投资运作方式息息相关。相关研究主要集中在两个方面：闲置国库资金的投资运作方式选择；具体投资方式下国库资金

---

❶ 1961年和1965年美国政府间关系顾问委员会(Advisiry Commission on Intergovernmental Relations, ACIR)讨论了美国州和地方政府的闲置资金问题,认为政府由于没有进行现金管理而导致每年损失的利息收入在0.5亿~1亿美元之间,而当时州和地方政府的支出水平在1000亿美元左右。

❷ 具体的国库资金管理制度将在本书第3章进行具体的分析和讨论。

对货币变量的影响机制。

关于闲置国库资金投资运作方式选择，争论的焦点在于：国库闲置资金应考虑在开放经济环境中购买具有较高收益的安全债券，还是应该将其当作定期存款或者活期存款的形式存放在商业银行取得利息收入[1]？Dobson（1968）研究指出，就地方政府国库闲置资金而言，地方政府在开放环境下用它购买外国或者其他地区高安全性高收益短期债券等资产组合所获得的收益将高于作为存款获得的收益；但这对当地商业银行来说却少了一个大客户，银行存款储蓄额也因此受到影响，商业银行的信贷数量就会减少；相反地，如果考虑到储蓄将转换成投资，那么地方政府将地方国库闲置资金放在当地的商业银行将增加商业银行的货币储备，并因此可能增加信贷，从而由于投资的支出乘数作用而促进当地经济的发展，反过来促进当地的税收提高。因而，地方政府国库闲置资金存款获得的利息与增加的税收之和的综合收益将可能高于用其购买安全债券的直接收益，这将促使地方政府将国库资金存放在当地的商业银行。Aronson(1968)和Wheeler(1972)认为地方政府未必能够实现上述所说的综合收益，地方政府国库闲置资金的投资仅需考虑即时的直接收益而不必关注综合收益，其主要理由是：①投资乘数很小，从而经济发展所带来的税收增加将极其有限；②商业银行接受政府公共储蓄必须提供抵押品（如固定收益债券），从而将阻碍商业银行按公共储蓄增加的比例来增加贷款，这归结起来就是，国库资金存款所导致的贷款投资增加的扩张作用极为有限。Cooper (1972)认为，倡导将地方国库闲置资金储蓄在当地银行的学者隐含地假定了地区封闭经济的存在，但是如果银行信贷是完全流动的，那么这种观点就无法成立了。对此，Dobson(1972)持反对意见，他用经验说明了地区间利率差异的事实和银行区域化的问题在现实生活中是确实存在的。可见，闲置国库资金投资方式的争论并没有形成一个一致的结论，在现实生活中，各国各级政府闲置国库资金投资运作的制度安排也存在差异。各国的具体实践说明了这一点，美国联邦政府与英国等发达市场经济国家对于闲置国库资金投资采取的方式并不一致，美国联邦政府与地方政府也采取不完全一样的投资方式。然而，尽管闲置国库资金投资方式不一样，但总体上可以分为两类：商业银行存款和货币市场投资。不同的投资方式将决定其对货币政策影响机制的差异。

对于国库资金的商业银行存款方式，Haywood(1967)研究指出，国库资金存

[1] ACIR1965年提出的两种方式。

款对商业银行资产偏好的影响从而对整个经济的影响，反映在与这些存款相关的抵押品需求上，政府国库资金存款附属抵押品的质量和类型会对商业银行资产组合选择行为形成一个额外的约束。尽管有一系列的抵押品符合政府公共存款的抵押品要求，但是Haywood研究表明大部分的抵押品是政府债券和市政公债，因而政府增加在商业银行的国库资金存款可能导致商业银行流动性损害，从而导致商业银行调整资产负债结构，最终将影响商业银行的信贷水平。Verbrugge(1973)也认为国库资金存款的抵押品要求限制了银行信贷扩张，他指出从表面上看，要验证政府存款的增加是否会增加商业银行的信贷数量，主要在于检验政府存款增加是否导致正的贷款份额，但事实上，由于政府国库资金存款必须有相应的债券资产作抵押（抵押比例为100%~120%），所以国库资金存款的增加可能会导致商业银行对债券等抵押资产的需求，从而限制了贷款数量的扩张，导致商业银行的资产和负债结构的变化，影响货币政策的银行贷款渠道。另外，Acheson (1977)研究了加拿大国库资金在私人银行之间的分配行为，发现国库资金转存商业银行会受到利益集团的影响，从而可能导致国库资金存款在银行间分配的低效率，进而可能扰动商业银行的信贷传导机制，最终影响货币政策有效性。

对于国库资金的货币市场投资方式，主要将影响货币市场的货币政策传导效率。Hecklman 和 Wood（2005）研究指出，英国政府的国库资金并不像美国那样大部分存入商业银行，而是大部分在货币市场进行投资，如购买安全债券等，由于国库资金数量巨大，因而闲置国库资金投资货币市场必然引起货币市场流动性深度和广度发生变化，从而可能影响公开市场操作效率。当然，具体的影响机制与投资的具体品种密切相关。Mattson 等（1990）研究指出，由于国库资金是纳税人的资金，所以不管采用什么方式，都必须将安全性放在首要位置，根据这个要求，国库资金的货币市场投资应以安全债券买卖为主，而债券买卖必须以回购方式为主，但不能进行多空操作。对于债券的组合，人们往往认为政府国库资金管理在法律上有一些额外的规定，所以政府闲置国库资金投资与企业现金管理购买的债券组合将存在较大差异，但是Mattson 等(1990)通过经验数据比较了政府与企业的资金管理，发现由于政府和企业的资金管理目标都要求低风险性、高流动性、高收益性，从而实际运作过程中企业与国库资金投资所选择的资产种类并没有明显的差异。从这个意义上说，闲置国库资金在货币市场投资运作可能促进债券流动性的提高，从而将提高中央银行公开市场操作的效率，对货币政策产生积极的影响。

然而，国库资金的货币市场投资对货币政策产生积极影响的同时，也会对货币变量造成负面影响，从而可能扰动甚至破坏货币政策稳定性。Lynch、Shamsub 和 Onwujuba (2002)研究指出，20世纪90年代的十年间，美国许多州和地方政府将闲置国库资金投资在州政府公共投资机构或者自行投资，由于投资不慎导致了巨大的资金损失，最为严重的损失是美国橘子郡地方政府投资池（Orange County Investment Pool，OCIP），该机构的闲置资金投资损失达到了16.9亿美元，占总损失的57%。Bunch（1999）研究发现，橘子郡州地方政府投资池的投资问题直接影响了德克萨斯州地方政府公共资金的机构投资池——Textpool；他指出由于投资问题的出现，1994年德克萨斯州地方政府从Textpool提取了3亿美元，紧接着下一周，地方政府提取了将近22亿美元的资金，占Textpool资金余额的59%。为了满足临时大量挤兑造成的现金流支出，德克萨斯州政府购买了TextPool的证券，这个行为直接导致了德克萨斯州损失5500万~9700万美元，也对银行体系和货币市场的稳定性造成了显著的影响。

另外，与企业一样，政府国库资金也会面临赤字困境，在这种情况下，国库资金必须通过融资实现，从而也就产生了国库资金赤字融资对货币政策影响的问题。赤字对货币变量的影响是一个经典的话题。传统的货币理论认为中央银行独立性是确保价格稳定的充分必要条件。然而，Sargent 和 Wallace (1981)研究发现，如果货币当局必须为财政部门筹集铸币税以弥补财政赤字缺口，那么财政变量就会对价格等货币变量造成影响，最终超额的财政赤字和不断增加的国债水平就必须由中央银行发行货币解决，从而产生通货膨胀效应，而“价格水平决定的财政理论”(Fiscal Theory of Price Level Determination，FTPL)则从理论上说明了政府的财政政策在决定价格水平和通货膨胀时起着很重要的作用。在财政当局和货币当局的博弈中，若财政当局先行动，货币当局则被迫面临平衡跨期预算约束的困难选择，央行的货币供给是财政政策的函数。在财政占优的经济体制中，央行被迫货币化赤字而引发通货膨胀，因此存在从赤字到通货膨胀的因果关系(Woodford，2001;Sims，1994)。Canzoneri 等 (2001)应用价格水平决定的财政理论对共同货币区和货币联盟进行分析，研究指出货币体系的稳定需要更严格的财政制度，特别地，他们发现《马斯特里赫特条约》和《稳定与增长协定》提出的财政约束是保证货币体系稳定的充分条件。但Buiter (2002，2005)却对价格决定的财政理论提出质疑，他们认为将跨期预算约束解释成均衡的条件而不是约束的做法导致了该理论逻辑上的非一致性。事实上，从不同的侧面研究，可以得出赤字对货币变量的一些不同影响，这也决定了赤字问题的复杂性，理论界对此仍没有一致的结论。

2.2.2 激活财政存量资金规避其对货币政策影响的相关研究

与国库资金对货币政策影响机制的复杂性相比，激活财政存量资金规避其对货币政策影响也并不简单。Hald（1956）研究指出，由于国库资金在商业银行账户和联邦储备银行国库账户之间进行转移会对信贷造成影响，因而为了减少由国库资金收支对银行、公开市场操作、货币市场等产生季节性和其他波动影响，他引用1952年美国财政部长的讲话阐述如何减少国库资金对货币政策影响的思路：① 尽量通过商业银行而不是中央银行来组织税收征收。② 在税收高峰之前，尽量将联邦储备银行的国库资金保持在最低水平，以抵消税收高峰带来的基础货币收缩，或者将短期债券出售给联邦储备银行以抵消税收征收带来的货币紧缩。③ 设计国债期限结构以平滑税收征收波动。Kinley(1908)的观点与此相似，他认为人们反对国库独立性的主要原因在于，国库资金收入导致流通中基础货币的减少而支出又导致流通中基础货币的增加，从而必须采取措施来减轻这种影响，主要的做法是偿还国债以抵消货币收缩，预付国债的利息或者修改银行法授权商业银行接受国库资金存款，从而减少由于财政国库资金的非规则性带来的货币收缩和扩张。

然而，国库资金能否全部被用于偿还国债或者通过其他途径回到流通领域？这就必然涉及政府国库资金的需求问题。Suwanmala（1989）认为保持稳定的国库资金流满足政府的日常支出需求，对于政策制定来说是非常重要的，他指出，1980年至1982年泰国政府出现了国库资金危机，当时泰国政府没有储备足够的国库资金，经济上受到世界经济衰退的严重影响，从而导致政府收入下降，在政治层面，泰国政府严重依赖于紧急支出，预算官员违反原来的预算安排和支出计划的筹资模式而完全转向危机的处理，这些使得政府预算执行受到威胁，危机严重影响政府预算执行的稳定性，并且严重影响政府稳定性和金融义务。从这个事件可以看出，政府也有资金需求，熨平国库资金对货币政策影响的方法必须以保证政府日常支出需求和应对公共事件的紧急支出需求为前提，在此基础上选择适当的方法，制定具体的制度安排使国库资金回到流通领域，从而才能有效地降低国库资金对货币政策的影响。

对于政府的国库资金需求，最核心的问题是如何界定其最优存量水平。由于政府与企业在某种程度上极为相似，因而在研究政府国库最优资金存量水平时常常采用企业最优现金流估计模型。其中较为著名的是Baumol（1952）与Tobin（1956）运用最优存货控制技术货币理论，提出了Baumol-Tobin模型，即“平方根公式”，其主要含义是，最优资金余额随着收入和债券的交易费用成正向变化，同时随利率成反向变化。Aronson（1968）运用“平方根公式”对美国州和地方政府国库资金进行测算，发现20世纪50、60年代美国州和地方政府国库存放过多的闲置国库资金。Maldonado和Ritter（1971）在此基础上采用多个模型进行测算，他们首先对Baumol(1952)模型、Sastry(1970)模型、Miller和Orr(1966)模型各自的优缺点进行综合比较，接着运用这三个模型对美国州和地方政府国库资金进行测算，结果发现，尽管20世纪60年代末美国地方政府国库保留的国库资金余额下降了，但还是超过最优水平。当然实际的模型都有一些前提假设，因而可能或多或少地限制了最优资金需求水平测算的准确性，对此，当前有些发达国家测算最优国库资金的办法是取过去国库资金支出的平均水平。政府通过模型或者以前的经验值来确定在国库中保留的国库现金数量，并将相应的闲置国库资金存放在商业银行或者委托专门机构进行投资运作，从而既保证闲置国库资金收益，又降低国库资金对货币政策的影响。DeCorleto和Trimble（2004）研究指出，为实现闲置国库资金投资收益和熨平国库资金对货币政策的影响，现阶段美国政府在美联储银行的国库账户上保存的国库资金余额为50亿美元左右。

熨平国库资金对货币政策影响的另一个主要方式是加强财政政策与货币政策的协调配合，对国库资金变化进行准确预测，中央银行对预期的波动进行相应的对冲操作，从而减少由于国库资金变化对货币政策的影响（Simmons，1940; Thornton，2004）。由于准确的预测可以让政府提前做好应对国库资金波动的准备，因而国库资金的预测逐步成为减少国库资金对货币政策影响的一种重要方式。但政府国库资金如何预测，采取什么样的预测方法？在现实中，由于现金管理较早出现在企业财务管理中，企业在现金流预测方面有着较成熟的经验，所以政府国库资金流预测主要借鉴企业的现金流预测方法。具体可以分为短期资金预测和长期资金预测两个部分。对于短期资金的预测，有些学者提倡编制现金流量表和现金预算等手段来预测未来短期资金流，这主要从会计方法上预测资金，根据预期的收支行为，预测未来的资金流信息，并进而决定资金的管理（Stasavage和Moyo，2000; Razek，1993）。有些学者提出根据历史现金流的统计特性，分析数据特点，用统计推断的方法得出未来资金流的估计值（英国皇家银行学会

(CIB)，2002)，这种方法较多地依赖于直观感觉，也主要用于短期资金预测。上述两种方法预测短期资金流的准确性都比较高，而且由于它们简单实用，因此较多地使用这些方法进行短期资金的预测。

对于长期资金流量预测，主要采取的是计量方法。与前面的方法相比，计量分析方法预测资金则更为科学，受到了众多研究者的关注。计量分析主要采用时间序列回归分析方法，有较多的学者采用一阶或者二阶自回归进行一到两年的资金预测，部分研究发现资金流满足随机游走的特性（Watts，1972; Albrecht，Lookabill 和 Mckeown，1977;Lew，1983)，然而有些学者发现了资金流并不是随机游走的，而可能是更高阶次的自回归（Ramesh 和 Thiagarajan，1989;Lipe 和 Kormendi，1993)。Finger(1994)针对以前的研究很多只关注预测较短时期(一至两年)资金流的现象，采用时间序列方法基于1935年至1987年之间的面板数据预测8年的资金流，发现随机游走比其他单方程模型有更强的样本外预测能力，这一点与Watts等人的结论是一致的，但如果将资金流预测分析局限于单一的部门或者企业，那么结论则倾向于支持Lipe 和 Kormendi(1993)的结果。也有学者尝试使用多元回归模型进行资金流的预测，并发现了一些很好的特性（Lorek 和 Willinger，1996)。

然而，具体的资金预测是一件非常复杂的问题，Stone 和 Miller（1987）阐述了日常资金预测的困难。主要表现在以下几个方面：① 数据流的筛选问题：由于疏忽没有将不具有时间趋势的数据分离出去，从而导致数据流中含有大量不具有时间特性的信息，而这些不具有时间趋势特征的数据流却可以在3个月或者1个月时间内得到确认，如支出安排，从而必须对数据流进行筛选，否则将导致预测发生偏误。② 数据特性差异问题：去除了非时间趋势的数据流也并非一定可以用于预测，因为现金流是非常复杂的，去掉非时间趋势的数据流后，数据流中的有些部分可能的变化周期是1天、1周或者1个月等，这些数据混合在一起会扰乱数据的特性，无法呈现出统一的特性，所以依据这些数据并非一定能给出准确的预测。③ 使用的模型不匹配：以周还是以月为周期进行预测？有些资金流具有周模式（Day of week)，有些具有月模式(day of month)，周模式与月模式的组合有28种，即除了2月份外每个月有31天和30天两种，而每个月的第一天从星期一变化到星期天共有七种，在加上2月份也有两种：28天与29天，从而总共可以组成28种周模式与月模式的组合。因此，往往难以选择一种恰当的预测分析方法，容易出现模型选择的系统偏误。④ 会计方法的差异：采用现收现付制和权责发生制两种不同的会计方法会导致资金流预测的不同，有研究表明基于权责发生制的资金流预测比较准确(Quirin，Bryan，Wilcox 和 Berry，1999)。

虽然现在可以通过季节调整的方法将数据分成趋势、季节等几个部分，但是复杂的资金流特性往往需要考虑诸多参数，这就必须依赖于难度较高的编程，而且参数设置错误的季节调整数据会带来较大的信息损失，从而影响预测的效果。政府国库巨大的收支规模和复杂的收支模式使得国库资金预测难度远远超过企业资金流预测，需要有专门的机构进行专门分析，通过不断调整变量和相关变量的分布模型，拟合出实用的含有诸多变量的预测模型，从而提供较为可靠的预测（Pike 和 Savage，1998），这也使得这种熨平国库资金对货币政策影响的方式变得相对复杂。

2.2.3 国内的相关研究

改革开放以后到 20 世纪 90 年代末，中国国库资金余额一直处于较低的水平，国库资金对货币政策的影响还没有得到太多的关注，相关研究相对较少。2001 年以来，中国推行国库集中收付管理制度改革，国库资金迅速上升，国库资金对货币政策影响的问题也引起了学术界的关注。贾康、阎坤和周雪飞（2003）研究指出，尽管中央银行和财政部门具有一个共同的目标——促进经济增长、维持低通货膨胀率和高就业率，但不同的职责又使得两者有不同的政策目标和政策效应。国库资金运作，在财政部门职责角度看，其主旨是在保证财政正常资金拨付和资金安全的前提下，最大可能地提高国库资金的使用效率。若由中央银行操作国库资金，其目的将是贯彻货币政策，调控基础货币量，那么政府资金运作活动和央行公开市场业务的交易活动将不可避免地发生混淆。由于中国国库资金实行委托金库制度，因而较多学者认为，在这种制度下，国库资金变动必然对基础货币、货币供应量等货币变量造成影响，从而造成社会资金的收缩和扩张（何明霞，2004;鲁琳，2005;杨小平，2005）。潘国俊(2004)分析了政府国库资金与货币供应量相关关系，发现政府国库资金与货币供应量存在比较显著的关系。

上面分析集中在国库资金对货币政策影响的作用机制上，国内研究的另一方面主要在于借鉴国外的先进管理方式，提出相关的制度改革建议。马洪范(2005)研究指出，中国国库资金存放在中央银行，从而其收支波动必然增加中央银行调节基础货币与实施货币政策的难度，必须借鉴英国、美国等国家熨平国库资金波动对货币政策影响的做法，尽可能地与货币政策协调起来，或者管理国库资金时与中央银行进行磋商。贾康、阎坤和周雪飞（2003）也指出，国库资金运作应依据其具体内容和目标合理地在财政、央行两大部门间形成分工协作关系，为避免与货币政策相冲突，财政部与中央银行的政策调控部门之间应当建立密切的配合机制，确保各项政策协调执行。陈颖（2005）研究认为应加强国库资金管理与货币政策的配合与协调。国库资金的收支会对整个社会的资金流量产生影响，如果不考虑国库资金的变化，那么要做到货币政策的精确调控就比较难，当国库沉淀大量的财政存款时，会造成商业银行储备减少以及整个社会资金供应量的乘数递减，产生强劲的银根紧缩效应，这就需要和货币政策进行配合，建立对冲机制。

2.2.4 文献简要述评

国库资金对货币政策影响是一个复杂的问题，尽管目前国外已有一些相关文献，但大多只研究各国各自具体制度背景下国库资金对货币政策的影响，较少综合分析比较各种制度下国库资金对货币政策影响的问题，而且各种具体研究相对分散，缺乏归纳总结，有些研究缺乏严密的理论逻辑，研究结论不具有普遍性。另外，理论层面上还没有形成规范的分析框架，难以进行比较静态分析和一般均衡分析，从而无法在一个统一的分析框架中纳入各国各自的具体参数，无法从规范角度分析比较各国国库资金对货币政策的影响，从而难以对国库资金管理制度的效率进行评价。国内相关研究大多局限于对实际经验的总结和以定性为主的分析上，重复分析和描述性的成果较多。这些限制了人们对国库资金的认识，也体现了当前研究国库资金对货币政策影响的必要性。

2.3 本章小结

国库由来已久，国库的发展赋予国库资金新的内涵与特征。国库不仅是政府财政资金的托管者，而且是一个主动的政府财政预算收支管理主体；国库资金是国库职能发生作用的载体，国库能否发挥其特有的作用，关键的问题在于国库的载体而不是政府赋予国库的职能权限，只有拥有一个能够迅速影响市场经济的载体，国库才能实现高效的调控方式，国库资金在国库中起着极为重要的作用。随着经济的发展和金融市场的完善，国库资金来源逐步呈现出多样性和复杂性，国库资金不仅来源于税收收入和非税收入，还来源于债务收入甚至货币发行收入，这决定了国库资金与政府储蓄、政府预算差额等概念存在显著的差异。

国库资金比一般财政预算收支概念更为广泛的特点决定了国库资金对货币政策影响的独特性和复杂性。国库资金变化将导致社会资金在政府、银行、企业和个人等微观主体之间进行转移，由于国库资金数量巨大，因而对货币供应量、银行信贷能力和市场资金利率等货币变量将产生重要的影响，进一步地，这些变量的变化将对货币政策造成扰动或者对冲作用，从而影响货币政策有效性。这些现象在现有相关文献综述过程中得到了一定程度的证实，文献分析表明，国库资金对货币政策工具、货币市场和债券市场等都可能造成影响；对此，可以通过制度变迁和相关制度安排来熨平国库资金对货币政策的影响。但现有文献也给出了继续研究的一个空间：现有文献大部分只研究各国各自具体制度背景下国库资金对货币政策影响问题，如何从这些研究中抽象出更为一般性的特点？在不同国库资金管理制度下，国库资金影响货币政策的机制是什么？如何建立符合国库资金内在逻辑的模型，揭示国库资金对货币政策的影响？在实证分析中，如何度量国库资金对货币政策的影响？等等，这些问题的探讨对于激活财政存量资金的政府或者研究国库资金的学者来说都是非常重要的。

第3章　国库资金管理制度变迁

本章分析国库资金管理制度，为本书后面的研究明确制度环境。接下来首先分析国库资金管理制度内涵，然后剖析国库资金管理制度分类体系，并对制度分类的完备性进行研究，最后探讨国库资金管理制度变迁问题。

3.1 国库资金管理制度内涵与功能

国库资金管理制度是指国家预算收支的保管出纳制度[1]。从总体而言，国库资金管理制度属于制度范畴，是一种具体的制度安排，要弄清国库资金管理制度，有必要对制度的内涵进行分析。关于制度的讨论由来已久，比较著名的是旧制度经济学派和新制度经济学派关于制度的争论。旧制度经济学派Veblen指出："制度实质上就是个人或社会对有关的某些关系或者作用的一般思想习惯；而生活方式所构成的是，在某一时期或社会发展的某一阶段通行的制度的综合，因此从心理学方面来说，可以概括地把它说成是一种流行的精神态度或一种流行的生活理论。"[2]Veblen在一定程度上揭示了制度的一种形式，即非正式规则的存在。Commons则认为："制度是集体行动对个体行动的控制。"[3]所谓集体行动的范围很广，从无组织的习俗到有组织的"运营机构"，如家庭、公司、联邦银行或者政府。进一步讲，集体行动常同所谓的"工作规则"密不可分，这两位制度学派的开创者对制度的理解虽然类似但并不统一，其定义也不很严格（张宇燕，1996）。

新制度学派North指出："制度是一个社会的游戏规则，更规范地说，它们是为决定人们的相互关系的系列约束。制度可以是正规的也可以是非正规的。制度可以是人为制定的，如宪法，也可以是随时间演进的，如普通法。正规的制度可以理解为人类设定的规则，非正规制度指习俗和行为准则。"[4]对此，日本新制度

---

❶ 王琪延.大众常用经济词典[M]. 北京:中国发展出版社,2001.

❷ 凡勃伦.有闲阶级论——关于制度的经济研究(中译本)[M]. 北京:商务印书馆,1982.

❸ 康芒斯.制度经济学中译本(上册) [M]. 北京:商务印书馆,1981.

❹ 诺斯.制度、制度变迁与经济绩效(中译本)[M]. 上海:上海三联书店,1994.

经济学家青木昌彦（2000）从博弈论的角度将North的制度观归为第二种制度观：制度应该被视为博弈规则，以区别于它的参与人。他倾向于支持博弈的均衡解制度观，并在此基础上进行修改并将制度定义为博弈重复进行的共有理念的自我维系系统。相对而言，张宇燕（1996）认为Neale对制度特征的归纳更为精细严谨些，即从广义上讲，制度暗指一种可观察且可遵守的人类事务的安排，它同时也含有时间和地点的特殊性而非一般性。具体地说，某一制度可以通过下述三类特征而被识别：① 存在有大量的人类活动，并且这些活动是可见的和可辨认的；② 存在有许多规则，从而使人类活动具有重复性、稳定性并提供可预测的秩序；③ 存在有大众习俗，它对人类活动和各种规则加以解释和评价。这体现了制度的三个重要内涵：习俗、规则和实施机制。在没有实施机制的习俗和规则中，习俗和规则可能不被遵守和实施，实施机制是保证习俗和规则可遵守、可实施的前提。习俗、规则和实施机制是制度相对完整的描述，体现了一定程度上新旧制度学派的综合。

根据以上有关制度内涵的界定，制度的本质包含三个主要内容：习俗、规则和实施机制，其中习俗和规则也被称为非正式规则和正式规则（沈国兵，2003）。由此可见，国库资金管理制度由国库资金管理的习俗、规则和相应的实施机制所构成，它不仅包含外生制定的各种正式规则，也包括特定环境下有关国库资金管理习惯或者偏好的非正式规则，还包含保证这些规则和习俗得以遵守的实施机制。因而，国库资金管理制度不仅具有各国普遍的共性即预算收支的保管出纳制度，而且还应考虑各国的特定的条件下所具有的非正式规则和实施机制。根据North的观点，即使能从国外借鉴良好的正式规则，如果本地非正式规则因为惰性而一时难以变化，那么新借鉴来的正式规则和旧有的非正式规则就势必产生冲突。直接产生的结果是借鉴来的制度可能根本就无法执行[1]。由此可见，国库资金管理制度既有一般性又有其特殊性。

柯武刚和史漫飞(2000)指出："制度大都不很直观，但是，要想确保所有公民从物质资本劳动者的艰苦努力中受益，要想使增长过程经久不衰并伴有社会的和谐、公正和安定，制度必不可少。"这说明了制度是必不可少的从而具有其不可替代的功能。然而制度有哪些功能？国库资金管理制度的功能是什么？卢现祥(1996)对制度的功能进行了总结，认为制度的功能包含了六个方面的内容：① 降

[1] 诺斯. 制度、制度变迁与经济绩效(中译本)[M]. 上海：上海三联书店，1994.

低交易成本，即有效的制度能降低市场中的不确定性，增强人们对未来的预期，从而达到降低交易成本的目的。② 每种制度都有其特定的经济价值，从而为经济提供服务是制度的基本功能。③ 为实现合作创造条件，即传统经济学强调经济当事人之间的竞争，而忽略了合作，制度的功能之一就是为实现合作创造条件，保证合作的顺利进行，从而给人们带来和谐与效率。④ 为社会创造一个持续的、制度化的激励机制。⑤ 制度创新有利于外部利益内部化，减少外部性。⑥ 抑制人的机会主义行为。

国库资金管理制度虽然从表面上只包含国库资金的内容，但是国库资金是政府税收、收费、国债、财政支出等多方面共同作用的结果，因而其涉及库存资金管理、国债管理、财政收支、账务管理等方面的内容，这诸多方面交错起来使得国库资金管理制度的功能变得比较复杂，结合制度的功能内涵对国库资金管理制度的功能进行分析，可以发现，国库资金管理制度至少包含以下几个方面的功能：① 简化财政国库资金收缴拨付程序，规范政府、银行、纳税人和商品服务供应商之间的行为，降低各方主体之间的交易成本，如税收的及时入库，工程、工资和采购等款项的及时拨付，以及建立利益主体之间的信任体系以减少不确定性等。② 提高国库资金管理效率，建立满足安全性、流动性和收益性的资金运作方式，实现闲置国库资金投资收益，降低国库资金赤字融资成本，凸显国库资金管理制度的经济价值。③ 建立有效的国库资金监督制约机制，减少个人或者集体的机会主义行为。④ 强化财政部门和货币当局的合作，准确预测国库资金的整体规律，减少国库资金波动，熨平国库资金对货币政策的负外部性。⑤ 明确国库资金各方主体：财政、银行、纳税人和商品服务供应商之间的权责，实行服务付费的市场化运作方式，激励各方主体提高各自的效率。

显然，上述的国库制度管理制度功能都是对经济发展的正面促进，事实上，制度并非都是有效率的，经济社会中也会存在并且维持低效率的制度。North 认为制度并非都是有效的，统治者为了他们自己的利益会修正产权，交易费用会导致很普遍的无效产权，并以此解释历史进程中和现在广泛存在的不导致经济增长的产权制度。制度常常是那些诱致生产率增长的部分和那些抑制生产率的部分的混合[1]。从这个意义上说，国库资金管理制度也并非总能促进经济绩效，它提供给各国政府的是一个混合物，只有能产生最大经济绩效的制度才是合意的国库资金管理制度，然而这种制度的出现并非一个绝对不连续的跳跃式过程，而是在规

[1] 诺斯. 制度、制度变迁与经济绩效(中译本)[M]. 上海：上海三联书店，1994.

则和习俗的制约下通过实施机制不断变迁的渐进过程。这个过程既有内生的习俗和习惯等非正式规则的作用，也有外生的正式规则的影响，还会受到不同的实施机制的强化，从而在不同的经济条件下可能产生不同的国库资金管理制度。

3.2 国库资金管理制度分类与比较

3.2.1 国库资金管理制度分类体系的问题分析

国库资金管理制度一般根据国家是否成立专门的机构负责财政预算资金的收支保管事务来进行划分，传统上将国库资金管理制度分为两种类型，即国库制和银行制，国家成立专门的国库机构管理国库资金的属于国库制，没有成立国库机构而将国库资金作为一般存款置于商业银行的归为银行制[1]，其中国库制也称为金库制，银行制也称为银行存款制（谭平，1929）。为了表述的方便，本书也将使用金库制与银行存款制的名称。进一步地，根据国库机构设立的方式，金库制一般再划分成独立金库制和委托金库制，独立金库制是指国家在财政机关内自设国库，办理预算收支的保管出纳业务；委托金库制是指国家委托中央银行办理国家金库业务[2]。然而谭平（1929）研究指出，独立金库制和委托金库制只是金库制其中的一个方面，即单一金库制，金库制还存在另一种形式，即复数金库制。按照这些分析，传统国库资金管理制度可以划分为复数金库制、单一金库制和银行存款制。

这种“三分法”国库资金管理制度分类方式在特定的时代中有其适用的环境，然而，随着货币金融市场的发展，这种划分方式的适用性逐步受到挑战。20世纪30年代以来，发达市场经济国家运用凯恩斯有效需求理论主张政府干预，赢得了经济的长足发展，到20世纪60年代美国等发达国家经济仍处于高速发展阶段，政府财政产生了较大的国库资金盈余，国库资金收益问题引起政府的广泛关注[3]。对此，很多国家开始推行国库现金管理制度，即在保留一定国库资金满

---

[1] 陈立．现代金融大辞典[M]．长春：吉林大学出版社，1991.

[2] 何盛明．财经大辞典（上卷）[M]．北京：中国财政经济出版社，1990.

[3] 1961年和1965年美国政府间关系顾问委员会(Advisiry Commission on Intergovernmental Relations，ACIR)讨论了美国州和地方政府的国库闲置资金问题，发现政府由于没有进行现金管理而导致每年损失的利息收入在0.5亿~1亿美元之间，而当时州和地方政府的支出水平在1000亿美元左右。

足政府支出需要的前提下，实现闲置国库资金投资收益最大化和赤字融资成本最小化的一系列财政资金管理活动。为了实现国库闲置资金收益最大化，政府将国库资金从以前单纯的“库藏管理”转变到闲置资金投资运作，国库资金管理形式转向多样化和复杂化。为了保证国库资金安全性，政府特设国库机构管理国库资金；为了实现投资收益，国库资金除部分保留在国库机构以满足日常的财政支出需求外，其他都投资于货币市场转变成商业银行存款或者债券资产。这种国库资金管理形式已经不是纯粹的单一金库制、复数金库制或者银行存款制，传统国库资金管理制度分类方法无法包容这种形式，这体现了传统“三分法”分类体系的不完备性。

传统国库资金管理制度分类体系表现出不完备性，必然造成制度划分的混乱。如果仍然沿用传统“三分法”分类方式，那么必然出现国库资金管理制度生搬硬套的现象，扰乱传统国库资金管理制度的分类原则，使各种制度之间的界限模糊化，最终的结果是造成分类名不副实，导致微观主体对国库资金管理政策预期的混乱。要解决传统国库资金管理制度分类体系问题，最简单的方式是纳入新的分类要素，使分类完备化。

传统国库资金管理制度受到挑战的主要原因是由于现代社会出现比较高效的金融市场，政府和企业一样开始关注国库资金的时间价值，实施政府国库现金管理制度改革，对闲置国库资金进行投资运作，这种行为直接引起国库资金表现形式多样化，突破传统明显的分类边界，超出了传统纯粹的国库资金管理制度分类范畴，导致制度表现出复杂性。然而，不管新的国库资金表现形式如何，它们都是传统国库资金管理制度和政府国库现金管理制度在某种程度上的混合，它与传统国库资金管理制度既有联系又有区别，从这个意义上看，新的国库资金形式以混合金库制为名颇为合适，将其加入传统国库资金管理制度分类体系后，分类体系表现出完备性，可以较好解释现代市场经济国家各种国库资金管理制度安排。根据上述讨论，我们将国库资金管理制度划分为四种类型，即复数金库制、单一金库制、银行存款制度和混合金库制，其中某些制度还可以细分，具体如图3.1所示。下面将对各种制度作进一步描述和分析。

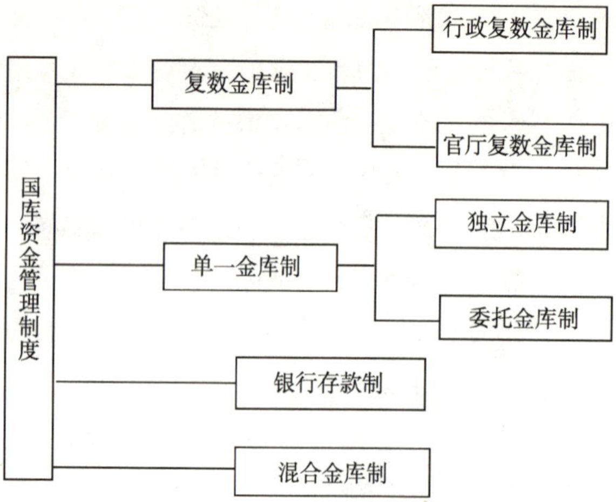

图3.1　各种国库资金管理制度

3.2.2 国库资金管理制度类型分析

1.复数金库制

谭平（1929）指出，复数金库制是指国家建立了多个独立的国库机构分别管理部分国库资金，这些机构之间并没有主从之分，在信息方面也没有进行沟通的要求，即国库机构之间的地位相同。按照行政机构和官职，可以将复数金库制再分为行政复数金库制和官厅[1]复数金库制（谭平，1929）。行政复数金库制是指政府按照行政部门的不同分别成立独立国库机构，各个国库机构分属相应的行政机构管理，不同行政机构的国库部门之间相互独立，没有主从之分。官厅复数金库制是指国家按照官厅的不同分别设立国库机构，如警察金库、饲马金库和监狱金库等，官厅决定了国库机构的数量。在这种金库制下，虽然属于同一行政类别，但是由于官厅不同，从而决定了不同的国库机构归属。然而，不管是行政复数金库制还是官厅复数金库制，都存在较多的缺陷：①设立诸多没有主从之分的国库机构，政府收支管理效率低下，无法达到规模经济效益，结果导致交易成本的上升。②政府财政资金分散在各个国库，造成了人为的分割，资金之间的调度存在比较大的困难，从而国库资金无法形成合力，国家财政应对各种风险的能力较低，国库资金使用效益低下。③各部门国库资金独立分散存放，各自独立管

[1] 高希聖和郭真在1935年《政治法律大词典》中将官厅解释为处理国家行政事务的机关。黄丽丽等在1990年编著的《港台语词词典》中将官厅解释为官府。

理会计出纳事务，从而增加了资金监管难度，容易滋生各种投机行为。④政府资金大量存放于各部门的金库，必然造成流通中的货币供应量减少，容易引起经济不正常的紧缩行为。由于复数金库制存在诸多缺点，实际操作也比较复杂，因而很少国家采用这种制度，谭平（1929）指出只有普鲁士（普国）曾经采用这种制度，设有富藏总金库、宗务省总金库和国债偿还总金库。

2. 单一金库制

单一金库制是金库制的另一个主要方面，它是指国家政府成立了专门的国库机构管理国库资金收支等事务，但不管国库机构是否唯一，其中必有主从关系，即国库机构呈现出层级关系，历史上有很多国家采取这种国库资金管理制度，新中国成立以来中国也一直实行这种制度。根据国库机构设立的方式，单一金库制可再划分成独立金库制和委托金库制。

1) 独立金库制

独立金库制是指政府在其内部特设国库机构，一般隶属于财政部管辖之下，政府部门既管理国库资金的出纳事务也管理相关的会计等事务，从而预算编制、执行和分析等功能就全部集中在国家政府财政部门。这种制度的主要优点是国家财力高度集中，国家可以方便地调剂国库资金余缺，保证国库资金安全的存放，而且可以在宏观上严格控制和监督各项预算收支，促进预算绩效，提高政府宏观调控的能力。但其缺点也比较显著，即政府设立国库机构，从管理上需要增设相应的管理部门，而且由于国家国库资金收支涉及全国各个地方，政府必须增设足够多的国库分支机构用以缩减财政收入的入库时间和提高国库的拨款速度，这给政府增加了很大的交易成本。另外，由于国库机构设立在政府内部，国库资金与流通领域相脱离，与国家的银行信贷机构也没有任何联系，国库资金相当于流通领域的货币由社会流向国库，对宏观货币政策造成很大的影响。

近现代最具代表性的是美国19世纪实行的独立金库制。19世纪30年代之前美国国库资金先后由第一银行和第二银行代理[1]，但软币派（主张以纸币作为流通货币媒介，崇尚经济投资扩张活动，主要是新兴的小工业家和小银行家）和硬币派（主张金银作为唯一的通货）对此提出了质疑，软币派认为美国第一、第二银行之所以能够控制全国货币银行体系，主要因其代理国库的特殊地位，因而

---

[1] 美国第一、第二银行在当时掌握了大量的黄金储备和各州银行发行的纸币，从而可以控制全国的货币和信贷供给，履行了中央银行的职责。

他们视这一权力为垄断特权，要求分享这一权力（陈明，2003a）。硬币派认为，纸币体系会刺激轻率、不顾后果的投机、游手好闲、奢侈无度和道德蜕化等。美国第一、第二银行成为软币派和硬币派的敌人，从而分别于1811年和1836年经历了20年的执照期满后关闭。1836年后，时任总统马丁·范布伦和硬币派主张将国库资金从银行体系独立出来，政府资金不存放在银行之中，而应自行管理收支和实现国库资金的保管工作，从而保证政府国库资金的安全[1]，并且在国库中存放硬货币，政府收支使用国库票据或者金银，以此迫使商业银行由纸币转向金银，限制商业银行的扩张欲望，从而影响商业银行的行为，这就是所谓的独立金库制。《独立金库法》在1840年获得通过，但是一年后遭到辉格党的废除，直到1846年民主党上台以后《独立金库法》再次获得通过。从此，美国开始实行独立金库制（Trask，2002）。

然而，实行独立金库制的美国并没有因此证明独立金库制在实践中的适用性。1861年美国内战爆发打破了预算平衡，高额的战争费用促使政府向银行借款并开始发行纸币，违背了《独立金库法》规定的政府银行不得进行资金往来和财政收支必须是黄金等硬币的规定，独立金库制开始出现了明显的“不独立”。另外，国库资金变化代表流通中基础货币的扩张和收缩，游离于流通体系之外的国库资金势必对货币供应量造成很大的影响，Taus(1943)指出独立金库制使得基础货币由于预算的波动而发生变化，国库收入的季节性变动往往将货币储备从流通领域分离出来，从而和平时代财政预算盈余可能导致长时间的通货紧缩。在1896年之前有将近二十年的时间物价不断下降，而当时国库资金从5100万美元上升到2.58亿美元，这与当时总共10亿美元左右的基础货币形成了强烈的对比。Friedman和Schwartz(1963)认为如果没有国库资金的波动，那么美国1879年至1897年的货币存量和高能货币将更加稳定。美国在实践中由于实际需要而逐渐放弃了独立金库制的做法，并于1914年美国联邦储备银行的建立而结束了独立金库制。目前实施独立金库制的国家比较少，如芬兰共和国（单学勇，2004）。

2）委托金库制

委托金库制是指将国库资金的出纳事务委托银行经理，银行接受政府的委托之后，一般特设专门的国库机构进行管理，国库资金也以特殊的形式存放，以此

[1] 当时也有人提出颁发许可证组建新的联邦银行的方法，但是马丁·范布伦对此进行嘲笑，强调硬通货的观点。

区别于一般的存款营业资金，不得对国库资金进行运作(马寅初，1937)[1]。银行负责财政收支的出纳、保管和划拨等工作，政府主要掌管国库资金的相关会计事务，同银行的国库发生存款和信息的业务联系，以掌握财政资金的收支和库存动态，国库资金的使用由政府向银行发出指令实行，实行委托金库制的银行一般是指中央银行（谭平，1929）。20世纪初，美国结束了独立金库制，将国库资金管理制度转向委托金库制，美国联邦储备银行成为美国政府的国库资金代理机构。政府收入的一部分或全部均可存人美国联邦储备银行，并以开支票的形式支取。由于联邦储备系统的分支机构和营业网点有限，故《联邦储备法》第9条还允许财政部长依法指定已成为联邦储备系统会员银行的银行或信托公司，成为公共资金的存款银行或政府的财务代理机构，为确保这些会员银行正确履行职责，财政部长得要求它们提交美国政府公俭或其他财产作为保证金。非会员银行不得充当美国政府的存款银行（陈晓，1997）。

委托金库制与其他制度一样，存在着优缺点。委托金库制主要的优点是：①中央银行是专业的资金管理机构，具有雄厚的专家队伍和工作人员，熟悉资金的管理问题，从而国库资金可以充分利用中央银行的人力资源储备，实行现代化的资金管理方式。②中央银行具有遍布全国的分支机构和银行代理机构，实行委托金库制可以使财政部门充分利用这些硬件资源，及时有效地实现国库资金的收支工作，提高预算执行的效率和信息反馈的实时性，为政府宏观财政货币决策服务。③中央银行可以通过国库资金的管理预测分析国库资金动态变化，从而更为有效地实施公开市场操作，提高货币政策有效性。④银行对国库资金和营业资金进行区分，不能将国库资金作一般存款资金进行运作，从而能比较安全地管理国库资金。但是委托金库制度也存在无法避免的缺陷：①委托金库制实行的是政府对中央银行的委托代理模式，委托代理将存在道德风险，中央银行管理国库的效率没有得到有效的监督，可能滋生了国库资金管理的低效率。②国库资金虽然委托中央银行管理，但其使用权却属于政府财政部门，使用权和管理权的分离势必造成国库资金变化的不确定性，中央银行无法准确把握国库资金的变化规律，从而国库资金特别是大量闲置的国库资金可能对货币市场形成较大的冲击，财政国库资金支出等于向市场增加基础货币的投放，财政国库资金增加等于基础货币的回笼，因而在这种制度下，国库资金的波动可能对货币政策有效性产

[1] 马寅初. 马寅初全集(1937年第十三卷)[M]. 杭州：浙江人民出版社，1999.

生较强的影响。委托金库制是比较经常采用的国库资金管理制度，德国、瑞典、奥地利、荷兰、捷克、澳大利亚、墨西哥、韩国、菲律宾、马来西亚等国都曾经或者正在实行委托金库制（陈晓，1997）。

3. 银行存款制

银行存款制是指政府在商业银行开设一般账户，把国库资金作为普通存款存于商业银行，商业银行在提供国库资金的必要抵押品后，可以将国库资金视同一般存款实现信贷扩张、自由运用，政府可以对国库资金存款收取利息，银行也可以向政府收取国库资金收支手续费。可见，银行存款制与单一金库制、复数金库制的根本不同在于是否成立特设机构管理国库资金。早期的英国是银行存款制的典范，政府规定将国库资金作为一般往来存款存于英格兰银行[1]，支出时采用国库支票通知银行支取或者转账，英格兰银行可以将国库资金视为一般营业资金进行运作，英格兰银行通过遍布全国的诸多分支机构和代理机构实现国库资金的收支管理，英国政府则以高效规范的预算制度分配国库资金，有效地实现了国库资金管理。

相对而言，美国对银行存款制的尝试则凸显银行存款制的一些问题。美国在1932年总统Jackson否决第二银行的展期后，决定国库资金不再存入美国第二银行（陈明，2003b），接着转存“政治上亲密”的一些州银行——“宠物银行”，国库资金管理制度转向银行存款制，各州商业银行因此获得了国库资金带来的扩张收益。然而，商业银行的扩张欲望是无限的，对于各州的小银行来说，国库资金的注入就是信用扩张的重要来源，1835年至1836年，由于进口关税（黄金）收入和土地拍卖收入增加，国库资金快速增长，对此，财政部扩大州银行吸收国库资金的覆盖面，西部各州的一些只有黄金储备的银行也大量接受联邦政府国库资金存款（Myers等，1971），国库资金的大量注入，更加助长州银行的扩张倾向，信贷无限扩张并且增加大量的银行纸币发行。从1834年至1836年间，银行总数增加了200多家，货币供给从1834年的1.72亿元膨胀到1836年的2.76亿元，价格上升了50% (Sellers 和 Sellers， 1991)，而且由于1836年后，美国第二银行因执照期满而关闭，银行的垄断地位被打破，市场进入完全竞争时代，美国银行业进入了自由竞争时期，信用扩张相比以前显著增加，市场出现了过度信任。日益增加的信贷需求客观上需要政府增加金银贵金属储备，但是政府财政国库资金已经全部存入州银行，政府没有工具调节市场。各州银行的混乱竞争导致

[1] 早期的英格兰银行是私人银行，20世纪末期才转变成中央银行。

了1837年的金融恐慌，引起了很多银行倒闭，金融信贷体系遭到重创，政府国库资金也因此遭受重大损失，这些说明了银行存款制也并非十全十美。

银行存款制度的主要优势是：① 国库资金与银行其他营业资金一样，银行可以用此进行信贷扩张，从而将国库资金服务于社会生产过程，同时政府还可以获取国库存款的利息收入，增加财政收入，降低纳税负担。② 银行不必成立专门机构管理国库资金，节省国库资金的管理成本，与国库资金的相关事务大部分由银行办理，政府相应的财务会计也相对简单。③ 减少国库资金对货币政策的扰动作用，国库资金的变化不会引起基础货币的收放，从而对货币政策的影响程度相对较小。④ 银行具有遍布全国的分支机构和代理机构，实行银行存款制可以使政府财政部门充分利用这些硬件资源，及时有效地实现国库资金的收支工作，这一点与委托金库制相同。当然，银行存款制也有着自身难以克服的弱点。这主要表现在：① 不同的政党或者不同的领导人可能对国库资金的存款银行存在不同的偏好，于是政党更替或者领导人换届可能对银行业务造成影响，进而造成金融市场的波动（尹文敬，1935）。② 国库资金作为一般存款势必进一步激发银行的扩张冲动，促使信贷供给增加，可能造成短期贷款利率下降，扩大投资需求，但由于资金成本下降可能促使贷款质量下滑，加大资金风险，影响银行体系和金融体系的稳定性，增加国库资金的不确定性，在这种制度下，国库资金的安全性受到较为广泛的关注。

4. 混合金库制

混合金库制是指传统国库资金管理制度与国库现金管理制度在某种程度上的混合。如前所述，复数金库制存在诸多缺点，在现实生活中一般不采用，因而混合金库制主要表现为单一金库制、银行存款制和国库现金管理制度在某种程度上的组合，它兼具单一金库制和银行存款制的优点。具体而言，混合金库制一般保留单一金库制特设的国库机构专门管理国库资金，以克服银行存款制下国库资金由于没有成立专门国库机构管理而出现安全性较低的缺点；同时通过国库现金管理制度，按照安全性、流动性和收益性原则，将闲置国库资金作为存款存放在商业银行或者投资于货币市场，央行国库账户资金只保留满足政府日常支出需求的最优水平，从而央行国库账户的国库资金存量保持相对稳定性，以此克服单一金库制下国库资金季节性和周期性波动造成基础货币收缩和扩张的缺点；在此基础上，超过政府日常资金需求水平的闲置国库资金由单一金库制的“死藏管理”转向投资运作，从而获取闲置国库资金投资收益，当然，具体投资方式必须依据各国的具体宏观经济条件和市场环境进行选择，可以将国库资金作为商业银行存款或者从事货币市场的一些投资活动；另外，由于财政收支的季节性或者周期性波动，国库资金会发生赤字现象，即国库资金不足以满足政府日常支出需求，在混合金库制下，国库机构将以筹资成本最小化为原则，滚动发行短期国债，使央行国库账户的国库资金余额稳定在最优存量水平，以满足政府日常资金需求。

尽管混合金库制具有诸多优点，但是混合金库制下国库资金表现为多样性，既有用于满足政府日常资金支出需求的国库现金，又有闲置国库资金投资运作的各种资产，因而必须使国库资金的各种资产具有足够高的安全性和流动性，以满足政府正常支出和应对公共突发事件的资金需求。这就要求国库资金投资运作必须有高度发达的银行体系和金融市场来支撑，并且需要现代化信息网络技术的支持，以实现国库资金在各种资产之间的高效管理和迅速转化。因而，混合金库制到20世纪60、70年代才开始逐步出现。

基于混合金库制的优点和金融市场的发展，当前发达市场经济国家较多的采用了混合金库制度。美国政府的具体做法是：在美联储国库账户存放50亿美元的平均国库资金余额以满足财政日常支出需求，而其他国库资金则存放于商业银行特殊账户——国库税收与贷款账户(Treasury Tax and Loan Account，TT&L)，以获取利息收入（DeCorleto和Trimble，2004），商业银行提供债券作为抵押。根据每天的国库收支情况，当美联储国库账户日终余额高于50亿美元时，超过这一额度的国库资金将作为存款存入商业银行的税收与贷款账户以赚取利息收入；当美联储国库账户资金余额低于50亿美元时，财政部即在当天或次日上午11点以前，从商业银行的国库税收与贷款账户调入国库资金将美联储国库账户资金补足到50亿美元（刘正，2005)。同时，美联储设立专门机构对商业银行国库账户资金和抵押品进行实时监控，以保证国库资金的安全。通过这种方式，美联储国库账户资金保持基本稳定，从而不会影响中央银行的基础货币数量。

英国政府也推行混合金库制度，在英国中央银行英格兰银行国库账户中保留日常资金2亿英镑左右，其他的进入发达货币市场进行投资，并由英国政府特设的债务管理局专门管理。若央行国库账户日终余额可能低于2亿英镑时，英国债务管理局会根据当时的具体市场环境，卖出或者回购所投资的货币市场金融工具，或者发行短期债券筹资资金，以促使中央银行国库账户资金余额保持在2亿英镑。若央行国库账户资金余额高于2亿英镑，那么英国债务管理局将相应的闲置国库资金买入或逆回购优质金融工具，获取闲置国库资金的投资收益（刘正，

2005)。按照这种方式，中央银行国库账户资金余额保持相对稳定，不会导致中央银行基础货币的波动，有效地降低了国库资金对货币政策的影响。另外，法国、荷兰和葡萄牙等国家的做法也基本类似，即在中央银行保存国库资金的平均余额，而其他的国库资金则投向发达货币市场进行运作获取投资收益，同时发行短期国债弥补国库资金赤字，保持央行国库账户资金余额稳定（单学勇，2004)。

按照发达市场经济国家通行做法，混合金库制度最核心的特点有三个：①结合各国的具体情况，确定政府国库最优的日常资金需求水平，以此决定保留在中央银行国库账户中的国库资金平均余额。②根据具体的宏观经济形势，考虑中央银行的货币政策环境，采取合适的方式将超过政府国库日常最优资金需求水平的闲置国库资金通过投资或者以商业银行存款等形式返回流通领域，同时获取闲置资金的投资收益。③周期性发行短期国债，及时弥补财政国库季节性或者周期性赤字，使中央银行国库账户的国库资金保持在政府日常支出需求的最优水平，维持其稳定性，平滑国库资金流。通过这三个方面的有机结合，中央银行国库账户的国库资金余额保持基本稳定，央行基础货币的货币政策操作目标受到国库资金的影响程度将降到很低的水平，同时在考虑货币政策环境的前提下，推行闲置国库资金投资和弥补国库资金赤字的短期国债发行策略，可能对货币政策有效性产生积极的促进作用，如短期国债的滚动发行将有助于增加央行公开市场操作工具，而且可能提高债券市场流动性，有助于市场化利率的形成。

3.2.3 国库资金管理制度的简单比较

在上述对各种国库资金管理制度进行分析的基础上，表3.1对这各种制度的异同点进行简单的归纳总结。从表3.1可以看出，单一金库制尽管分成委托金库制和独立金库制两种，但比较的几个项目中，它们唯一的差异在于国库机构的部门归属，委托金库制下管理国库资金的特设国库机构一般属于中央银行，而独立金库制下国库机构属于财政部门，其他方面在上面国库资金管理制度分类讨论时大都进行了分析。总体而言，委托金库制与独立金库制对货币政策影响极为相似，其主要影响渠道都是基础货币，因而在研究国库资金对货币政策影响时，可以归为单一金库制一类，而不必细分为委托金库制和独立金库制。

从表3.1中也可以看出，复数金库制下国库资金对货币政策影响渠道与单一金库制基本类似，但正如前面所述，复数金库制存在诸多国库机构，而且没有主从之分，这在一定程度上决定了这种制度的显著特点：这种制度将国库分散管理，造成了国库人为的分割，国库资金无法形成合力，资金之间的调度存在比较大的困难，国库资金使用效益低下，而且各部门之间互相独立，造成了政府收支管理极大的交易成本，从而效率就比较低下。因而复数金库制在现代社会生活中往往不被采用，缺乏实践的基础，从而本书后续研究也不对其专门分析。

表3.1　国库资金管理制度比较

类型		国库资金对基础货币的影响	国库资金影响货币政策主要渠道	国库机构的部门归属	国库资金是否能用于发放信贷或投资	国库资金是否作为商业银行存款	独立国库机构[①]的数量	国库资金是否有利息收益或投资收益	是否曾影响金融体系稳定性
复数金库制	行政复数金库制	国库资金与基础货币呈反向关系	基础货币	政府部门	不能	否	多个	没有	否
	官厅复数金库制	国库资金与基础货币呈反向关系	基础货币	政府部门	不能	否	多个	没有	否
单一金库制	独立金库制	国库资金与基础货币呈反向关系	基础货币	财政部门	不能	否	1个	没有	否
	委托金库制	国库资金与基础货币呈反向关系	基础货币	中央银行	不能	否	1个	没有[②]	否
银行存款制	银行存款制	没有影响	货币政策传导机制	没有特设机构	能	是	无	有	是
混合金库制	混合金库制	影响很小或者没有影响	信贷或投资等渠道	不一定	部分闲置资金运作	部分	1个	有	否

注：①独立国库机构有两种情形：其一是全国只有一个国库机构，其二是全国有多个国库机构，但这些机构之间具有主从关系。

②虽然委托金库制中，有些国家中央银行给政府支付了国库资金利息，但由于中央银行一般也是政府直属机构，它支付了国库资金利息将增加央行的成本支出，从而导致央行上缴国家财政收入的减少，对政府来说净收益是零，从而这种制度不能说明国库资金得到了利息收益。

另外，银行存款制与单一金库制存在较多的不同。首先，银行存款制下国库资金对基础货币并不造成影响，然而，单一金库制下国库资金变化却导致了基础货币的收缩和扩张。其次，银行存款制下，没有特设专门机构管理国库资金，将国库资金视为普通存款提供信贷或者用于投资，这可能存在潜在的安全问题，正如前面所说的，可能引起商业银行的盲目扩张倾向，对金融市场稳定性可能造成影响；相反地，单一金库制下国库资金由特设的国库机构管理，规范监控国库资金的收支，能较好的保证资金安全。再次，银行存款制下国库资金存款为政府产生利息收益，而单一金库制下国库资金没有收益，虽然委托金库制中，有些国家中央银行给政府支付了国库资金利息，但由于中央银行一般也是政府直属机构，它支付国库资金利息将增加央行的成本支出，从而导致央行上缴国家财政收入的减少，对政府来说净收益是零，从而这种制度不能说明国库资金得到了利息收益（见表3.1）。如果不考虑对金融体系稳定性的影响，从对货币政策影响的角度来说，银行存款制度优于单一金库制，但从总体来说，两种制度各有优缺点。

对于混合金库制，正如前面分析，它是单一金库制、银行存款制和国库现金管理制度在某种程度上的混合，因而在比较的这些项目中也体现了混合的特点（见表3.1）。首先，由于中央银行国库账户国库资金保持相对稳定性，因而国库资金对中央银行基础货币造成的影响很小或者没有影响；其次，由于国库资金表现形式多样性，既有商业银行存款又有闲置国库资金投资，所以其对货币政策影响的途径主要在于信贷或者投资等渠道；最后，混合金库制具有专门的国库机构管理国库资金，可以对国库资金投资和赤字债券融资实行规范化的管理，提高国库资金的安全性和管理效率。这些方面的特征凸显了混合金库制优越性，很大程度上克服了单一金库制和银行存款制的缺点，逐步成为比较理想的制度模式。

3.3 国库资金管理制度变迁一般特点分析

国库资金管理制度是内生的一系列非正式习俗、外生的正式规则和实施机制共同作用的结果，各国具体的国库资金管理制度就是在各自不同时期的政治制度、经济制度和市场发展水平的基础上演化而来的。由于世界各国的具体发展程度并不一致，政治制度和市场规则也存在诸多差异，因而同一时期各国采取的国库资金管理制度就未必相同。然而我们发现，国库资金管理制度的变迁模式存在着一些共性，虽然不能从时间上予以完全界定不同时期国库资金管理制度的变化方式，但却可以从各国的发展过程中寻找出制度变迁的一些特点和规律。

3.3.1 早期财政收入形态多样性内生的复数金库制或者独立金库制

财政收入形态随着经济的发展呈现出不同的特点，早期的税收形式很多是实物税，如英国的羊毛税、法国的兽皮税、瑞士的麻布税和北美的牦牛税等都是采用实物征收，中国一直到清朝的财政收入仍然有相当部分是实物。这种税收形态决定了财政收入中货币形态的比重较低，从而对以经营货币的银行来说，没有也不可能与国家政府发生完全的财政收支代理行为，即管理所有国库收支。另一方面，实物税收的征收和管理都十分具体，而且比较专业，不仅必须懂得鉴别各种物资的质量，还要熟悉这种各种物资的保存方法，保证国家财政收入不会发生快速的折旧，这在一定程度上促使财政收入分门别类，存放财政收入的国库也就变得比较复杂，有些政府将国库按照收入类别或者不同行政类别分成几个独立的国库，对各种收入进行独立管理，中国在古代就曾有几个朝代的国库是采取这种形式的，如唐朝和明朝，而国库的这种制度安排在一定程度上就是复数金库制度或者独立金库制。

财政收入形态的另一个内容是指财政收入的货币形态复杂性，在没有统一货币之前，财政收入虽然可能也有很大部分表现为货币形式，但是货币多样性意味着财政收入的货币形态也可能呈现出多种类别，财政国库资金管理与货币稳定性息息相关，在这种情况下，如果实行委托国库制或者银行存款制，那么国库资金的安全性将依赖于多种货币形式下的银行体系稳定性。然而，货币不统一往往带来银行体系的不稳定性，19世纪30年代美国银行进入自由银行时代，各家银行可以自由发行货币，多种货币供应极其混乱，银行扩张十分疯狂，造成了银行体系的崩溃，国库资金因此遭受了巨大损失。因而，在财政收入形态多样性的情况下，选择独立金库制或者复数金库制有其内在必然性，从而说明了其制度安排的内生性。

3.3.2 随着银行体系的发展，委托金库制或者银行存款制替代独立金库制和复数金库制

随着金融体系的逐步发展，货币信用逐步建立，银行体系日趋稳定。银行在资金管理方面的优势日益凸显，可以利用众多的分支机构和代理机构低成本地实现资金的快速收支、调配和筹集。独立金库制或者复数金库制要求政府建立庞大

的国库机构和诸多分支机构，这不仅需要巨大的固定成本支出，而且还必须维持这些机构的日常开支，从而形成了巨大的国库资金管理成本。相对而言，采取委托金库制或者银行存款制则可以利用银行的管理优势，通过银行的分支机构和代理机构节约国库资金管理成本支出，当然前提是拥有一个稳定的银行体系。

1694年英国的英格兰银行开始创立，而后英国的国库资金交由英格兰银行代理，随着英格兰银行的发展，银行存款制的国库资金管理制度使得英国政府充分享受到银行的优势：高效的国库资金收支和低成本的预算赤字融资，这从管理层面和成本方面都明显优于政府特设独立国库机构的情形。但这种制度的延续完全得益于英格兰银行扮演中央银行的角色对银行体系稳定的维护。虽然英格兰银行不是中央银行，但自成立后就一直承担发行钞票的重要职能；1825年和1837年英国曾两次因银行过度放贷而导致许多银行破产倒闭的危机，大大影响到英国银行业的信誉，对此，英格兰银行采取行动充当所谓“最终贷款人”的角色帮助有困难的银行度过难关。19世纪后期，英国又连续出现几次银行危机，英格兰银行采用适当提高贴现率的方式来打击投机，并承担起商业银行最终贷款人的责任，维持了银行体系的稳定（张之骧和严恒元，1997），从而没有导致19世纪30年代美国银行体系崩溃而导致银行存款制失败的结局。这从一个侧面说明了稳定银行体系下，银行存款制可以实现对独立金库制和复数金库制的替代。

第一次世界大战以前，美国还没有建立联邦储备银行，当时共有3700多家国民银行，这些银行都有银行券发行权，因此造成货币供应的混乱，银行体系很不稳定，同时没有一家权威性银行对各类银行的准备金进行集中管理，使得银行业安全得不到保障，频频出现银行倒闭的危机（汪祥春和夏德仁，2003）。此时如果将国库资金由银行代理，就可能重蹈19世纪30年代的覆辙。1913年的联邦储备法案（*Federal Reserve Act*）提出创建联邦储备银行，并且授权联邦储备银行给美国财政部提供国库资金代理服务。刚开始时，主要的财政代理工作是收税、收费、清算、存款保管和债券赎回。1917年第一次世界大战，联邦储备银行开始代理国库券发行。从那时开始，国库资金的许多其他服务，都转给了联邦储备银行代理。1915年以来，美国联邦储备银行出色地完成财政相关工作，使得财政部在1921年取消了国库在各地的分支机构，直接由联邦储备银行代理（DeCorleto和Trimble，2004）。由于联邦储备银行成功扮演了中央银行的角色，调控全国的货币体系，促使美国的银行体系保持了稳定的发展，美联储也维持了自身的稳定运作，从而实现了由独立金库制度到委托金库制度的演变。由此可以看出，稳定银行体系下具有管理成本优势的委托金库制可以实现对独立金库制的替代。

3.3.3 发达货币市场外生的混合金库制

国库资金在属性上是财政收支，但在现代社会，国库资金最终体现为货币，因而国库资金管理制度与货币市场的发展将有着很大的关系，货币市场的制度变迁可能外生推动国库资金管理制度的发展。英国19世纪初就出现了票据贴现的货币市场，但当时主要是在商业信用的基础上利用银行信用对票据进行贴现，货币市场到第二次世界大战后才真正得到快速发展。英国在第二次世界大战后出现了“平行货币市场”（Parallel Money Market），即出现了银行同业拆借市场、存单市场、地方机构债券市场、伦敦欧洲货币市场等与贴现平行活动的各种新型货币市场。日本的货币市场从1972年以来出现了欧洲日元市场，另外日本银行通过贴现市场而进行的贴现活动、票据的公开买卖活动以及回购协议都得到了运用和发展。美国的货币市场在第二次世界大战后得到最快的发展，不仅出现了联邦基金市场、存单市场、银行存兑汇票市场、国库券市场、商业票据市场和回购协议市场等诸多子市场的货币市场体系，而且在货币市场工具和规模上都得到了很大的发展（杜莉，1999）。

世界各国货币市场的发展提高了资金的安全性、流动性和收益性，货币的时间价值日益突出，闲置国库资金将表现为货币的收益损失，国库资金的季节性赤字也将带来额外的融资成本。因而随着货币市场的发展，各国日益关注国库资金的收益性，纷纷推行国库资金管理制度改革，在满足政府日常支出需求的前提下，通过将国库资金转成定期存款或者投资于货币市场等方式获取国库资金盈余的投资收益，同时通过在货币市场发行现金管理券等方式弥补国库资金的季节性赤字，国库资金管理制度也逐步转向混合金库制。美国联邦政府采取了国库单一账户体系，将国库资金收支集中管理，在美联储设立一个总账户(Treasury General Account，TGA)用于国库资金的收入和支出，账户资金增加意味着流通中货币的减少，而账户资金减少说明增加基础货币投放，美国在该账户中的资金保持在50亿~70亿美元，多余的国库资金则通过TT&L(Treasury Tax and Loan Account)和TIO（Term Investment Option）两种方式将资金存款于商业银行并获取利息收益，其中TT&L是所有国库资金不管存款的时间长短都只采用固定的利率，而TIO则按照不同的存款期限通过竞标的方式来决定不同期限资金的利率水平。为了保证资金的安全性，商业银行在接受国库资金存款时必须提供债券抵押(DeCorleto 和 Trimble，2004)。英国规定国库单一账户日终现金余额一般保持在2亿英镑左右，英国债务管理局将多余的国库资金通过买入或逆回购优质金融工具等实现国库资金收益。这些做法的共同特点是为了实现国库资金收益和熨平国库资金对货币政策的影响而采取了国库资金保管方式的多样性，国库资金管理制度逐渐由委托金库制或者银行存款制向混合金库制发展。

3.4 中国国库资金管理制度变迁

中国国库资金管理制度变迁经历着极为久远的过程，古代有文字记载的最早的国库雏形出现在周朝，周朝的天官和地官司国库的职能（上海财经大学公共政策研究中心，2003)。此后在各个不同历史时期，政治制度和经济体制产生了诸多变革，国库资金管理制度在不同阶段也呈现出某些特点，虽然各国制度的具体表现形式总体上会存在一些差异，但中国的国库资金管理制度与世界其他国家一样呈现出收敛于混合金库制的趋势。

3.4.1 实物库阶段的复数金库制和独立金库制

虽然国库很早就出现了，但由于古代经济水平较低，区域发展也极不平衡，再加上交通不便、缺乏统一货币，从而使得财政收入多样化。顾炎武[1]指出：田赋用银始于元，而田赋在古代是财政收入一个主要部分，这说明国库存放的不仅有现代意义上的金银，而且相当多的表现为各种实物。明朝的国库财产主要包括金银、缎匹、宝石、齿角、羽毛、布匹、棉花、钢铁、军用品以及粮食等实物；清朝的国库财产仍然包括大量的绸缎、瓷器和茶叶等实物，直到康熙28年(公元1689年)赋税统一以白银作为计量单位，对征收交纳实物者，均应将实物折合银两核算，国库逐步从实物库过渡到以货币为计量单位的金库(黄挹卿，1996)。国库资金的这种表现方式很大程度上决定了当时的国库资金管理制度。唐代将国库组织和管理机构划分为金部和仓部，金部是掌判天下库藏钱帛出纳之事，仓部掌判天下军储、受纳租税等。金部和仓部都行使库藏财务出纳之权，这在某种程度上就表现为复数金库制度，即国家设立多个独立的国库机构。明朝虽然在名义上

[1] 顾炎武. 日知录(黄汝成集释本)[M]. 上海:上海古籍出版社,1985.

实行户部管理国库的制度，但是实际上国家设立了12个内库、里库和外库，分别储藏各种财物，并且其支出权分属于不同的部门，而不是全部由户部管理，由此可见，明朝的国库资金管理制度也属于复数金库制度的范畴。

当然这只是国库资金管理制度的一种表现形式，中国在实物阶段还存在另一个主要的制度安排——独立金库制度。清朝初期的国库是将国家财政库与皇室收入库分别设置的。皇室收入由内务府掌理，具体的库藏出纳由广储司办理，内务府共设六库：银库、皮库、瓷库、缎库、衣库和茶库。国家财政由户部管理，并直接控制中央的三大库：银库、缎匹库、颜料库。清光绪32年(公元1906年)户部改为度支部，下设十个司，其中有田赋司，主管农业税征收；税课司，主管商税；库藏司，负责管理国库保管出纳事宜。光绪33年(公元1907年)，各省成立财政处，隶属于度支部管理（黄挹卿，1996）。由此可以看出，清朝的国库资金管理制度开始逐步由复数金库制度转向独立金库制度，国家虽然设立多个国库机构，但是行政上具有了主从之分。

3.4.2 银行体系发展外生的委托金库制

清政府于光绪30年（1904年）在北京成立户部银行，官商各半，次年正式成立。除经营一般银行业务外，并有发行纸币、代理部库等特权。清末为整理财政，筹办预算，于1908年将户部银行改为大清银行，同时拟定大清银行则例24条，确定该行为国家银行，准许经理国库事务及公家一切款项，并代国家经理公债及各种证券，从此，国家中央银行经理国库制度开始出现（栾德方、李晓芳和殷浩，1991）。1910年资政院提议统一国库办法并订立统一国库章程，明确由大清银行负责国库资金的保管出纳任务，这标志了委托金库制开始形成，它随着中国银行体系的发展而逐步完善。

辛亥革命爆发后，1912年大清银行改名为中国银行，国库由中国银行代理并设置了国库局。1928年国民党政府在南京建立中央银行，中央银行享有发行纸币、代理国库、经理公债、管理外汇等特权，在中央银行总行内部建立国库局，专司总金库之责，支行办理处设立分支库，中央银行明确代理了国库资金的保管出纳职能。1938年国民政府公布了《公库法》，将中央政府的公库称国库，各省公库叫省库，各县（市）公库叫县（市）库，其次规定除中央银行代理国库外，其他各级国库的代理行的指定都必须由上级公库主管机关核准，同时也承认了财政透支的合法性（黄挹卿，1996）。与此相对应的是，革命根据地的国库也有一系列的制度安排。在新民主主义革命时期，1931年成立的中央工农民主政府规定由当地的国家银行代理国库职责，1932年下半年临时中央政府人民委员会通过了《国库暂行条例》，规定一切收入必须交国库，一切支出必须凭财政部支付命令动用库款。1935年冬，党中央在陕北开始设立苏维埃国库。1944年边区银行成立金库组织，下设分库、支库，革命战争年代的金库工作，对保障革命战争的胜利起到应有的历史作用（栾德方、李晓芳和殷浩，1991）。由此可见，虽然这一阶段的政治经济都处于动荡的情况下，委托国库制仍然得到很好的维持。

新中国成立以后，国家面临着通货膨胀、物价上涨和市场混乱等严重问题，国家对此采取了一系列措施，其中就包括财政金库工作。1950年3月3日政务院第二次政务会议通过了《中央金库条例》，规定中央人民政府设立中央总金库，各省（市）设中央分金库，各县（市）设中央支金库，必要时得于适当地点设经收处；各级金库均由中国人民银行代理。同年，《中国人民银行组织条理》把经理国库、执行国家预算出纳业务列为其主要任务之一。随着财政体制的不断改革和银行体系的发展，1985年7月27日由国务院正式发布了《中华人民共和国国家金库条例》，条例规定原则上一级财政设立一级国库，中央设立总金库；省、自治区、直辖市设立分库；省辖市、自治州设立中心支库；县和相当于县的市、区设立支库。支库以下经收处的业务，由专业银行的基层机构代理。可见，尽管国库资金管理制度在不同的条例中产生了一些变化，但委托金库制的模式没有改变，中央银行代理国库，主要负责财政部门国库资金收支的保管和出纳工作。

3.4.3 混合金库制度对委托国库制度的替代

随着我国货币市场的逐步完善，货币市场资金的安全性、流动性和收益性都有了不同程度的提高，闲置资金可以通过银行存款、购买国债或者投资其他的短期金融工具而获取稳定收益，资金的时间价值日益凸显，国库资金的时间价值也引起了政府的广泛关注。我国国库资金伴随21世纪以来经济快速增长而持续上升，特别是自2001年以来，中国推行了国库集中收付管理制度改革，国库资金由传统的分散缴拨转向了集中收付，改变了国库资金滞留单位账户的现象，从而促使国库资金余额增长更加迅速，国库资金的时间价值损失日益突出。

庞大的国库资金余额要求政府通过国库资金管理制度的变革来实现国库资金收益性，财政部和中国人民银行在2002年12月12日共同签发了《国库存款计付利息管理暂行办法》，要求对国库库款计付利息，以此体现国库资金时间价值。然而由于我国实行的是委托金库制，国库库款计付利息相当于增加中国人民银行的成本支出，从而将导致其上缴财政的利润下降，因而从财政收入角度而言，库款并未实现真正的收益，仍然属于闲置资金。另外，由于各级地方政府的国库存款获得的利息归本级财政国库所有，造成了富裕地区的国库资金利息收入更高而落后地区的利息收入很低甚至没有，但利息支付的最后买单人是财政部，因而这种改革相当于政府给各个地区作了一次不公平的转移支付——劫贫济富。由此可见，《国库存款计付利息管理暂行办法》并未解决实际问题。

此外，国库资金存放在中央银行，国库资金的变化代表着基础货币的变动，因而大量的国库资金将可能产生巨大的货币政策，对货币政策产生扰动。对此，财政部和中国人民银行于2006年6月5日出台了《中央国库现金管理暂行办法》，规定当年7月1日起国库资金可采取商业银行定期存款、买回国债、国债回购和逆回购等方式进行操作，其中规定将国库资金存到商业银行做定期存款，期限要在一年以内，且商业银行在接受国库存款时，要以面值数额为存款金额120%的可流通国债现券作为质押。此后中央国库开始定期滚动开展国库现金管理，主要是将国库资金作为协议存款形式由中央银行转入商业银行，尽管目前商业银行接受的中央财政国库资金存款余额并不是很大，但预示闲置国库资金的多元化运作的开始，国库资金管理制度逐渐由委托金库制过渡到混合金库制，从而与世界主要发达市场经济国家的国库资金管理制度模式逐步趋同。

3.5 本章小结

国库资金管理制度是指国家预算收支的保管出纳制度。从制度观点看，国库资金管理制度由国库资金管理的习俗、规则和相应的实施机制所构成，它不仅包含外生制定的各种正式规则，也包括特定环境下有关国库资金管理习惯或者偏好的非正式规则，还包含保证这些规则和习俗得以遵守的实施机制。国库资金管理制度既可能提高经济绩效，也可能对经济造成负面影响。

传统国库资金管理制度分为复数金库制、单一金库制和银行存款制，但随着经济的发展和金融体系的完善，国库资金管理制度产生了新的形式，传统分类体系表现出不完备性。对此，本章研究现实的各种问题后提出混合金库制的分类形式，将其纳入国库资金管理制度分类体系，能较好地解释现代社会各种国库资金管理制度安排，分类体系变得更加完备，混合金库制分类方式拓展和发展了国库资金管理制度分类体系。另外，研究表明，复数金库制存在诸多国库机构，而且没有主从之分，造成国库资金分散管理、国库资金无法形成合力、国库资金使用效益低下和政府国库资金管理成本巨大等诸多缺点，从而复数金库制在现代发达市场经济中往往不被采用。因而，现代社会各国普遍采用的国库资金管理制度安排大多是单一金库制、银行存款制和混合金库制。

本章接着对单一金库制、银行存款制和混合金库制做简单的比较，分析各种制度的特点，结果发现：单一金库制下国库资金的变化直接影响基础货币，从而可能对货币政策造成较大的影响。银行存款制下国库资金表现为商业银行存款，国库资金变化不像单一金库制那样直接影响基础货币，从而可能对货币政策影响程度较低，但由于银行存款与银行信贷息息相关，因而国库资金资金变化可能影响货币政策信贷传导机制；另一方面，银行存款制下国库资金不如单一金库制安全，可能对银行体系、货币市场的稳定性造成一定的影响。混合金库制综合了单一金库制和银行存款制的优点，成为比较理想的制度模式。

在国库资金管理制度变迁研究中发现，财政国库的实物形式内生了当时的复数金库制和独立金库制，而银行体系的发展则出现了银行存款制或者委托金库制对复数金库制和独立金库制的替代。随着金融体系的发展和经济水平的提高，国库资金管理制度出现了向混合金库制发展的总体趋势。

第4章　财政国库存量资金对货币政策影响(Ⅰ)
——从单一金库制角度考察:外生货币供给和内生货币供给模型扩展分析

第3章考察了国库资金管理制度，针对传统国库资金管理制度分类体系的不完备性，本书提出了新的制度分类形式——混合金库制度，并对各种制度作简单的比较分析，研究发现，单一金库制、银行存款制和混合金库制是现代社会各国普遍采用的几种国库资金管理制度形式❶。根据导论中提出的研究思路，接下来将从理论上深入分析这几种制度下国库资金对货币政策的影响，这是研究国库资金对货币政策影响的重要内容，是客观评价中国当前国库资金影响货币政策的前提和基础；另外，通过对各种制度的详细考察，可以为本书后面研究激活财政存量资金的制度选择提供有力的理论依据。

在本章及第五章、第六章中，将通过构建理论模型，结合发达市场经济国家的一些经验事实，从理论层面深入研究各种制度下国库资金对货币政策的影响。本章研究单一金库制下国库资金对货币政策的影响。首先分析国库资金对基础货币的影响，接着从外生货币供给和内生货币供给两个角度进行综合分析。在外生货币供给分析框架中论证国库资金与货币供应量的关系，在此基础上，引入国库资金变量，拓展 *IS-LM* 模型，以此分析国库资金变化对货币变量的具体影响。另一方面，在内生货币供给分析框架中，引入国库资金变量，对现有模型进行拓展，从内生货币供给角度研究国库资金变化对货币变量的影响。然后综合两方面结论，客观评价单一金库制下国库资金对货币政策的影响。

---

❶ 尽管复数金库制也是一种国库资金管理制度形式，但第三章的研究表明，该制度存在较多问题，管理效率低下，从而在现代市场经济条件下，世界各国基本上不采用这种制度，因而本书后面将不对此进行研究。

4.1 国库资金对基础货币的影响分析

基础货币，即存款机构储备金和公众手中的现金之和，存款机构储备金包括准备金和存款机构的库存现金(Burton 和 Lombra，2000)，基础货币通常又称为货币基础，同时由于基础货币中的银行准备金具有存款创造的功能，因此基础货币又被称为高能货币（易纲和吴有昌，2003）。基础货币有四个主要特点：① 它属于货币当局的净货币负债；② 它的流通性很强，公众和银行可以自主运用，是所有货币中最活跃的部分；③ 它运动的结果能够影响货币供应量；④ 它是货币当局控制货币供应量的一个主要方式（姚长辉，2002）。Friedman 和 Schwartz (1963)指出如果其他条件不变，高能货币总量的任何增长都将导致货币总量的同比率增长。Cagan(1965)认为将基础货币称为高能货币，在于表明它们能作为银行存款的倍数量的基础。基础货币是“源”，货币供应量是“流”，基础货币是具有货币信用扩张或收缩能力的货币，因此基础货币是货币政策的重要工具，对基础货币的影响会对货币政策产生很大的扰动作用。

在单一金库制下，国库资金与基础货币的关系可以从货币当局的资产负债表中得到体现。假设中央银行是唯一的货币发行机构[1]，设中央银行净国外资产为 FA，对商业银行债权为 CA，对政府债权为 GA，其他资产为 OA，存款准备金为 TR，公众流通中现金为 C，对政府负债即国库资金为 TD，其他负债为 OL，那么中央银行的资产负债表见表4.1。中央银行对政府负债在单一金库制下可以分成两种情况：一是委托金库制下政府负债表现为政府在中央银行的财政存款；二是独立金库制下政府特设金库保存国库资金，这种情况国库资金被置于流通领域之外而变成“死藏”，这时国库资金表现为政府持有中央银行发行的货币，但是同样是中央银行的负债[2]。另外存款机构储备金 TR 包括库存现金和存款机构在中央银行的存款准备金。

---

❶ 美国财政部也发行货币，这里为讨论的简单性，仅仅考虑一个货币发行当局的情形，事实上考虑多个货币发行机构也不会影响结果。

❷ 可以根据研究的需要对这两种情况进行细分，如Brunner 和 Meltzer(1964)将国库资金分成政府在美联储的财政存款、国库现金两项。但本书的研究没有进行细分的必要。

表4.1　中央银行资产负债表[1]

资产	负债
净国外资产 FA ——外汇储备	存款准备金 TR ——法定存款准备金 ——超额存款准备金
对商业银行债权 CA ——再贷款 ——再贴现	公众流通中现金 C
对政府债权 GA ——国债	对政府负债 TD ——国库资金
其他资产 OA	其他负债 OL

根据基础货币的定义知道基础货币 B 的表达式为

$$B = TR + C \tag{4.1}$$

进一步假设中央银行的总资产为 TA，总负债为 TL，按照总资产等于总负债的原则有

$$TA = TL \tag{4.2}$$

于是有

$$TL = TD + TR + OL + C \tag{4.3}$$

从而根据式(4.1)~式(4.3)可以得

$$B = TR + C = TA - TD - OL \tag{4.4}$$

由此可见，$\frac{\partial(B)}{\partial(TD)} = -1 < 0$，这说明在单一金库制下，国库资金与基础货币呈反向关系，国库资金的增加和减少直接体现为基础货币的收缩和扩张，产生这种现象的作用机制是：在单一金库制下，政府特设专门机构管理国库资金或者由中央银行特设机构管理国库资金，国库资金增加相当于将公众手中的现金或者银行储备转到政府或者中央银行特设的国库资金管理机构，国库资金离开了流通领域，减少了公众手中的现金和银行储备，从而导致基础货币的下降；相反地，国库资金的下降即财政支出增加，这相当于使国库资金返回流通领域，从而增加基

[1] 为了保证中央银行独立性，很多国家制定法律规定财政不得向中央银行透支借款，因而中央银行对政府的债权就只表现为国债的持有，而不包括透支借款，这里的讨论也不考虑透支借款情形，当然包括透支借款并不影响本书的结论。

础货币的投放。国库资金影响基础货币的程度随着国库资金规模的不同而存在一定的差异，有时国库资金变化很大，可能完全对冲中央银行的基础货币操作，从而造成货币政策的无效性。

由于基础货币与其他货币变量存在较为密切的关系，所以国库资金变化不仅会对基础货币直接造成明显的影响，同时也可能对银行信贷和货币供应量中介目标等变量造成影响。接下来将在外生货币供给和内生货币供给两种分析框架下进一步分析国库资金对货币政策的影响。

4.2 国库资金对货币政策影响——外生货币供给模型扩展分析

货币供应量的决定问题是货币供给外生理论的一个重要内容，本节将从外生货币供给角度分析国库资金对货币供应量的影响，在此基础上，结合 *IS*－*LM* 模型进行扩展分析，以此研究国库资金的变化对具体货币变量的影响。

4.2.1 传统分析框架的不足

对国库资金的讨论，传统外生货币供给分析框架大都存在一些共同的特点，具体而言，主要表现在以下两个方面。

首先，没有考虑单一金库制下国库资金变化对货币供给的影响。虽然Jordan (1969)在Friedman-Schwartz货币供给方程式的基础上考虑了政府在商业银行的存款对货币供给乘数的影响，但这属于银行存款制下国库资金对货币供给的影响范畴，从而不能将其简单地归为单一金库制下国库资金对货币供给研究的分析框架，当然在银行存款制下，政府存款与银行的其他营业资金并没有什么差别，因而必须将国库资金包含在货币供应量之中，但Jordan却将其从货币定义中独立出来，从这个意义上说，Jordan的研究也并不纯粹是银行存款制下国库资金的外生货币供给分析框架。

其次，分析框架基本相似，大多沿用Friedman和Cagan提出的货币供给方程，这些分析框架较难直接用于判断国库资金对货币供应量的影响。Friedman和Schwartz(1963)在《1867-1960年美国货币史》的附录中构建了货币供给模型，得出货币供应量与基础货币之间的关系式——Friedman -Schwartz货币供给方程式：

$$M = B\left[\frac{D}{R}\left(1+\frac{D}{C}\right)\right] / \left(\frac{D}{R}+\frac{D}{C}\right) \tag{4.5}$$

式中 M 表示货币供应量；B 表示高能货币或者基础货币；D 表示商业银行存款；R 表示商业银行的存款准备金；C 代表公众持有的通货。

式（4.5）表明货币供应量 M 由高能货币 B 和货币乘数 $m=\left[\frac{D}{R}\left(1+\frac{D}{C}\right)\right] / \left(\frac{D}{R}+\frac{D}{C}\right)$ 所决定。

Cagan(1965)与 Friedman 和 Schwartz（1963）的分析框架基本类似，只是为了考察通货占货币存量与准备金存款比率对货币供应量的影响，将货币乘数的决定因素做了适当的调整，即将通货占货币存量的比率取代存款通货比率 D/C，以准备金存款比率 R/D 取代存款准备金比率 D/R，得出的表达式为

$$M = \frac{B}{\frac{C}{M}+\frac{R}{D}-\frac{C}{M}\cdot\frac{R}{D}} = \frac{B}{\frac{C}{M}+\frac{R}{D}\left(1-\frac{C}{M}\right)} = \frac{B}{\frac{R}{D}+\frac{C}{M}\left(1-\frac{R}{D}\right)} \tag{4.6}$$

上述货币供给理论模型尽管存在一些差异，但基本思想相似，都认为货币供给量受货币乘数和基础货币两个因素的制约，因而要考虑国库资金对货币供给的影响，还必须分析国库资金对货币乘数的影响。然而，国库资金对货币乘数的影响却没有肯定的结论。式(4.5) Friedman-Schwartz 货币供给方程式中的货币乘数主要取决于商业银行存款与准备金之比 D/R 和商业银行存款与非商业银行公众持有的通货之比 D/C，国库资金的变化会影响公众持有的通货和银行的储备，但是同时也会对存款 D 造成影响，从而无法决定国库资金对 D/R 和 D/C 的影响程度、影响方向，这就很难推出国库资金对货币乘数的影响，因而就难以准确判断国库资金对货币供应量的最终影响方向。Cagan 提出的式（4.6）存在的问题与 Friedman-Schwartz 货币供给方程式基本类似，利用这些分析框架难以直接判断国库资金对货币供应量的影响。对此，接下来将首先构建新的分析框架，论证国库资金与货币供应量的关系，接着构建纳入国库资金变量的 $IS-LM$ 扩展模型，并以此进一步分析单一金库制下国库资金对货币政策的影响。

4.2.2 国库资金对货币供应量影响的模型分析

如上所述，从传统外生货币供给分析框架中，较难判断国库资金与货币供应量的关系，因而下面将构建新的分析框架，论证国库资金与货币供应量的关系，

首先给出两个定义。

定义1： 根据基期法定准备金率和当前存款负债计算出来的存款准备金额与在当前法定准备金率下实际要求的法定准备金之差，称为调整准备金数额（Reserve Adjustment Magnitude，*RAM*）；在此基础上，将调整准备金数额与原基础货币 *B* 之和称为调整的基础货币(Adjusted Monetary Base，*AMB*)，即 $AMB = B + RAM$（Gilbert，1985，1987;盛松成，施兵超和陈建安，2001）❶。

可见，*RAM* 是两种法定准备金之差：一种是根据基期的法定准备金率和现期的存款额的乘积计算出来的准备金数量，另一种是根据现期的法定准备金率和现期的存款额乘积计算出来的准备金数量，前者是人为计算出来的，后者是存款机构实际交纳的数量。*RAM* 的意义在于将法定准备金率变化的影响主要表现在调整的基础货币上，而不是体现在货币乘数的变化上面。于是，法定准备金率变化对货币供应量的影响就跟法定准备率不变而改变原基础货币 *B* 所产生的影响一样。*AMB* 的意义在于，通过新的定义，法定准备金率变化对货币供给量的影响可以不通过货币乘数的变化来反映，而通过 *AMB* 的变化来反映。如果法定准备金率下降（或者上升），则 *RAM* 上升(或者下降)，从而 *AMB* 上升(或者下降)。传统的三大政策影响货币供给的途径有两条，即改变货币基数和货币乘数；使用了 *RAM* 和 *AMB* 这两个概念后，就使中央银行影响货币存量的各种政策行为唯一地通过调整后的基础货币 *AMB* 的变化来表现（Gilbert，1987；盛松成，2001）。这对于货币政策的实际操作和理论研究都有很大的意义。

然而，上述定义虽然给出了调整后的基础货币与法定准备金率之间的关系，但是没有进一步区分活期存款法定准备金率和定期存款法定准备金率，而实践过程中活期存款准备金率与定期存款准备金率往往并不一样（见表4.2）。对此，为了以下的研究更接近实际，本书分别定义了活期存款和定期存款的准备金率对应的 *RAM* 和 *AMB*。

---

❶ Gilbert(1985,1987)提出这些概念的背景是由于货币当局只能依靠“三大政策”中的公开市场业务、再贷款和再贴现来改变基础货币，然而法定准备金政策只能改变货币乘数，却不能改变基础货币总额，这就给货币当局带来一定的麻烦，因为他们不能用单一的政策变量来衡量各种货币政策对货币供给量的影响，也难以直接比较各种货币政策的效果。美国经济学家为解决这一困难而提出了 *ABM* 和 *RAM* 这两个概念。

表4.2 法定存款准备金率 单位：%

国家	活期存款			定期存款		
	1989	1992	1996	1989	1992	1996
美国	12.00	10.00	10.00	3.00	0.00	0.00
日本	1.75	1.20	1.20	2.50	1.30	1.30
英国	0.45	0.35	0.35	0.45	0.35	0.35

资料来源：Economic Review，Federal Reserve Bank of Kansas City，Quarter Four 1996.转自江晴和陈净直(2001)。

定义2：根据基期活期存款法定准备金率和当前活期存款负债计算出来的存款准备金额与在当前活期存款法定准备金率下实际要求的活期存款法定准备金之差，称为活期调整准备金数额(Demand Reserve Adjustment Magnitude，$DRAM$)；在此基础上，将活期调整准备金数额与原基础货币B之和称为活期调整的基础货币(Demand Adjusted Monetary Base，$DAMB$)，即$DAMB=B+DRAM$；同样地，将以上的活期换成定期就可以得到定期类似的概念，即定期调整准备金数额（Time Reserve Adjustment Magnitude，$TRAM$）；在此基础上，将定期调整准备金数额与原基础货币B之和称为定期调整的基础货币(Time Demand Adjusted Monetary Base，$TAMB$)，即$TAMB=B+TRAM$。

需要说明的是，定义2将活期与定期分别定义得到的调整的基础货币$DAMB$和$TAMB$的意义与定义1中并不完全一样，这里的定义只是为了下面研究的需要，事实上可以发现定义1中的AMB和定义2中的$DAMB$和$TAMB$具有如下关系：$AMB=B+DRAM+TRAM$。

命题：单一金库制下国库资金与货币供应量呈反方向运动，国库资金的增加将导致货币供应量的下降，国库资金的下降将提高货币供应量水平。

证明：假设活期存款为DS，定期存款为TS，其他变量沿用前面的假设，则广义货币供应量M[1]为商业银行的定期存款、活期存款和非银行公众持有的通货C之和，具体的货币供应量与其他变量关系的模型为

$$M=C+DS+TS \tag{4.7}$$

根据定义2知道活期调整准备金数额$DRAM$上升就说明当前法定活期存款准备金率下降，因而有更多的储备可以用于信贷，贷款的增加将反过来引起存款水

[1] 这里仅讨论广义货币供应量$M2$情况，比较具有一般性，对于$M1$也可以得出类似的结论。

平的上升，从而 $\frac{\partial(DS)}{\partial(DRAM)}>0$[1]；另一方面，根据活期调整的基础货币 $DAMB$ 的定义可以知道，$DAMB=B+DRAM$，因而 $DAMB$ 的增加意味着中央银行基础货币供给变动 ΔB 和法定准备金变动导致的商业银行超额准备金变化 $\Delta DRAM$ 的净效应为正，这表示商业银行有多余的准备金可以用于信贷扩张，从而促进信贷水平的上升，进而将反过来引起存款水平的上升，从而有

$$\frac{\partial(DS)}{\partial(DAMB)}>0 \tag{4.8}$$

同样地，对于定期存款也可以得出类似的结论，即 $\frac{\partial(TS)}{\partial(TRAM)}>0$，进而由 $TAMB=B+TRAM$ 有

$$\frac{\partial(TS)}{\partial(TAMB)}>0 \tag{4.9}$$

接下来研究国库资金与调整的基础货币的关系。由式(4.4)知道单一金库制下国库资金的增加意味着基础货币 B 的下降，即 $\frac{\partial(B)}{\partial(TD)}=-1<0$，但由于法定存款准备金的变化是由法律规定的变动引起的，与国库资金的变化没有关系，这对于活期存款和定期存款来说都是一样的，因而有 $\frac{\partial(DRAM)}{\partial(TD)}=0$ 和 $\frac{\partial(TRAM)}{\partial(TD)}=0$，从而由 $DAMB=B+DRAM$ 可以得

$$\frac{\partial(DAMB)}{\partial(TD)}=\frac{\partial(B)}{\partial(TD)}+\frac{\partial(DRAM)}{\partial(TD)}=\frac{\partial(B)}{\partial(TD)}+0=\frac{\partial(B)}{\partial(TD)}=-1<0$$

同理可以得

$$\frac{\partial(TAMB)}{\partial(TD)}=\frac{\partial(B)}{\partial(TD)}+\frac{\partial(TRAM)}{\partial(TD)}=\frac{\partial(B)}{\partial(TD)}+0=\frac{\partial(B)}{\partial(TD)}=-1<0$$

即
$$\frac{\partial(DAMB)}{\partial(TD)}<0 \tag{4.10}$$

$$\frac{\partial(TAMB)}{\partial(TD)}<0 \tag{4.11}$$

从而由式(4.8)~式(4.11)可以进一步得出活期存款、定期存款和国库资金的关系：

$$\frac{\partial(DS)}{\partial(TD)}=\frac{\partial(DS)}{\partial(DAMB)}\times\frac{\partial(DAMB)}{\partial(TD)}<0\text{，以及}$$

[1] 这里使用偏导数的主要原因在于：活期存款是 $DRAM$ 等变量的复合函数，以下类似。

$$\frac{\partial(TS)}{\partial(TD)}=\frac{\partial(TS)}{\partial(TAMB)}\times\frac{\partial(TAMB)}{\partial(TD)}<0$$

这说明了国库资金的增加导致活期存款与定期存款的下降[❶]，即

$$\frac{\partial(DS)}{\partial(TD)}<0 \tag{4.12}$$

$$\frac{\partial(TS)}{\partial(TD)}<0 \tag{4.13}$$

从式(4.7)的货币供应量表达式可以看出，要研究国库资金与货币供应量的关系，还必须分析非银行公众持有的通货与国库资金的关系。由式(4.4)知道单一金库制下国库资金的增加意味着基础货币 B 的下降，而基础货币 B 是非银行公众持有的通货与商业银行的准备金之和。进一步地，国库资金来源于财政上年节余、税收、非税收入以及债务收入这几方面，国库资金增加导致的基础货币下降要么源于非银行公众持有的通货下降，要么是源于商业银行准备金的减少，或者是这两者都下降，这三种情况必居其一，综合这些情况可以得出：

$$\frac{\partial(C)}{\partial(TD)}\leqslant 0 \tag{4.14}$$

即国库资金的增加是由于公众或者银行上交税收等财政行为综合作用的结果，而这个过程中非银行公众的手持通货是非增的，这与现实也比较吻合。根据式式(4.7)、式(4.12)~式(4.14)可以得

$$\frac{\partial(M)}{\partial(TD)}=\frac{\partial(C)}{\partial(TD)}+\frac{\partial(DS)}{\partial(TD)}+\frac{\partial(TS)}{\partial(TD)}<0\text{，即}\frac{\partial(M)}{\partial(TD)}<0 \tag{4.15}$$

式（4.15）表明了单一金库制下国库资金与货币供应量之间的反向偏导关系，这说明了单一金库制下国库资金与货币供应量呈反方向运动，国库资金的增

❶ 按照上面的证明，可能会存在这样的争议：用基础货币 B 代替调整的基础货币可能更为简单，但问题是 $\frac{\partial(DS)}{\partial(TD)}=\frac{\partial(DS)}{\partial(B)}\times\frac{\partial(B)}{\partial(TD)}<0$ 能成立吗？虽然从前面的推导知道 $\frac{\partial(B)}{\partial(TD)}<0$，但 $\frac{\partial(DS)}{\partial(B)}>0$ 却未必成立，因为基础货币 B 的增加可能是由于存款法定准备金率上升而导致商业银行向中央银行借更多的资金来满足，从而促使基础货币 B 的上升，但是在这种情况下并无法增加商业银行的信贷，甚至导致资金的收缩从而存款数量下降，因而 $\frac{\partial(DS)}{\partial(B)}>0$ 无法成立，从而 $\frac{\partial(DS)}{\partial(TD)}=\frac{\partial(DS)}{\partial(B)}\times\frac{\partial(B)}{\partial(TD)}<0$ 也就无法成立。对此，活期调整的基础货币 $DAMB$ 却很好地解决了这个问题，因为如果法定准备金率上升导致了基础货币 B 的提高，但同时也导致了活期调整准备金数额 $DRAM$ 的下降，这两个方面相互抵消，从而对于活期调整的基础货币 $DAMB$ 来说并没有影响，活期调整基础货币 $DAMB$ 的提高表明了银行确实有更多的超额储备用于信贷，从而也将由此创造更多的存款，于是有以下的结论成立：$\frac{\partial(DS)}{\partial(TD)}=\frac{\partial(DS)}{\partial(DAMB)}\times\frac{\partial(DAMB)}{\partial(TD)}<0$，对于定期存款也是如此。

加将导致货币供应量的下降，国库资金的下降将提高货币供应量水平，因而命题结论得以证明，同时，这为下面 *IS－LM* 模型扩展分析打下基础。

4.2.3 *IS－LM* 模型扩展分析

1. 纳入国库资金变量的 *IS－LM* 扩展模型

对于 *IS－LM* 模型，虽然已经成为分析财政政策与货币政策的重要工具，但是在具体应用过程中，还存在一些不足：① *IS－LM* 模型一般只将货币需求纳入分析框架中，而将货币供给假定为中央银行唯一完全外生给定(Dornbush，Fisher and Startz，1998)。② 运用 *IS－LM* 模型讨论财政政策时一般只考虑 *IS* 曲线，即通过财政收支对 *IS* 曲线的影响从而评价这种财政政策对均衡水平和其他变量的冲击，在研究货币政策时一般只关注 *LM* 曲线的运动。然而，对于国库资金，它属于财政范畴，而同时又会对基础货币和货币供应量造成影响，因而，国库资金变化对货币政策的影响不能仅仅局限于传统的 *IS* 曲线，而且必须同时关注 *LM* 曲线。

基于上述的考虑，接下来结合 Keynes 和 Friedman 等外生货币供给思想采用的货币数量等式和传统 *IS－LM* 模型，构造 *IS－LM* 的扩展模型，不再将货币供给当作一个黑箱来看待，而是将货币供应量具体化，然后在前面关于国库资金对基础货币和货币供应量影响分析的基础上，运用比较静态的局部均衡分析方法研究国库资金对货币政策的影响。假定价格指数为1，在 *IS－LM* 模型中引入国库资金变量后具体的扩展模型如下：

$$LM\text{ 曲线：}\quad M(K,TD)=L(Y,i) \tag{4.16}$$

$$IS\text{ 曲线：}\quad Y=C(Y)+I(i)+G(TD) \tag{4.17}$$

对这两个式子进行全微分得

$$M_K dK+M_{TD}d(TD)=L_Y dY+L_i di$$

$$dY=C_Y dY+I_i di+G_{TD}d(TD)$$

其中：*LM* 曲线为货币需求和货币供给相等的货币市场均衡状态；*IS* 曲线为商品市场的均衡状态。$M()$ 为货币供给函数，$L()$ 为货币需求函数，Y 表示收入水平，C 、I 和 G 分别为消费支出、私人投资和政府购买支出，i 和 TD 分别表示利率和国库资金，K 代表除 TD 外影响货币供给的其他变量。很显然当国库资金保持不变即 $d(TD)=0$ 时，上述的 *IS－LM* 模型就是传统的 *IS－LM* 模型。根据传统的 *IS－LM* 模型可知，$L_Y=\partial L/\partial Y>0$ 和 $L_i=\partial L/\partial i<0$ 分别代表货币需求对收入和利率的敏感性，$C_Y=dC/dY>0$ 和 $I_i=dI/di<0$ 分别表示边际消费倾向和私人投

资对利率的敏感性。$M_{TD}=\partial M/\partial(TD)$ 表示国库资金变动对货币供给的边际影响，$G_{TD}=dG/d(TD)$ 表示国库资金变动对政府支出的影响。可见，在这个分析框架中，国库资金对货币政策的影响就取决于 $M_{TD}=\partial M/\partial(TD)$ 和 $G_{TD}=dG/d(TD)$ 的符号，这是模型讨论的关键，下面将结合前面的研究结论做进一步的分析。

2. *IS*－*LM* 扩展模型分析

如上所述，*IS*－*LM* 扩展模型分析的关键在于确定 $M_{TD}=\partial M/\partial(TD)$ 和 $G_{TD}=dG/d(TD)$ 的符号，根据式（4.15）得出的国库资金与货币供应量之间反向关系的命题结论知道：$M_{TD}=\partial M/\partial(TD)<0$，在此基础上，下面将结合国库资金具体变化进行分析。

1）国库资金增加对货币政策的影响

国库资金增加表现为两种可能，即财政收入变化或者财政支出变化。这可以归结为三种情况：第一种情况是财政收入增加但财政支出下降（包含财政支出不变即财政支出下降幅度为0的情况）；第二种情况是财政收入和财政支出同时下降，但财政收入下降绝对量低于财政支出减少量（包含财政收入不变即财政收入下降幅度为0的情况）；第三种情况是财政收入和财政支出同时增加，但财政收入增加量超过财政支出增加量从而形成国库资金的净增长。

在第一种情况下，由于财政支出下降，从而 $dG\leqslant 0$，IS曲线向左移动，从 IS_1 移动到 IS_2（见图4.1），均衡点由 *A* 点移到 IS_2 曲线与 LM_1 曲线的交点 *B*，促使产出水平和利率水平下降；同时，由于国库资金增加，根据上述命题结论知道货币供应量与国库资金呈反方向变动，从而此时货币供应量下降，*LM* 曲线左移，从 LM_1 移动到 LM_2（见图4.1），均衡点由 *A* 点移到 LM_2 曲线与 IS_1 曲线的交点 *C*，促使产出水平下降和利率水平的上升。从图4.1可以看出，*IS* 曲线 IS_2 与 *LM* 曲线 LM_2 最终形成了新的均衡点 *D*，从原来 IS_1 与 LM_1 的均衡点 *A* 移到新的均衡点 *D*。由于在这个过程中，*IS* 曲线的移动和 *LM* 曲线的移动都导致产出水平的下降，所以在这种情况下，国库资金增加造成了产出的下降。然而，对于利率而言，由于 *LM* 曲线的移动促使利率上升，而 *IS* 曲线的移动促使利率水平下降，因而国库资金作用的最终结果是利率上升还是下降，必须取决于 *IS* 曲线和 *LM* 曲线的斜率，以及财政支出水平下降的幅度。总而言之，在这种情况下，国库资金增加导致了产出水平下降，导致利率水平发生变化，而利率变化的方向取决于 *IS* 曲线和 *LM* 曲线的斜率，以及财政支出水平下降的幅度。

第二种情况是财政收入和财政支出同时下降，但财政收入下降绝对量低于财政支出减少量。一方面，由于财政支出下降，从而 d$G\leqslant 0$，IS 曲线向左移动，从 IS_1 移动到 IS_2（见图4.1），均衡点由 A 点移到 IS_2 曲线与 LM_1 曲线的交点 B，促使产出水平和利率水平下降；另一方面，财政收入也下降，但这种行为与最终的需求和投资没有直接的关系，从而并不影响 IS 曲线和 LM 曲线。同时，由于国库资金增加，根据上述命题结论知道货币供应量与国库资金呈反方向变动，从而此时货币供应量下降，LM 曲线左移，从 LM_1 移动到 LM_2（见图4.1），均衡点由 A 点移到 LM_2 曲线与 IS_1 曲线的交点 C，促使产出水平下降和利率水平的上升。从图4.1可以看出，IS 曲线 IS_2 与 LM 曲线 LM_2 最终形成了新的均衡点 D，从原来 IS_1 与 LM_1 的均衡点 A 移到新的均衡点 D。由于在这个过程中，IS 曲线的移动和 LM 曲线的移动都导致产出水平的下降，所以在这种情况下，国库资金增加造成了产出的下降。然而，对于利率而言，由于 LM 曲线的移动促使利率上升，而 IS 曲线的移动促使利率水平下降，因而国库资金作用的最终结果是利率上升还是下降，必须取决于 IS 曲线和 LM 曲线的斜率，以及财政支出水平下降的幅度。可见，由影响结果可以看出，尽管第二种情况的约束与第一种情况存在一定的差异，但是最终的影响方向却是一样的❶。

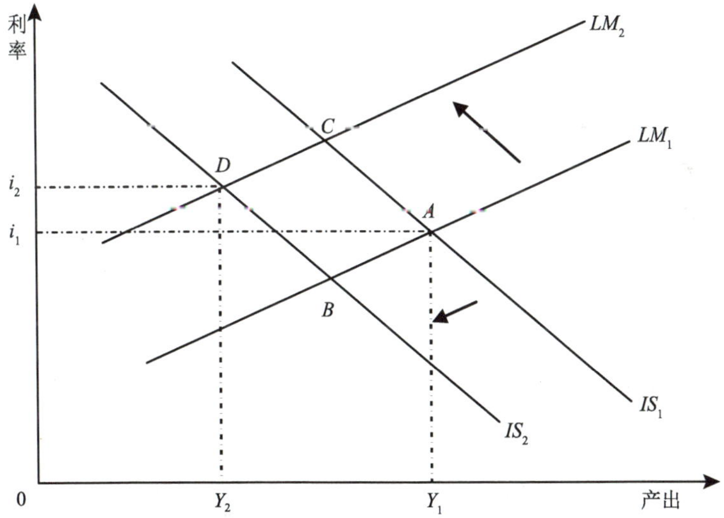

图4.1　国库资金增加对货币政策的影响(第一种情况与第二种情况)

第三种情况是财政收入和财政支出同时增加，但财政收入增加量超过财政支出增加量从而形成国库资金的净增长。首先，财政支出增加意味着 d$G\geqslant 0$，IS

❶ 这里不能得出在影响程度的差异，只能对影响方向进行比较。

曲线向右移动，从 IS_1 移动到 IS_2（见图 4.2），均衡点由 A 点移到 IS_2 曲线与 LM_1 曲线的交点 B，促使产出水平和利率水平都上升；其次，财政收入增加，但这种行为与最终的需求和投资没有直接的关系，从而并不影响 IS 曲线和 LM 曲线。同时，由于国库资金增加，根据上述命题结论知道货币供应量与国库资金呈反方向变动，从而此时货币供应量下降，LM 曲线左移，从 LM_1 移动到 LM_2（见图 4.2），均衡点由 A 点移到 LM_2 曲线与 IS_1 曲线的交点 C，促使产出水平下降和利率水平的上升。从图 4.2 可以看出，IS 曲线 IM_2 与 LM 曲线 LM_2 最终形成了新的均衡点 D，从原来 IS_1 与 LM_1 的均衡点 A 移到新的均衡点 D。由于在这个过程中，IS 曲线的移动和 LM 曲线的移动都导致利率水平的上升，所以在这种情况下，国库资金增加造成了利率水平的上升。然而，对于产出而言，由于 LM 曲线的移动促使产出下降，而 IS 曲线的向右移动促使产出水平上升，因而国库资金作用的最终结果是导致产出上升还是下降，必须取决于 IS 曲线和 LM 曲线的斜率，以及财政支出增加的幅度。从而可以看出，在这种情况下，国库资金增加导致了利率水平的上升，同时促使产出水平发生变化，而产出变化的方向取决于 IS 曲线和 LM 曲线的斜率，以及财政支出增加的幅度。

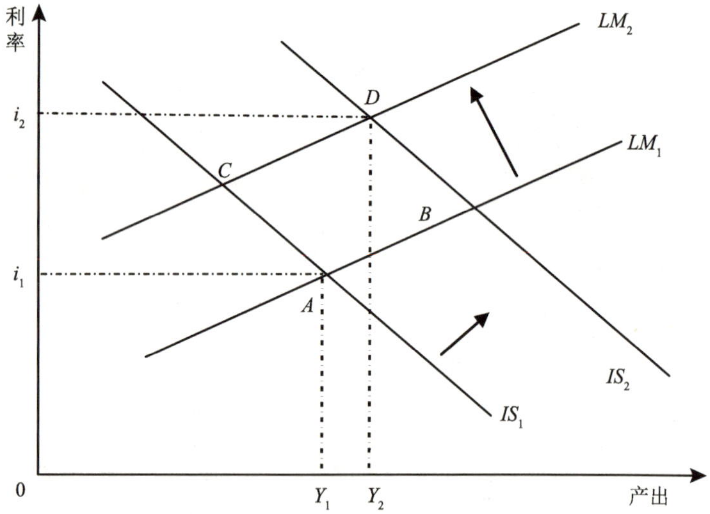

图 4.2　国库资金增加对货币政策的影响(第三种情况)

2）国库资金下降对货币政策的影响

与国库资金增加一样，国库资金下降也表现为两种可能，即财政收入变化或者财政支出变化。这也可以归结为三种情况：第一种情况是财政收入下降但财政支出增加；第二种情况是财政收入和财政支出同时增加，但财政收入增加量低于财政支出增加量，从而出现国库资金的下降；第三种情况是财政收入和财政支出同时下降，但财政收入下降绝对量高于财政支出减少量。对于分析方法，可以采取上述研究国库资金增加对货币政策影响时使用的比较静态分析方法来进行研究。

在第一种情况下，财政收入下降但财政支出增加。首先，由于财政支出增加，从而 $dG \geqslant 0$，*IS* 曲线向右移动，从 IS_1 移动到 IS_2（见图4.3），均衡点由 *A* 点移到 IS_2 曲线与 LM_1 曲线的交点 *B*，促使产出水平和利率水平上升；同时，由于国库资金下降，根据上述命题结论知道货币供应量与国库资金呈反方向变动，从而此时货币供应量增加，*LM* 曲线右移，从 LM_1 移动到 LM_2（见图4.3），均衡点由 *A* 点移到 LM_2 曲线与 IS_1 曲线的交点 *C*，促使产出水平增加和利率水平的下降。从图4.3可以看出，*IS* 曲线 IS_2 与 *LM* 曲线 LM_2 最终形成了新的均衡点 *D*，从原来 IS_1 与 LM_1 的均衡点 *A* 移到新的均衡点 *D*。由于在这个过程中，*IS* 曲线的移动和 *LM* 曲线的移动都导致产出水平的上升，所以在这种情况下，国库资金增加造成了产出的上升。然而，对于利率而言，由于 *LM* 曲线的向右移动促使利率下降，而 *IS* 曲线的移动促使利率水平上升，因而国库资金作用的最终结果是利率上升还是下降，必须取决于 *IS* 曲线和 *LM* 曲线的斜率，以及财政支出水平上升的幅度。总而言之，在这种情况下，国库资金增加导致了产出水平增加，导致利率水平发生变化，而利率变化的方向取决于 *IS* 曲线和 *LM* 曲线的斜率，以及财政支出水平增加的幅度。

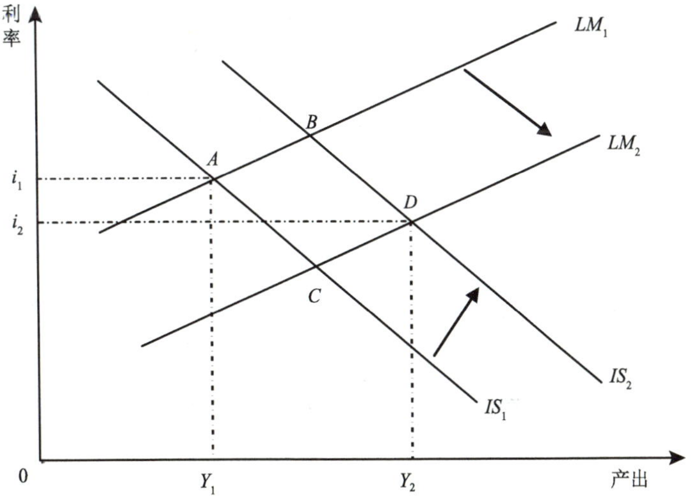

图4.3　国库资金下降对货币政策的影响(第一种情况和第二种情况)

第二种情况是财政收入和财政支出同时增加，但财政收入增加量低于财政支出增加量，从而出现国库资金的下降。一方面，由于财政支出增加，从而$dG \geqslant 0$，*IS*曲线向右移动，从IS_1移动到IS_2(见图4.3)，均衡点由*A*点移到IS_2曲线与LM_1曲线的交点*B*，促使产出水平和利率水平都上升；另一方面，财政收入也增加，但这种行为与最终的需求和投资没有直接的关系，从而并不影响*IS*曲线和*LM*曲线。同时，由于国库资金下降，根据上述命题结论知道货币供应量与国库资金呈反方向变动，从而此时货币供应量上升，*LM*曲线右移，从LM_1移动到LM_2(见图4.3)，均衡点由*A*点移到LM_2曲线与IS_1曲线的交点*C*，促使产出水平上升和利率水平的下降。从图4.3可以看出，*IS*曲线IS_2与*LM*曲线LM_2最终形成了新的均衡点*D*，从原来IS_1与LM_1的均衡点*A*移到新的均衡点*D*。由于在这个过程中，*IS*曲线的移动和*LM*曲线的移动都导致产出水平的上升，所以在这种情况下，国库资金的下降造成了产出的上升。然而，对于利率而言，由于*LM*曲线的移动促使利率下降，而*IS*曲线的移动促使利率水平上升，因而国库资金作用的最终结果是利率上升还是下降，必须取决于*IS*曲线和*LM*曲线的斜率，以及财政支出水平增加的幅度。可见，由影响结果可以看出，尽管第二种情况的约束与第一种情况存在一定的差异，但是最终的影响方向却是一样的[1]。

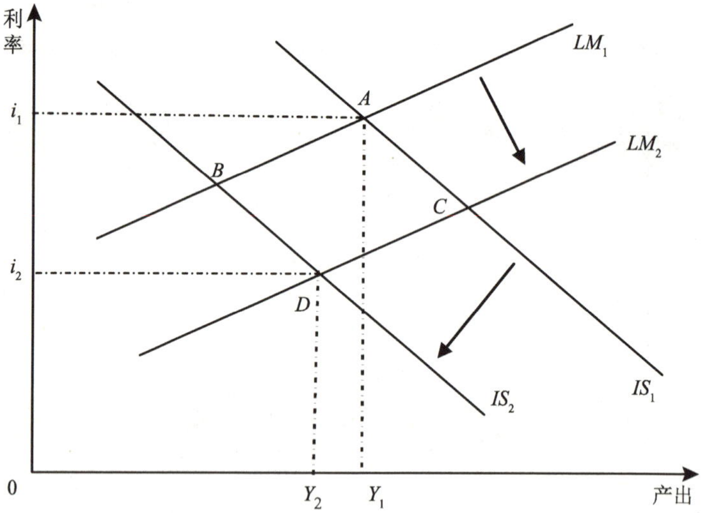

图4.4　国库资金下降对货币政策的影响(第三种情况)

---

❶ 这里不能得出在影响程度的差异，只能对影响方向进行比较。

第三种情况是财政收入和财政支出同时下降，但财政收入下降绝对量高于财政支出减少量。首先，财政支出下降意味着 $dG \leq 0$ ，IS 曲线向左移动，从 IS_1 移动到 IS_2 (见图4.4)，均衡点由 A 点移到 IS_2 曲线与 LM_1 曲线的交点 B ，促使产出水平和利率水平都下降；其次，财政收入下降，但这种行为与最终的需求和投资没有直接的关系，从而并不影响 IS 曲线和 LM 曲线。同时，由于国库资金下降，根据上述命题结论知道货币供应量与国库资金呈反方向变动，从而此时货币供应量上升， LM 曲线右移，从 LM_1 移动到 LM_2 (见图4.4)，均衡点由 A 点移到 LM_2 曲线与 IS_1 曲线的交点 C ，促使产出水平上升和利率水平的下降。从图4.4可以看出， IS 曲线 IS_2 与 LM 曲线 LM_2 最终形成了新的均衡点 D ，从原来 IS_1 与 LM_1 的均衡点 A 移到新的均衡点 D 。由于在这个过程中， IS 曲线的移动和 LM 曲线的移动都导致利率水平的下降，所以在这种情况下，国库资金的减少造成了利率水平的下降。然而，对于产出而言，由于 LM 曲线的移动促使产出上升，而 IS 曲线的向左移动促使产出水平下降，因而国库资金作用的最终结果是导致产出上升还是下降，必须取决于 IS 曲线和 LM 曲线的斜率，以及财政支出下降的幅度。从而可以看出，在这种情况下，国库资金的减少导致了利率水平的下降，同时促使产出水平发生变化，而产出变化的方向取决于 IS 曲线和 LM 曲线的斜率，以及财政支出下降的幅度。

4.3 国库资金对货币政策影响——内生货币供给模型扩展分析

4.3.1 模型扩展

国库资金主要来源于税收、国债和其他预算收入，税收是个人、家庭和企业等市场微观主体必须履行的纳税义务，微观主体购买国债在于寻求更高的收益而选择的一种资金投资方式，除此之外，其他预算收入虽然比较复杂，但是大部分也来自微观主体。因而国库资金在入库之前将表现为微观主体的资产或者负债，如个人将保留一部分资金作为活期存款以用于缴纳税收，发生流动性困难的企业可能通过贷款上缴税收等。另外，由于大部分国库资金的收缴频率比较频繁，有些是月度、有些是季度，而国债则可能是滚动发行的，因而这些资金在进入国库之前，大部分将表现为微观主体的活期存款和贷款，可以随时支取，不缺乏流动性。因此，这里将假定国库资金只来源于活期存款和贷款[1]，在此基础上引入预期国库资金需求的概念，当微观主体预期税收等财政收入（国库资金）增加，那么活期存款将增加，贷款也可能增加；当微观主体预期税收等财政收入（国库资金）下降，那么活期存款与贷款都可能下降。根据这些分析，下面在Palley (1994，1996)和Fontana(2004)提出的模型基础上拓展内生货币供给水平主义和结构主义模型。引入国库资金变量的扩展模型如下：

$$TR^{e}=TR_{D}+TR_{L} \tag{4.18}$$

（预期国库资金来源分解：TR_D来源于活期存款，TR_L来源于贷款）

$$L^{d}=L(i_{L},TR^{e},\cdots) \quad \text{（贷款需求）} \tag{4.19}$$

$$i_{L}=(1+m)i_{b} \quad \text{（贷款利率与基准利率关系式）} \tag{4.20}$$

$$D=D(i_{b},TR^{e},\cdots) \quad \text{（活期存款需求）} \tag{4.21}$$

$$L^{S}+R^{d}+E^{d}=D+T^{d} \quad \text{（银行资产负债等式）} \tag{4.22}$$

$$T^{d}=tD \quad \text{（对定期存款的需求）} \tag{4.23}$$

$$R^{d}=k_{1}D+k_{2}T^{d} \quad \text{（对银行准备金的需求）} \tag{4.24}$$

$$E^{d}=eD \quad \text{（对超额准备金的需求）} \tag{4.25}$$

$$C^{d}=cD \quad \text{（对现金的需求）} \tag{4.26}$$

$$H^{d}=C^{d}+R^{d}+E^{d} \quad \text{（对总的基础货币的需求）} \tag{4.27}$$

$$L^{S}=L^{d} \quad \text{（贷款市场均衡条件）} \tag{4.28}$$

$$M=C^{d}+D \quad \text{（}M1\text{货币供应量）} \tag{4.29}$$

其中：TR^e=预期国库资金需求；L^d=市场向商业银行的贷款需求；i_L=商业银行贷款利率水平；m=商业银行利率上浮幅度；L^s=商业银行贷款供给；i_b=储备市场基准利率；t=定期存款与活期存款的比率；e=超额准备金率；C=现金与活期存款之比。根据以上的假设和分析讨论容易知道$\frac{\partial(D)}{\partial(TR^{e})}>0$，即如果预期国库资金需求增加，那么微观主体将增加活期存款；$\frac{\partial(L^{d})}{\partial(i_{L})}<0$，即贷款利率上升导致贷款需求的下降；$\frac{\partial(L^{d})}{\partial(TR^{e})}>0$，即如果预期国库资金需求上升，那么可能增加微观主体贷款需求以应付增加的税收等国库资金需求。

[1] Dobson(1968)在研究中讨论了这种假定的合理性。

4.3.2 模型求解

由式(4.19)~式(4.25)及式(4.28)可以求解得

$$D = L((1+m)i_b, TR^e, \cdots)/(1+t-k_1-k_2t-e) \tag{4.30}$$

进一步将式(4.26)及式(4.30)代入式(4.27)可以得到储备市场上总储备需求为

$$\begin{aligned} H^d &= \left[(c+k_1+k_2t+e)/(1+t-k_1-k_2t-e)\right]L((1+m)i_b, TR^e, \cdots) \\ &= (c+k_1+k_2t+e)D \end{aligned} \tag{4.31}$$

将式(4.26)及式(4.30)代入式(4.29)可以得到以下的等式：

$$M = \left[(1+c)/(1+t-k_1-k_2t-e)\right]L((1+m)i_b, TR^e, \cdots) \tag{4.32}$$

4.3.3 模型分析

1. 模型分析——水平主义观点

根据内生货币供给的水平主义观点，中央银行完全控制利率水平，利率是完全外生的，中央银行与银行的行为过程是：中央银行设定基准利率 → 商业银行决定贷款利率 → 根据信贷需求和水平的贷款供给曲线决定均衡贷款水平 → 决定与信贷水平相对应的存款水平 → 商业银行决定存款的储备需求 → 向中央银行寻求存款必须的储备 → 中央银行在基准利率水平上提供完全的储备需求。在扩展的模型中，纳入了国库资金变量，由于预期国库资金与活期存款的关系是 $\frac{\partial(D)}{\partial(TR^e)} > 0$，即如果当前预期未来国库资金需求将增加[1]，那么微观主体将增加活期存款水平，在微观主体财富一定的情况下，其直接的影响是导致了活期存款比例的上升，活期存款的增多提高了微观主体资金的流动性，也体现了微观主体对流动性的需求增强，因而商业银行为了更好地满足流动性需求，必须提高超额准备金水平，因而超额准备金率 e 将上升，并且由于活期存款比例上升从而定期存款与活期存款比例 t 将下降。因为银行通过信贷内生决定储备，所以银行现有的储备水平不会改变，因而 t 的下降和 e 的上升将使式(4.30)的斜率 $1/(1+t-k_1-k_2t-e) = 1/[1+(1-k_2)t-k_1-e]$ 增加；同时由式（4.31）$H^d = (c+k_1+k_2t+e)D$ 得出 $D = H^d/(c+k_1+k_2t+e)$，预期国库资金增加使该式对应的斜率下降[2]。

---

[1] 这里仅研究预期国库资金增加的情况，预期国库资金下降的情况与此相反，从而不作进一步的阐述。

[2] 虽然定期存款比率下降可能抵消或者超过超额准备金率 e 的上升，但是自20世纪90年代后美国等发达市场经济国家把定期存款准备金率定得很低甚至是零，从而 k_2t 将是一个非常接近或者等于零的数，它不可能超过 e 的上升幅度，因而这里说明其斜率下降是合理的。

如图4.5所示，按照上面的分析，第三象限的基础货币和活期存款需求的射线关系、第四象限的银行贷款和活期存款需求的射线关系都向左边移动。另外，预期国库资金与贷款需求关系式是 $\frac{\partial(L^d)}{\partial(TR^e)}>0$ ，即预期国库资金上升将使贷款曲线向右移动，由原来的 L_0^d 移动到 L_1^d ，支持 L_1^d 的活期存款需求是 D_1 ，对应的储备货币是 H^1 。由图4.5可以发现预期国库资金增加将使活期存款和贷款都同时增加，并最终导致商业银行的储备需求增加，从原来的 H^0 增加到 H^1 ，因而商业银行将向中央银行寻求更多的基础货币。由此可见，按照内生货币供给的水平主义观点，国库资金变化将对商业银行的储备水平产生影响。

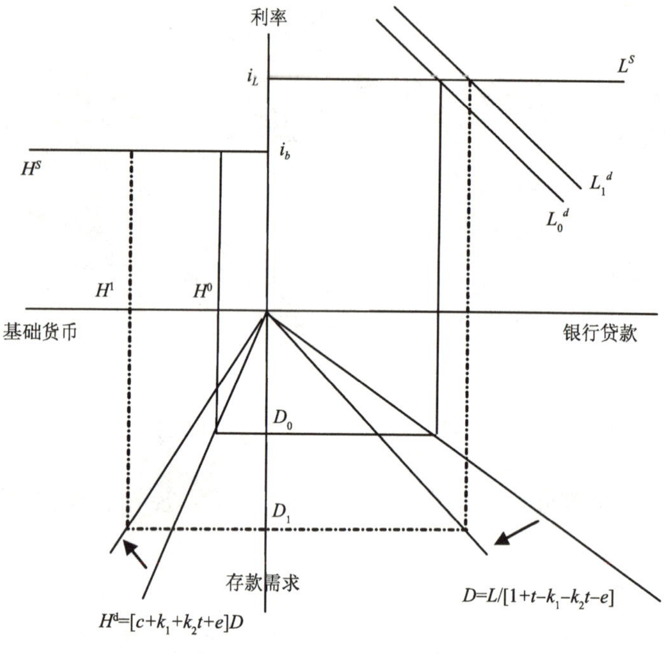

图4.5　国库资金对货币政策影响分析——水平主义观点

2. 模型分析——结构主义观点

在内生货币供给的结构主义观点中，中央银行对商业银行的储备需求不是完全满足的，而是采取有限适应或者有限迁就的态度，根据市场上的基础货币水平决定当前商业银行获得基础货币的价格水平，即基准利率，或者通过公开市场影响储备市场的利率水平，从而影响商业银行的贷款利率水平，使得信贷市场的信贷供给曲线也由原来的完全弹性变成正斜率向右上角倾斜的曲线。总的说来，结构主义观点认为货币供给和利率都不是完全外生的，中央银行与商业银行必须根据各自对当前状态和未来不确定性的判断作出选择。最主要的变化是中央银行的储备供给曲线和商业银行的贷款供给曲线都发生了改变，如图4.6所示。

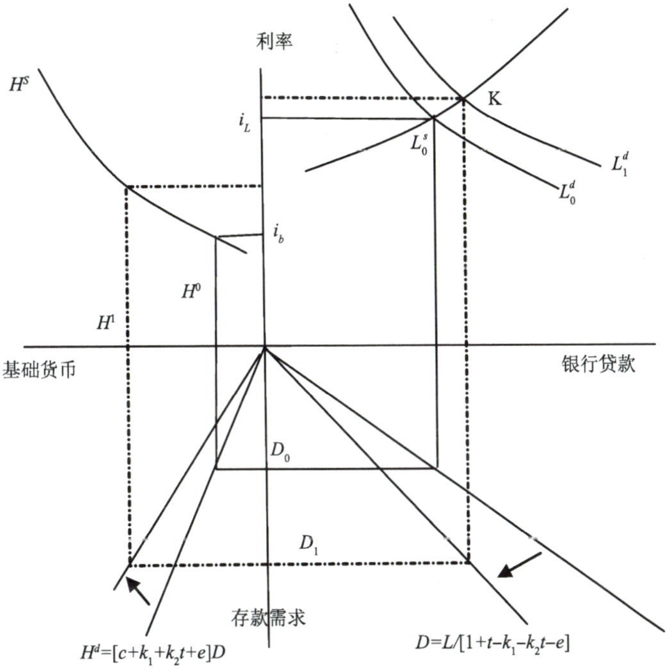

图4.6　国库资金对货币政策影响分析——结构主义观点

由于预期国库资金变化与活期存款的关系 $\dfrac{\partial(D)}{\partial(TR^e)}>0$，因而从上面对水平主义的观点进行分析时知道，当预期国库资金增加时，式(4.30)和式(4.31）表示的活期存款和银行贷款之间的射线斜率上升，而活期存款和基础货币之间的射线斜率下降。因而如图4.6所示，第三象限的基础货币和活期存款需求的射线关系、第四象限的银行贷款和活期存款需求的射线关系都向左边移动。同时由于预期国库资金与贷款需求关系式是 $\dfrac{\partial(L^d)}{\partial(TR^e)}>0$，所以预期国库资金增加，贷款需求曲线将向右移动，从曲线 L_0^d 移动到 L_1^d（见图4.6），与贷款供给曲线交于新的均衡点K，这样促使贷款利率上升了；而且支持这个贷款水平的存款水平也上升了，从 D_0 移到了 D_1 点，这个存款水平对应的储备货币是 H^1，H^1 对应的储备市场利率水平也出现了上升的现象，中央银行被动提高了基准利率 i_b 的水平。

综合以上的分析可以发现，预期国库资金增加将使活期存款和贷款都同时增加，信贷市场的贷款利率上升，并促使商业银行的储备需求增加，从原来的 H^0 增加到 H^1 ，因而商业银行将向中央银行寻求更多的基础货币，这促使中央银行提供有限基础货币的同时也提高了基准利率水平。国库资金变化不仅影响了货币供给水平，而且也对市场利率产生了影响。

3. 模型分析——混合观点

前面的水平主义和结构主义内生货币供给分析中有一个共同的特点，即没有关注国库资金变化对商业银行自身资产负债管理的调整问题。事实上，针对不同微观主体变更存款结构和中央银行改变利率的行为，商业银行会对自身的资产负债结构进行相应的改变，从而使其更加合理，用较少的储备金支持较高的贷款水平。如图4.7所示，当预期国库资金增加时，面对中央银行对储备供给的有限适应政策，商业银行不是利用传统的向中央银行直接借贷储备金的方式，而是积极进行资产管理优化，如向非银行公众出售流动性资产、在批发市场发行CDs等行为，节约储备使用，在商业银行系统内寻求储备资金。这些资产负债管理创新方式使得非银行公众流动性偏好下降，活期存款需求下降，银行负债结构发生变化，银行准备金需求下降，即非银行公众手持现金与活期存款的比例 C 下降，银行超额准备金率 c 由于公众的流动性需求下降而降低，定期存款与活期存款比例 t 上升。从而式(4.30)表示的活期存款和银行贷款之间的射线斜率 $1/(1+t-k_1-k_2t-e)=1/[1+(1-k_2)t-k_1-e]$ 下降，同时由式（4.31）表示的活期存款和基础货币之间的射线斜率 $1/(c+k_1+k_2t+e)$ 上升，从而两条射线都向右旋转，这与水平主义和结构主义观点分析中发现的射线都向左旋转的现象相反。可见，在相同情况下，商业银行中同样的储备水平将比水平主义和结构主义支持更多的贷款。

由于商业银行进行了资产负债管理创新，因而商业银行的信贷能力比原来更强了。对此，商业银行的贷款供给曲线将向右移动，由 L_0^d 移动到 L_1^d 。由于预期国库资金增加，从而贷款需求曲线向右移动，但此时不像结构主义那样，信贷市场贷款水平不是由新的贷款需求曲线与商业银行原来的贷款供给曲线 L_0^S 相交所决定的，而是由新的贷款需求曲线 L_1^d 和新的贷款供给曲线 L_1^S 的交点来决定均衡的贷款水平。从图4.7可以发现，此时均衡的贷款水平 L^2 高于结构主义的贷款水平 L^1 ，均衡利率也比结构主义低。接着通过考察支持贷款 L^2 所需的储备水平，可以发现此时所需储备水平 H^2 比结构主义所需要的储备水平 H^1 低，对应储备的市场利率水平也较低。由此来看，在混合观点下，国库资金变化导致微观主体行为发生改变，商业银行对此进行了资产负债的创新管理，提高自身的贷款能力，虽然储备水平和利率水平都发生了不同程度的改变，货币政策受到影响，但是与结构主义相比，商业银行由此需要向中央银行寻求的储备水平下降了，而且还比结构主义支持更多的贷款，利率水平也比结构主义低。因而，在混合主义观点下，国库资金仍然对货币政策造成影响，但影响程度比结构主义情形低。

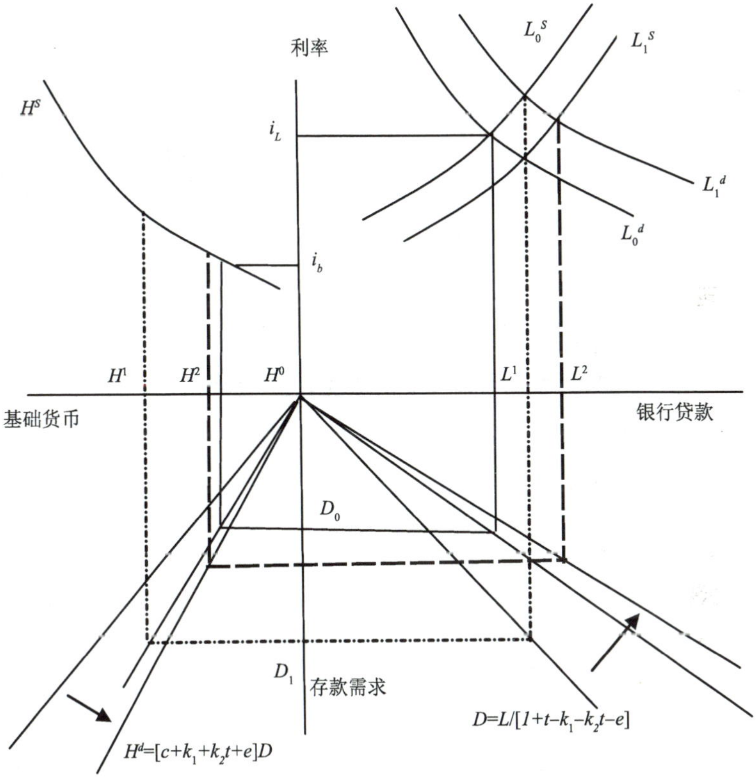

图4.7　国库资金对货币政策影响分析——混合模型观点

4.4 本章小结

本章研究单一金库制下国库资金对货币政策的影响，得出的主要结论如下：

（1）单一金库制下，国库资金与基础货币呈反比例关系，国库资金的增加和减少直接体现为基础货币的收缩和扩张。产生这种现象的主要原因是，在单一金库制下，国库资金直接体现为中央银行对政府的负债，在中央银行总负债不变的条件下，等量的国库资金增加代表等量的基础货币的下降。

（2）针对传统外生货币供给模型的局限性，本书引入了调整准备金数额 *RAM* 和调整的基础货币 *AMB* 的概念，在此基础上，引入了活期调整准备金数额、活期调整的基础货币、定期调整准备金数额和定期调整的基础货币的定义。通过这些定义，采用微积分的偏导方法证明了国库资金与货币供应量的关系。研究表明，单一金库制下国库资金与货币供应量呈反方向运动，国库资金增加将导致货币供应量下降，而国库资金的下降将提高货币供应量水平。

（3）纳入国库资金变量，拓展传统 *IS－LM* 模型，并进行模型的扩展分析。研究发现，国库资金变化将导致利率和产出水平发生改变。特别地，国库资金增加可以归结为三种情况：第一种情况是财政收入增加但财政支出下降；第二种情况是财政收入和财政支出同时下降，但财政收入下降绝对量低于财政支出减少量；第三种情况是财政收入和财政支出同时增加，但财政收入增加量超过财政支出增加量从而形成国库资金的净增长。在前面两种情况下，国库资金增加将导致产出水平下降，影响利率水平，而利率变化的方向取决于 *IS* 曲线和 *LM* 曲线的斜率，以及财政支出水平下降的幅度。对于第三种情况，国库资金增加将导致利率水平的上升，同时促使产出水平发生变化，但产出变化的方向取决于 *IS* 曲线和 *LM* 曲线的斜率，以及财政支出增加的幅度。同样地，国库资金下降也可归结为三种情况，在各种情形下，国库资金变化会对利率和产出水平造成类似的影响，但作用方向不同。

（4）在内生货币供给分析框架中，纳入国库资金变量，拓展内生货币供给水平主义和结构主义模型。研究表明，在水平主义观点下，国库资金增加将使活期存款和贷款都同时增加，并最终导致商业银行的储备需求增加，从而使商业银行向中央银行寻求更多的基础货币。在结构主义观点下，国库资金增加将使活期存款和贷款都同时增加，信贷市场的贷款利率上升，并促使商业银行的储备需求增加，商业银行将向中央银行寻求更多的基础货币，这促使中央银行提供有限基础货币的同时也提高了基准利率水平。在混合观点下，国库资金变化导致微观主体行为发生改变，商业银行对此进行了资产负债的创新管理，提高自身的贷款能力，虽然储备水平和利率水平都发生了不同程度的改变，货币政策受到影响，但是与结构主义相比，商业银行由此需要向中央银行寻求的储备水平下降了，而且还比结构主义支持了更多的贷款，利率水平也比结构主义低。因而，在混合主义观点下，国库资金仍然对货币政策造成影响，但影响程度比结构主义情形低。

第5章 财政国库存量资金对货币政策影响(Ⅱ)
——从银行存款制角度考察:影响机制分析和Hollenhorst分析框架扩展

第四章从单一金库制角度分析了国库资金对货币政策的影响，本章将从银行存款制角度考察这个问题。在银行存款制下，政府在商业银行开设一般账户，把国库资金作为存款存于商业银行，商业银行提供国库资金存款的必要抵押品后，可以将国库资金视同一般存款实现信贷扩张，政府能从国库资金存款获取利息收入，商业银行也可以向政府收取国库资金收支手续费，政府成了商业银行的一个客户。在这种制度下，国库资金的变化并不象单一金库制那样影响基础货币。然而，由于财政收支具有面广量大的特点，因而国库资金的变化可能影响微观主体的资产负债状况，国库资金在不同银行间的分布也可能造成银行体系信用扩张的变化，从而影响货币政策传导机制，对货币政策有效性产生扰动。本章首先分析货币政策传导渠道的变化如何影响货币政策有效性，接着研究银行存款制下国库资金影响货币政策传导渠道的影响机制，最后扩展Hollenhorst分析框架，通过模型作综合分析。

5.1 货币政策传导机制对货币政策有效性的影响

由于人的有限理性或者价格刚性等因素，货币政策可以在短期内影响经济活动。货币政策的变动会在滞后一两年或者更长的时期内引起真实产出水平的波动。然而，货币政策究竟如何影响经济变量，这将取决于货币政策传导机制——货币政策从实施后一直到它对宏观经济活动产生影响的这段过程，具体而言，货币政策传导机制是指中央银行运用一定的货币政策工具，对操作目标和中介目标产生影响，最终引起实际产出变化的过程。货币政策传导机制对于货币政策调控国民经济的效果有着很重要的意义。货币政策是否有效，关键在于其传导机制是否通畅。中央银行必须了解货币政策的传导时滞、传导途径和对经济的影响程度，从而才能实施有效的货币政策。

然而，货币政策工具的运用到货币政策目标的实现之间是一个复杂的作用过程，在这个过程中，货币政策传导涉及的因素繁多，既有宏观层面的政策因素又有微观主体的干扰作用，这些决定了货币政策传导机制的复杂性，因而，货币政策传导机制问题成为学术界关注的热点。由于各自观察的角度和强调的因素等方面的差异，使得对货币政策传导机制的认识存在许多流派的观点，这些学派的观点归结起来，认为货币政策传导机制主要有以下几种渠道：货币渠道、银行贷款渠道、资产负债表渠道、金融资产价格渠道等，这些不同的传导渠道观点中，有的相互交叉，或者存在相似之处，但货币政策传导主要有两个基本渠道：货币渠道和信贷渠道（夏德仁、张洪武和程智军，2003）。货币渠道主要包括利率途径、汇率途径和其他非货币资产价格途径的货币政策传导机制，信贷渠道主要包括银行贷款途径和资产负债表途径等，具体见表5.1。

表5.1　货币政策传导机制

	货币政策								
	货币观点				信贷观点				
	传统的实际利率效应	汇率水平对于净出口的作用	其他资产价格途径		银行贷款途径	资产负债表途径	现金流途径	预期之外的价格水平途径	对家庭流动性的作用
			托宾的 q 理论	财富效应					
传导机制观点	货币政策	货币政策	货币政策	货币政策	货币政策	货币政策	货币政策	货币政策	货币政策
	实际利率	实际利率	股价	股价	银行存款	股价	名义利率	非预期价格水平	股价
		汇率	托宾的 q 理论	金融财富	银行贷款		现金流		金融财富
						道德风险逆向选择	道德风险逆向选择	道德风险逆向选择	财富困难的可能性
						借贷活动	借贷活动	借贷活动	
GDP支出构成	投资住宅耐用消费品	净出口	投资	消费	投资居民住宅	投资	投资	投资	投资住宅耐用消费品
	国民生产总值(GDP)								

注：在米什金(2005)的基础上[1]做相关调整整理而成。

[1] 米什金. 货币金融学(第六版)中译本[M]. 北京：中国人民大学出版社，2005.

从表5.1可以看出，货币渠道传导机制大都通过资产价格起作用。当中央银行增加货币供给(M)，利率(i)将下降，进而引起投资(I)上升，消费(C)增加，并最终导致经济产出(Y)的增加，这就是货币渠道中的利率传导途径。非货币资产价格途径主要包括托宾的 q 理论和财富效应理论。托宾定义的 q 是指企业的市场价值（一般就是指它的股票市值）除以资本的重置成本所得到的值。如果 q 大于1，相对于企业的市场价值来说，新的厂房设备就比较便宜，企业更有可能购买厂房设备进行投资生产，反之则相反。当货币供应量(M)上升时，扩张的货币政策引起的利率(i)下降使得债券和银行存款不如股票有吸引力，从而导致公众对于股票的需求上升，这就使得股票价格(P_c)上升。更高的股价导致更高的 q ，这样就会导致更高的投资支出(I)以及更高的经济产出(Y)。财富效应理论的基础是弗兰克—莫迪里安尼生命周期收入理论，在该理论中，消费支出是由消费者的包括股票在内的终生财富决定的。当股价(P_c)上升时，包括股票在内的终生财富(W)的价值也上升，公众的消费支出(C)就会增加，从而引起经济产出(Y)的增加。另外，汇率途径是指一国的货币供应量(M)上升会导致国内利率(i)下降，这时本币存款不如外币存款有吸引力，从而引起本币贬值，汇率(E)下跌，使得国内商品比国外商品在价格上更有竞争力，这就会导致净出口(NX)以及经济产出(Y)的增加（孙明华，2004）。蒋瑛琨、刘艳武和赵振全（2005）指出持货币渠道观点的学者认为金融资产只有货币和债券两种形式，银行贷款只是债券的一种，贷款和债券可以相互替代。货币政策的传导过程仅是通过“货币渠道”完成的，主要是通过不同金融资产价格(主要是利率)的变化发生作用，并影响投资水平和产出。这种货币观只强调资产负债表中负债的一方，而忽视了资产的一方，认为货币供给变化的根源并不重要；不管货币总量的增加是银行发放贷款还是购买证券引起的，它对经济活动都将产生同样的影响。

货币渠道观点只强调资产负债表中的负债一方并不全面，作为资产的一方同样会对经济活动产生重要影响，其作用甚至超过货币。Bernanke 和 Gertler(1995)研究指出，仅仅通过传统理论中资金成本要素的利率因素，难以从程度、时间和结构上解释货币政策变动对经济活动的影响，而信贷渠道可以弥补传统理论的这些不足。信贷渠道可以理解为一个有关货币、债券和贷款三种资产组合的模型，并且在债券和贷款之间不存在完全替代关系。不对称信息和其他摩擦因素造成了外部筹资的资金成本与内部筹资的机会成本之间的“外在融资溢价”。货币政策不仅影响到一般利率水平，而且还影响到外在融资溢价的大小，外在融资溢价的变化比单独利率变化能更好地解释货币政策的强度、时间和构成，银行信贷的可得性在货币政策的传导过程中占据重要地位（蒋瑛琨、刘艳武和赵振全，2005）。货币政策传导机制的信贷渠道是对银行贷款渠道和资产负债表渠道的综合，主要通过银行、企业、居民家庭财务状况和银行信贷条件的变化，分析货币政策对经济的影响。但是，银行贷款渠道与资产负债表渠道之间也存在一些差别，有各自的特点。资产负债表传导理论强调货币政策对借款者的资产负债表和收益表的潜在影响，包括借款者的净价值、流动资产和可交易的抵押品的总和、现金流量和流动资产；银行贷款渠道，侧重于货币政策对存款机构的贷款供应能力的影响。

资产负债表途径之所以存在，Bernanke 和 Gertler(1995)认为最根本的原因是货币政策的变动不仅影响市场利率本身，而且直接或间接地影响借款者的财务状况。一方面，货币紧缩至少可以通过两种方式直接导致借款者的资产负债表状况恶化。首先，由于借款者有一些未到期偿还的短期利率或者浮动利率的债务，利率的上升就会直接增加借款者的利息支出，减少它们的净现金流量，使借款者的财务状况恶化。由于大量的企业主要依靠短期债务为存货和其他流动资金需求筹集资金，因而，货币政策对企业净现金流量的直接影响，从数量上看非常重要；其次，利率的上升通常伴随着资产价格的下降，导致借款者抵押资产价值的下降。另一方面，货币紧缩同时可以间接地减少企业的净现金流量、降低其抵押资产的价值。因而，资产负债表途径能够解释为什么在货币紧缩一段时期之后，企业的存货和投资等支出要素会持续作出反应（夏德仁、张洪武和程智军，2003）。

对于银行贷款渠道，主要是由其金融中介的性质决定的。Bernanke 和 Blinder(1992)研究指出，在信息不对称条件下，银行具备专业的技术知识来评估、筛选贷款申请人，并且监督贷款的投向，这使得他们可以向那些难以在公开市场上获得资金的借款者提供贷款服务。中央银行可以通过货币政策的运作降低银行准备金规模，限制商业银行提供贷款的能力，使银行贷款供给下降，那些依靠银行贷款的企业和个人将出现贷款资金来源减少，贷款成本增加，从而资金需求得不到满足，必然减少经济活动，引起支出水平下降，使总需求减少。然而，这些分析隐含着一个重要的条件，即储备金总量的改变可以促使银行改变信贷规模，而没有关注银行内部资产负债结构的调整可能改善贷款能力，从而抵消或者部分抵消中央银行的货币政策，因而货币政策银行信贷传导渠道的研究不仅必须关注银行体系变化的外部性，还要注重特定资产水平下银行体系的贷款能力评估。

5.2 国库资金对货币政策传导渠道的影响机制分析

5.2.1 国库资金变化影响银行的私人存款和政府存款结构，导致存款抵押债券存量变化，引起银行流动性水平的改变，从而影响货币政策传导的银行贷款途径

银行存款制下国库资金存款与其他普通存款一样，都是商业银行的负债。但是国库资金是纳税人的钱，它是保证政府机构稳定运行的前提和基础，政府不仅要有效地使用，而且还要保管好这些资金，因而国库资金比一般私人存款往往多一些附加要求，商业银行接受国库资金存款时可能需要额外的担保。Verbrugge (1973)指出，19世纪30年代美国银行系统崩溃、19世纪连续的货币危机和20世纪20年代至30年代中美国银行发生危机倒闭等一连串事件，表明了政府国库资金存款必须有额外担保的合理性。White(1955)研究指出，美国联邦政府在实行存款保险制度以前，公共资金的安全性采用了很多方法。其一是要求政府存款具有充分的流动性；其二是要求有担保公司的履约保证（surety bonds）。曾经一度履约保证看起来是一种令人满意的方式。然而，由于1928年至1933年之间损失达33000000美元，担保公司开始把存款履约保证看作是一种极度不合理的商业行为。1933年银行业崩溃以后，存款保险制度的推行使得商业银行的政府存款安全问题大大减轻了，商业银行接受政府存款必须提供债券抵押品（如国债、地方政府债券等高安全性债券）的方式在很多国家被采用，成为一种最常见的保证国库资金安全性和流动性的方式。

在银行存款制下，国库资金变化意味着银行的私人存款与政府存款之间发生转移，国库资金增加说明银行中的私人存款减少而政府国库资金存款的上升。根据上述的讨论分析，银行接受国库资金存款时必须提供抵押品，因而国库资金增加意味着银行提供的抵押品数量必须上升，但存款总额并没有发生变化，因为私人存款变成政府国库资金存款，其实质仍然属于银行的存款。由此可见，国库资金增加带来的抵押品增加，降低了商业银行的流动性，影响了货币政策传导的银行贷款渠道。Haywood(1967)研究指出，国库资金存款对银行资产偏好的影响从而对整个区域经济的影响反映在与这些存款相关的抵押品需求，政府国库资金存款附属抵押品的质量和类型会对商业银行资产组合选择行为形成一个额外的约束。尽管有一系列的抵押品符合政府公共存款的抵押品要求，但是Haywood研究表明大部分的抵押品是政府债券和市政公债。他对银行流动性损害（liquidity impairment）的基准比例进行研究，发现流动性损害比例可以用政府存款占总存款的比例来衡量，因为如果抵押率相对稳定，那么抵押资产占总的银行存款负债的比例就会相对稳定。Haywood指出，流动性损害会导致银行调整资产负债结构，抵押资产与总存款的比例是衡量银行是否必须做出资产负债调整的指标，他通过经验研究发现银行必须进行资产负债调整的流动性损害指标上限水平是0.6。

Verbrugge(1973)也认为国库资金存款的抵押品要求限制了银行信贷扩张，他指出从表面上看，要验证政府存款的增加是否会增加商业银行的信贷数量，主要在于检验政府存款增加是否导致正的贷款份额，但事实上，由于政府国库资金存款必须有相应的债券资产作抵押（抵押比例为100%~120%），所以国库资金存款的增加可能会导致商业银行对债券等抵押资产的需求，从而限制了贷款数量的扩张，导致商业银行的资产和负债结构的变化，影响货币政策的银行贷款渠道。也就是说政府存款的增加反而可能降低（损害）商业银行的流动性。Wheeler (1972) 根据Haywood流动性法则进行测算，将与密苏里州政府签订国库资金存款契约关系的445家银行分成两类：流动性损害的Class I和没有受到流动性损害的ClassII，并对此进行了实证研究，回归结果见表5.2，结果表明：① 发生流动性损害的银行购买了比较多的政府抵押债券以吸收政府国库资金存款，对银行信贷扩张产生了额外的约束，国库资金存款对银行信贷途径产生了影响。② 没有产生流动性损害的银行即使在没有国库资金存款的条件下也一般能够满足贷款需求，但国库资金存款的增加减少了银行的流动性。③ 政府存款对货币乘数的影响有赖于银行的流动性和信贷需求，并没有一个稳定的规律（现象）。Dobson (1968)指出如果政府存款是由私人的定期存款演变而来的，那么政府活期储蓄的增加将增加 $M1$，由于 $M1$ 与 $M2$ 并非完全替代，$M1$ 比 $M2$ 具有更强的流动性，从而将被视为货币扩张，影响货币政策。综上所述，国库资金变化引起政府存款与私人存款结构的变化，导致存款抵押债券存量变动，引起银行流动性水平的改变，从而影响银行的信贷扩张水平，弱化货币政策的银行信贷传导机制。

表5.2　公共资金存款变化与各类银行的资产持有量变化的线性关系

持有资产变化	银行类别	线性回归系数	相关系数估计	因变量标准误	标准差
贷款与贴现	所有银行	−0.043	−0.12	1244	1237
	Class I	−0.046	−0.27	1311	1219
	Class II	0.042	0.02	1233	1225
债券总量	所有银行	0.534	0.60	3036	2717
	Class I	0.578	0.76	5858	3814
	Class II	−0.487	−0.21	1823	1476
国债	所有银行	0.560	0.75	2573	1706
	Class I	0.593	0.85	5383	2847
	Class II	−0.150	−0.10	1162	1180
市政债券	所有银行	−0.018	−0.02	794	792
	Class I	−0.005	−0.06	666	669
	Class II	−0.285	−0.28	819	787
现金资产	所有银行	0.251	0.32	2701	2560
	Class I	0.330	0.77	3290	2091
	Class II	−1.44	−0.46	2539	2443

注释：摘自Wheeler(1972)，回归数据时间跨度为1968年12月31日至1969年1月1日。

5.2.2 国库资金变化影响定期存款和活期存款结构，导致银行负债结构的变化，既可能影响货币政策传导的信贷渠道，也可能对货币扩张乘数产生扰动，最终影响社会货币供应量和产出水平

Dobson(1968)研究指出，国库资金存款虽然有可能源于私人的定期存款，但是国库资金增加大部分来自于私人部门的活期存款，因而国库资金的变化将改变银行的定期存款和活期存款的结构。由于定期存款的利率一般比活期存款利率水平高，因而如果国库资金作为定期存款形式存放在商业银行，那么将对商业银行造成一个净损失。这可以从一个简单的例子中得到体现。假定从当地居民征收100美元的税收，该税收来源于活期存款，设活期存款的利率0[1]，定期存款利率为3%，定期存款和活期存款的法定准备金率分别为5%和10%。如果政府将100美元的国库资金作为定期存款存放在商业银行，那么商业银行就由于活期存款比定期存款的法定准备金率下降而净增加了5美元的超额储备，假定贷款 L 与存款 D

[1] 美国活期存款利率为0，从而这个假设有一定的合理性。

之间的比例关系是 $L=5D$ ，即存款的贷款扩张乘数是5，那么银行将由于5美元的超额储备而获得25美元的贷款扩张，如果再假定贷款利率为7%，那么银行就将获得1.75美元的收益，但是政府国库资金的定期存款收益是3美元，高于银行贷款扩张的收益。进一步地，如果考虑银行接受政府国库资金必须提供额外的抵押债券等额外隐性成本，那么银行遭受的损失就更大了。Cooper(1972)认为政府收支可能存在一定的时滞，从而导致国库资金无法及时返回到私人部门，造成私人部门与政府部门之间的净转移，在此基础上支持了政府国库资金存款导致商业银行净损失的观点。因而，如果将国库资金作为定期存款放在商业银行，那么可能造成商业银行的净损失。由于财政国库资金收支数量很大，所以国库资金定期存款数量的增加可能导致银行信贷的紧缩，从而影响货币政策传导的银行信贷渠道。

政府国库资金变化带来的定期存款与活期存款结构的调整影响货币政策的另一个方面是对货币乘数的影响。假设 C 为非银行公众持有的现金， D 为活期存款数量， T 为定期存款数量， r_d 和 r_t 分别代表活期存款和定期存款的法定准备金率，定期存款和活期存款比例关系为 $t=T/D$ 。假定没有超额准备金，那么货币乘数可以表示为

$$m=\frac{C+D+T}{C+r_dD+r_tT}=\frac{C+D+tD}{C+r_dD+r_ttD}=\frac{1+c+t}{c+r_d+r_tt}$$

因为 $\frac{\partial m}{\partial t}=\frac{c(1-r_t)+r_d-r_t}{(c+r_d+r_tt)^2}$ ，另外由于活期存款法定准备金率 r_d 一般高于定期存款法定准备金率 r_t ，而且这两个准备金率都小于1，从而有 $\frac{\partial m}{\partial t}=\frac{c(1-r_t)+r_d-r_t}{(c+r_d+r_tt)^2}>0$ ，由此可以知道，定期存款和活期存款比例关系 t 上升将导致货币乘数增大，而 t 下降将导致货币乘数下降。可见，如果政府增加在商业银行的国库资金定期存款，那么定期存款和活期存款比例 t 将上升，从而将提高货币乘数，加速货币扩张过程，以此影响货币政策有效性。

5.2.3 国库资金变化引起个人、企业等微观主体的财富变化，影响货币政策传导的财富效应渠道，最终对货币政策有效性造成扰动

税收是国库资金的主体部分，增加税收意味着减少个人的可支配收入，降低个人的财富水平，从而将降低个人的消费支出水平，最终影响产出水平。如果中央银行实行扩张性货币政策，按照货币政策传导的货币渠道观点，利率水平将下降，股票将比银行存款或者债券更受欢迎，从而股票价格上升，个人财富水平上

升，从而增加个人的消费支出，最后达到增加产出的目标。然而，如果此时由于季节性原因或者其他因素导致税收收入上升，国库资金增加，那么将降低个人的可支配收入，导致财富水平的下降，与扩张性货币政策带来的股票上涨引起的财富水平上升相抵消，个人的支出就不可能增加到预期的水平，从而影响中央银行扩张性货币政策有效性。同样地，如果财政部门此时为增加国库资金而提高证券市场收益税，那么将抑制股票需求，弱化个人的财富效应，降低货币政策传导的非货币资产价格渠道的传导效应，最终影响货币政策有效性。

国库资金变化的另一个方面体现为政府债务收支的变化。财政发行债券事实上是将社会资金的使用权由公众暂时让渡给政府，也可以说是政府对未来资金的贴现，这种行为对微观主体造成的影响是一个颇受争议的问题，由此决定了其对货币政策传导机制影响的复杂性。Barro(1974)利用跨期模型和利他主义证明了“李嘉图等价定理”成立，从而声称发行国债的政府融资仅仅是延迟了的征税。虽然政府以债务形式融资支持部分财政支出，从而减少了当期的税收，但由于债务终究要由未来增税偿还，因而它与现时税收从某种程度上讲是相似的；进一步的观点是：在政府财政支出不被削减的情况下，预算赤字的增加会导致等量的民间储蓄的增加。从这个意义上说，债务收入与税收收入造成的影响是一样的，从而对货币政策传导机制及货币政策有效性的影响也是类似的。

然而，李嘉图等价定理遭到了质疑（Tobin，1980；Blanchard 和 Fischer，1989)。Blanchard 和 Fischer(1989)利用一个随机死亡概率假说建立了不确定的世代交叠模型，并且假定了个人寿命的有限性，研究指出不同时期的税收向不同人群征收，国债发行所带来的未来税收增加就不一定由当代人负担，从而人们的经济行为将受到征税时间分布的影响。另外，当考虑到流动性约束时，如果个人不能通过借债来平滑自己的消费支出，那么国债的发行而产生的当前减税效应将使这些人的可支配收入上升从而扩大他们的消费支出。Buchanan 和 Wagner (1977) 将利益集团理论和财政幻觉用于解释政府债务效应，从利益集团角度看，政府债务的发行和偿还取决于利益集团的利益函数和政府的政治结构，私人部门无法预期国债的发行量、债务的偿还日期以及未来税收增加量，同时预算赤字的不断增加将债务的还本付息通过发行新债解决，让经济主体预期债务引起的赋税的增加将被无限推迟，因此，国债的发行导致的当期减税将刺激民间的消费支出，李嘉图等价定理不会成立。财政幻觉假说认为公众倾向于支持政府支出所带来的社会福利的增加，而反对政府征税所导致的可支配收入的降低，投票者和纳税人会由于“债务幻觉”而对赤字产生政治偏向，债务融资（债务幻觉）降低了公众对公共产品或服务的价格评价，从而纳税人会增加由债务融资的公共产品或者服务的需求，这种偏好导致了预算支出水平的提高。从这个意义上说，如果中央银行实行扩张性货币政策，财政通过发行国债筹集财政国库资金，那么公众不仅不会因债券降低消费水平，反而可能由于发债带来的当期减税引起的财富效应或者“债务幻觉”而增加消费支出，从而提高产出水平，提高货币政策有效性。相反的，如果中央银行实行紧缩性货币政策，财政通过发行国债筹集财政国库资金，那么由于债务非中性而导致的支出增加将与紧缩性货币政策相左，影响货币政策有效性。

5.2.4 政府国库资金收益最大化目标可能导致国库资金存款区域化，加深商业银行市场分割，影响银行信贷传导途径，扰动区域货币政策

政府实施银行存款制的一个很重要的原因是国库资金收益性，即通过存款获取国库资金的存款利息。美国政府间关系委员会ACIR(1961)研究指出，保存政府国库资金的方法在实践中有着特别的方式，在1900年以前，政府国库资金大部分都由国库职员管理，并且他们获取全部的利息收入。这种做法背后的逻辑是国库资金管理者只有保护国库资金安全的责任，而政府没有要求国库资金产生利息收益，由此产生的利息收入成为国库资金管理者的“天上掉下来的馅饼”。事实上，国库资金的利息收入往往是巨大的，但却被广泛视为国库资金管理者的应得之物。到1920年，利息收入归属国库资金管理者的信条逐步被打破，Upson (1926)认为政府国库资金的利息收入应该是政府的财产，也属于国库资金。美国一些州政府制定了法律通过竞争性投标方式决定政府国库资金存款的应付利息。存款银行通常由州和地方政府在竞争的基础上选择出来，存款数量与银行的资产和赢利有着显著的相关关系，虽然政府也经常会和这些银行签定一些活期的存款契约，但是大部分的契约有着固定的期限。

国库资金的利息收益成为政府选择国库资金银行存款方式的重要参考依据，但如果国库资金存款的抵押债券比例不高，那么国库资金存款可能导致相应的信贷供给增加，从而促进经济产出的增长，由此可能带来税收的上升从而增加国库资金，因而，Dobson(1968)指出政府的总收益函数不仅仅是国库资金存款利息的即时收益，还必须加上由此带来的长期经济增长收益（如本地区的经济增长和税收增加等）。从这个意义上说，按照政府收益最大化原则，各级政府可能更多地

将国库资金存款于当地的商业银行，主要原因在于如果国库资金存放到其他地区商业银行则表明本地区没有比较优势，从而国库资金流到其他地区获取较大的收益，那么国库资金形成的信贷供给就会出现在外地，当地政府也就可能丧失由此提高经济产出水平而带来的额外税收收入。由此可见，政府总收益最大化目标在一定程度上决定了地方政府将国库资金存放在各自辖区的商业银行。Dobson (1968)构造了一个简单的模型以说明政府国库资金的目标收益理论，这里将在此基础上进行说明和分析。

假设 T =税收收入； r =税率； B =税基； S =应纳税的非收入支出； Y =收入； TD =政府国库资金存款； L =银行产生的信用扩张；则

$$T = rB\ ;\quad B = B(Y,S)\ ;\quad T = T(Y,S)\ ;\quad Y = Y(L)\ ;\quad S = S(L)$$

一般地说，$\frac{\partial T}{\partial Y} > 0$ ；$\frac{dY}{dL} > 0$ ；$\frac{dS}{dL} > 0$ ；在此基础上，对 T 求导可以得出以下关系式：

$$\frac{dT}{dL} = \frac{\partial T}{\partial Y}\frac{dY}{dL} + \frac{\partial T}{\partial S}\frac{dS}{dL} > 0 \tag{5.1}$$

这个关系式表明银行信贷扩张变化对政府税收收入的影响。由于 L 的意义比较复杂，因而在这里式(5.1)也可以理解成银行信贷扩张对政府税收收入的影响，从而对政府国库资金的影响。接下来将国库资金存款考虑到模型中，即将银行的信用扩张能力 L 与政府国库资金存款 TD 结合起来，可以得到以下的函数关系式：

$$L = L(TD)$$

这里假设国库资金存款增加将提高银行的贷款能力，即 $\frac{dL}{d(TD)} > 0$ ；于是将式(5.1)进一步的对国库资金求边际量，得到如下关系式：

$$\frac{dT}{dL} = \frac{\partial T}{\partial Y}\left(\frac{dY}{dL}\frac{\mathrm{d}L}{\mathrm{d}(TD)}\right) + \frac{\partial T}{\partial S}\left(\frac{dS}{dL}\frac{dL}{d(TD)}\right) > 0 \tag{5.2}$$

式(5.2)可以清晰地反映政府国库资金变化对未来税收的影响，可以发现政府国库资金变化将导致信贷发生变化，进而影响收入水平，最后反映到税收的增减上面，即 $\Delta(TD) \to \Delta L \to (\Delta Y, \Delta S) \to \Delta T$ 。具体而言，当地的国库资金存款增加，将提高本地区的贷款能力从而提高贷款意愿水平，进一步地增加当地产出，最后提高增加政府税收收入，提高政府的总收益；同样地，如果地方政府将国库资金存款放在其他地区的银行，虽然可能获得比当地商业银行更高的存款利息收入，但是同时导致了当地商业银行的存款下降，从而当地商业银行贷款意愿下降，收入水平也将下降，导致税收收入的减少，这抵消了存款的收益增加。由此可见，在银行存款制下，本着收益最大化目标，各级政府将国库资金存放在各自辖区的商业银行，以获取政府存款的即时利息收益和未来经济发展带来的税收增加的间接收益等综合收益，这将人为造成国库资金存款的区域化，加深商业银行市场分割，影响银行信贷传导途径，扰动区域货币政策。

5.2.5 利益集团的存在造成国库资金在存款银行之间分配的低效率，可能影响银行体系稳定性，弱化银行信贷传导渠道，影响货币政策有效性

国库资金作为存款放在商业银行，其背后的逻辑可能是政府总收益最大化选择的结果，但对商业银行来说，国库资金是一块巨大的“馅饼”，可以用于信贷扩张获取收益，也可以改善自身的资产负债率，完善自身的治理结构，当银行发生流动性困难时，国库资金的巨大存款无疑将成为商业银行缓解困难的重要资金来源，因而各种针对国库资金的利益集团就油然而生。Olson(1965)从集团成员角度，运用成本—收益边际分析方法，研究了利益集团提供集团产品的过程，指出一个集团做什么取决于集团中的个人做什么，而个人做什么又取决于其采取行为的相对收益和成本对比。大集团和小集团的形成原因和行动模式是不同的。集团成员越多，“搭便车”现象越严重。因此，小集团在集体行动时有优势，代表少数人利益的“特殊利益集团”往往可以攫取大多数人的利益。国库资金也存在一些特殊利益集团，他们利用国库资金存款分配来实现特定的利益。代表银行利益的利益集团旨在帮助银行获得更多的国库资金存款份额，以此获取更多收益；代表政党利益的国库资金利益集团，其目标是通过影响国库资金存款分配来增加赢得大选的概率；政府国库资金管理者则以国库资金的最大化收益为追求。各种利益集团纷繁复杂，促使国库资金无法完全按照市场方式进行运作，扰乱国库资金存款的市场分配方式，可能导致国库资金存款低效率现象，弱化银行贷款途径。

国库资金存款在银行间分配的低效率得到了Acheson研究的证实。Acheson(1977)研究了加拿大国库资金在私人银行之间的分配行为，发现加拿大政府利用具体公式来分配银行获得的政府国库资金存款，主要是为了搞平均，但是Acheson认为这样做不符合常规，因为中央银行公开市场操作时，银行通过竞争方式获得各种资产，并没有搞平均，政府为什么要平均分配国库资金存款呢？如果市场机制可以很好地促使央行发行的基础货币在各银行之间进行分配，那么为什么政府国库资金存款就无法通过市场机制来实现呢？Acheson指出背后的逻辑是政府国库资金存款充满政治色彩，即为了赢得竞选、获得资助等特殊集团利益。进

一步地，他采用1969年1月31日至1974年1月31日半年度时间序列数据研究表明，加拿大政府虽然采用一个公式安排各个银行的政府国库资金存款份额，但是从各个银行持有的政府存款来看，并没有迹象表明这些是按照特定的公式安排的。这说明虽然政府事先安排了政府国库资金的分配方式，但在具体实践过程中，又会受到其他利益集团的影响，导致国库资金存款分配行为发生变化。

国库资金存款分配受利益集团影响还可能导致银行体系不稳定，扰乱银行信贷传导机制，造成国库资金损失。19世纪20年代以来，美国开始了硬币派与软币派之争。硬币派认为，货币利益集团与政府勾结以及私人利益对公共权力和公共利益的控制，促使联邦政府特许建立主要由私人资本控制的美国第一和第二银行，并依赖它们控制全国货币和信贷供给。软币派认为联邦银行之所以能够控制全国货币银行体系，主要因其代理国库的特殊地位，因而他们视这一权力为垄断特权，要求分享这一权力。这两个派别的反对导致了美国第一和第二银行执照期满后没能得到支持而关闭。1832年，民主党总统杰克逊否决了第二银行展期法案后，决定国库资金不再存储于第二银行，转而由财政部在各州选择商业银行进行存放，但是银行的选择不是通过竞争而是根据政党的利益来选择，最终决定将国库资金存放在民主党人的"宠儿银行"当中，这些银行就顺利地获取国库资金存款。由于财政部选择代理国库的银行标准带有明显的党派倾向，致使许多只有极少硬币储备的银行也获得了大量政府国库资金存款。将国库资金存储于各州银行，大大助长了州银行的扩张倾向。许多州银行即以政府国库资金存款为基础，有恃无恐地大肆扩张贷款和贴现，超量发行银行券，大量银行贷款流向土地投机。于是出现了19世纪30年代中期的泡沫繁荣，即约瑟夫·G·鲍德温笔下的所谓"镀铜时代"。这是一个"没有资本的信贷和没有诚实的企业的时代"。金银让位于"无价值的纸币"，"各州银行正用纸片发行货币，就像一架蒸汽印刷母机。申请贷款时，不需要出示什么，只要说十分急需用钱就行……价格青烟般地扶摇直上"。土地投机贷款必然削弱了银行资产的流动性，过度信贷扩张必然导致通货膨胀，银行信用危机不可避免。安德鲁·杰克逊的指定接班人马丁·范布伦就职才两个半月，一场全国性金融恐慌就爆发了。于是公众挤提存款、挤兑硬币，全国各州银行，包括所有接受政府存款的州银行都普遍被迫停止硬币支付，甚至破产倒闭（陈明，2003b）。这就是1837年的金融恐慌和萧条。在这个事件中，国库资金存款受到民主党利益集团的影响，没有实现市场化的选择方式，而是将国库资金按照利益集团进行分配，促使商业银行进行了大范围的信用扩张，虽然导致1837年金融恐慌的因素很多，国库资金存款的低效率分配不是这场灾难的唯一原因，但是国库资金的低效率加速了银行疯狂扩张，从而加大了危机的程度和爆发的影响。

可见，国库资金受到利益集团的影响导致存款分配均衡往往无法实现市场化的均衡结果，偏离了最优的资金自由流动的水平，这些必然影响货币政策传导机制。由于国库资金很大，结果可能导致某些银行对国库资金的垄断和依赖，从而使政府与这些银行之间形成特殊利益关系，造成这些银行的预算软约束，直接影响银行体系之间的公平竞争，对银行体系的稳定性产生影响，对银行体系的信贷均衡产生扰动作用，弱化银行信贷传导渠道，最终影响货币政策有效性。

5.3 国库资金对货币政策影响的综合分析：Hollenhorst分析框架扩展

上面从不同侧面对国库资金影响货币政策传导渠道的影响机制进行分析，揭示国库资金影响货币政策的途径和程度，但是并没有考虑各种因素之间的相互作用，也没有分析这些因素对货币政策最终效应的不同影响，从而也就不能完整反映国库资金对货币政策的影响。本节在前面分析的基础上，将上面的一些主要因素纳入分析框架，结合Hollenhorst(1969)和Cooper(1972)的研究，构建一个综合分析框架，并做比较静态分析，从中研究银行存款制下国库资金影响货币政策的渠道，在此基础上，剖析国库资金对货币政策的影响。

5.3.1 基本假设

这里仅考虑中央政府或者联邦政府财政国库，不考虑地方政府国库[1]。为了与现实情况相符合，在银行存款制下银行接受政府国库资金存款必须提供债券抵押品，从而这里假设银行提供的债券抵押品占国库资金数量的比例为 B ，银行为了保持流动性而在吸收的一般公众存款中用于购买债券数量的比例为 B' ，假设银行用国库资金存款和一般存款购买债券以外的其他资产的数量分别为 A 与 A' ；由于定期存款与活期存款要求的法定存款准备金率不一样，为了更好地讨论，这里只考虑平均存款准备金率，以此解决活期与定期存款准备金率不一样的

[1] 地方政府的情形只需将模型的作用区域施加一些区域特征，就可以很好地将模型做适当的转换，用于地方政府国库资金的讨论，在此不做更多的分析。

问题，假设国库资金要求的平均法定准备金率与普通存款的平均法定准备金率分别为 r_g 和 r_p[1]。由于银行接受政府国库资金存款后，虽然可以直接影响银行的信贷供给数量，但是最终实现的信贷数额必须由公众的信贷需求决定，这可能与贷款利率有关，与具体的经济形势有关，因而这里假定 λ 为公众对商业银行信贷供给的需求比例，λ 随着利息等贷款的成本的变化而改变，一般地，贷款成本越高，λ 就越低，特别地当 $\lambda=1$，银行实现完全信贷，而如果 $\lambda=0$，那么国库资金存款没有形成任何贷款。

商业银行吸收的存款形成的贷款中，既有对国内商品服务的需求，也有对国外进口商品的需求，这里假设贷款中对国内商品和服务的需求占比为 M；由于国库资金存款转化而来的贷款形成有效需求后会增加人们的总收入，从而人们会因此而增加储蓄，增加消费，但由此产生的消费和储蓄与一般收入形成储蓄和消费并没有什么差异，所以这里假设人们收入中对国内商品和服务形成消费的比例是 δ，人们的边际消费倾向是 c，从而边际储蓄倾向为 $1-c$。假定 Y 是国内生产总值，即总收入水平；G 为银行接受的国库资金存款数量[2]。

为了讨论的方便，这里假定获得贷款的个人和企业将资金马上投入使用，而个人和企业获得的收入的支出滞后一期。

5.3.2 模型构建

根据上述假设，可以得出国库资金存款变化量 ΔG 改变的信贷供给数量是 $(1-r_g-B-A)\Delta G$，按照贷款需求的比例 λ，可以得出国库资金变化形成的贷款均衡水平是 $\lambda(1-r_g-B-A)\Delta G$。由于在银行吸收的国库资金存款直接形成的贷款中，对国内商品和服务的需求占比为 M，从而国库资金形成的对国内商品和服务的直接需求是 $\lambda M(1-r_g-B-A)\Delta G$。然而，国库资金不仅对国内商品和服务形成直接需求，同时还会产生引致需求，即由于国库资金存款对商品服务的直接需求导致产出上升，从而引起人们收入水平变化，形成商品服务的简接需求。根据假设，个人和企业获得的收入的支出滞后一期，因而国库资金存款第一期引起的收入改变量是 $\lambda M(1-r_g-B-A)\Delta G$。

---

[1] 在大多数情况下，国库资金存款与普通存款要求的法定准备金率并没有差别，这里给出这种区分仅仅为了更深入地发现区别的法定准备金带来的问题。

[2] 这里为了分析的方便，都使用一个字母，从而用 G 表示，与前面各章的国库资金变量符号有所差异，但阐述的是同样的国库资金。

对于第二个时期，只有公众收入的引致需求形成对商品和服务的需求，从而影响收入水平。由于在第一阶段人们收入变化量是 $\lambda M(1-r_g-B-A)\Delta G$ ，对于这个增加的收入水平，人们将一部分用于储蓄存款，而另一部分则用于消费，形成对商品和服务的直接需求。按照假设的消费倾向和消费中对国内商品和服务的购买比例，可以知道增加的收入中由于消费支出而产生的收入变动是 $\lambda\delta cM(1-r_g-B-A)\Delta G$ 。进一步地，可以知道增加的收入中作为储蓄存款的部分为 $\lambda(1-c)M(1-r_g-B-A)\Delta G$ ，从而根据公众对商业银行贷款供给的需求比例 λ 、银行的准备金需求、商业银行将普通存款用于购买债券和其他资产的比例，以及国内商品和服务购买的比例 M ，可以得到银行贷款增加的收入水平为

$$\lambda M(1-r_p-B'-A')(1-c)\lambda M(1-r_g-B-A)\Delta G\text{；}$$

从而第二个时期由公众收入引致的间接需求形成的总收入水平变化量为

$$\begin{aligned}&\lambda M(1-r_P-B'-A')(1-c)\lambda M(1-r_g-B-A)\Delta G+\lambda\delta cM(1-rg-B-A)\Delta G\\&=\lambda M(1-r_g-B-A)\Delta G[\lambda M(1-r_p-B'-A')(1-c)+\delta c]\end{aligned}$$

根据第二个时期的思想，可以得出第三个时期公众收入引致的间接需求形成的总收入水平也是两部分内容：一是公众收入中消费支出直接形成的商品服务需求从而带来的收入增加；二是公众收入中储蓄存款带来的信贷扩张产生的间接收入。具体如下：

$$\lambda M(1-r_P-B'-A')(1-c)\left\{\lambda M(1-r_g-B-A)\Delta G[\lambda M(1-r_P-B'-A')(1-c)+\delta c]\right\}$$

$$\lambda M(1-r_g-B'-A')(1-c)\ \{\lambda M(1-r_p-B'-A')(1-c)+\delta c\ ]$$

$$+\delta c\left\{\lambda M(1-r_g-B-A)\Delta G[\lambda M(1-r_p-B'-A')(1-c)+\delta c]\right\}$$

$$\begin{aligned}&=\lambda M(1-r_g-B-A)\Delta G[\lambda^2M^2(1-r_p-B'-A')^2(1-c)^2+\lambda M(1-r_p-B'-A')(1-c)\delta c\\&+\delta c\lambda M(1-r_p-B'-A')(1-c)+\delta^2c^2]\\&=\lambda M(1-r_g-B-A)\Delta G[\lambda^2M^2(1-r_p-B'-A')^2(1-c)^2+2\lambda M(1-r_p-B'-A')(1-c)\delta c+\delta^2c^2]\\&=\lambda M(1-r_g-B-A)\Delta G[\lambda M(1-r_p-B'-A')(1-c)+\delta c]^2\end{aligned}$$

按照同样的方法可以得出第 $i+1$ 个时期公众收入引致的间接需求形成的总收入水平为

$$\lambda M(1-r_g-B-A)\Delta G\left[\lambda M(1-r_p-B'-A')(1-c)+\delta c\right]^i$$

依据上述的分析知道，国库资金存款变化导致的收入水平变化是以上各个时期收入变化的总和，从而可以得出 $i+1$ 个时期国库资金存款变化与收入变化之间的关系式为

$$\Delta Y=\lambda M(1-r_g-B-A)\Delta G+\lambda M(1-r_g-B-A)\Delta G\sum_{k=0}^{i}[\lambda M(1-r_p-B'-A')(1-c)+\delta c]^k$$

$$=\lambda M(1-r_g-B-A)\Delta G\sum_{k=0}^{i}[\lambda M(1-r_p-B'-A')(1-c)+\delta c]^k$$

即 $$\Delta Y=\lambda M(1-r_g-B-A)\Delta G\sum_{k=0}^{i}[\lambda M(1-r_p-B'-A')(1-c)+\delta c]^k \tag{5.3}$$

其中：ΔY 为人们的收入变化量。式(5.3)就是国库资金存款变化与产出的模型，中间有很多的参数，这些决定了国库资金对货币政策的影响程度和影响方向。特别地，当 $|\lambda M(1-r_g-B'-A')(1-c)+\delta c|<1$ 和 $i\to\infty$ 时，式(5.3)将变成如下的模型：

$$\Delta Y=\lambda M(1-r_g-B-A)[1-\lambda M(1-r_p-B'-A')(1-c)-\delta c]^{-1}\Delta G \tag{5.4}$$

由此可以看出，$\lambda M(1-r_g-B-A)[1-\lambda M(1-r_p-B'-A')(1-c)-\delta c]^{-1}$ 是国库资金存款的总扩张乘数，它受法定准备金率、国库资金的抵押债券数量、公众的贷款需求和公众的消费倾向等参数的影响，令

$$K=\lambda M(1-r_g-B-A)[1-\lambda M(1-r_p-B'-A')(1-c)-\delta c]^{-1}$$

那么国库资金存款变化与收入改变量之间的简化关系式如下所示：

$$\Delta Y=K\Delta G \tag{5.5}$$

进一步地，对总扩张乘数进行细分，首先将 $1-r_g-B-A$ 与 $1-r_g-B'-A'$ 分别称为国库资金存款和普通存款的扩张乘数，并分别用 K_G 和 K_N 来表示，那么 $K_G=1-r_g-B-A$ 和 $K_N=1-r_p-B'-A'$，从而式(5.5)可以将国库资金存款变化与收入改变量关系式表示成国库资金存款扩张乘数和普通存款扩张乘数的函数，即

$$\Delta Y=\lambda MK_G[1-\lambda MK_N(1-c)-\delta c]^{-1}\Delta G \tag{5.6}$$

5.3.3 模型结论与讨论

国库资金对货币政策的影响最终将体现在对产出的扰动上，如果经济处于过度扩张的通胀时期，中央银行为了遏制这种局势，采取紧缩货币政策，但由于国库资金存款的作用导致银行信贷变化，改变扩张乘数，可能抵消或者弱化央行的货币政策，从而促使产出扩张持续，经济的不稳定性没有得到有效控制，造成货币政策的低效率。这些情况可以从模型(5.3)或者(5.6)得到很好的反映，从模型(5.6)可以看出，如果 $K_G>0$ 且 $1-\lambda MK_N(1-c)-\delta c>0$，那么国库资金存款对产出将产生正向扰动，即国库资金存款将增加银行均衡信贷水平，进而增加产出水平。

从模型(5.6)还可以看出国库资金对货币政策影响的主要因素取决于公众的贷

款需求 λ 和国库资金存款形成的贷款对国内商品、服务的需求水平 M 。尽管模型(5.6)成立的附加条件是 $|\lambda M(1-r_p-B'-A')(1-c)+\delta c|<1$ ，但对于有限期的模型(5.3)也是如此。市场上有强烈的借款需求从而才可能吸收因政府国库资金存款增加而增加的贷款（信贷）供给，也就是说模型中的 λ 越大，那么国库资金存款的影响就会越显著。同样地，如果国库资金存款增加产生的贷款用于国内商品和服务的需求水平 M 越高，那么国库资金对国内产出水平的影响也将越大。然而，如果这个条件不满足，那么接受国库资金存款的商业银行就会存在过多的流动性，这意味着银行储备（法定准备金）需求并不对其信贷构成约束，从而说明此时国库资金存款与银行信贷并不存在相关性。在实际生活中，公众的贷款需求 λ 和贷款对国内商品服务的需求水平 M 都依赖于微观主体的行为，政府决策机构无法控制这些变量，政府在此就显示出其被动性。这主要由于微观主体作出的选择不仅与市场形势有关，即 λ 和 M 都与利率、资本回报率等密切相关，而且政府的决策也会影响和改变微观主体行为，因而政府在计算和预测这些参数时就会发生偏误，从而造成一定程度的内生性。

除了公众贷款需求和贷款对国内商品服务的需求水平等因素主导国库资金对货币政策的影响外，还有一些变量会影响国库资金的作用。这些变量主要是国库资金存款扩张乘数 K_G 和普通存款的扩张乘数 K_N 。在贷款供不应求的情况下，国库资金存款扩张乘数越大，国库资金存款对银行信贷水平的影响就越强，这主要是由于国库资金存款扩张乘数越大，银行来源于国库资金存款增加而直接增加的贷款供给数额就越高，社会获得的贷款水平上升，这些贷款形成了商品服务的需求，并最终促进经济的发展和收入的提高。与国库资金存款的扩张乘数相似的是，普通存款的扩张乘数的提高，也将增加银行信贷供给，其原因是国库资金存款不仅形成直接的银行信贷供给，而且还会提高人们的收入水平，从而形成人们的引致储蓄存款，这些存款与普通存款一样，通过普通存款的扩张乘数可以形成银行的贷款供给，因而如果普通存款的扩张乘数上升，那么将促使国库资金存款的引致公众储蓄存款形成的贷款供给的上升，从而提高银行的信贷供给水平。这些在模型(5.3)或者(5.6)中都得到了很好的体现。

以上的讨论都引含假定了国库资金存款扩张乘数 K_G 为正数的情况，这可能只符合实际生活中的一些情况，但是国库资金存款扩张乘数是不是总为正数呢？这必须从 K_G 的决定因素来分析，从前面的模型分析中可以知道 $K_G=1-r_g-B-A$ ，即国库资金存款扩张乘数取决于国库资金存款的法定准备金率、抵押债券数量和其他资产的份额。在实践中，国库资金存款必须满足安全性和流动性原则，因而政府国库资金存款往往要求银行提供大量额外的抵押品特别是国债等证券作抵押，抵押率往往超过1，商业银行必须留出很大的储备购买债券，从而商业银行为了吸收国库资金存款经常导致自身的流动性下降，这样的直接结果是商业银行并没有因为政府国库资金存款的增加而增加贷款，反而可能导致信贷增量的下降，这在模型中可以很好地反映。假如国库资金的抵押证券比例很高甚至超过1，那么国库资金存款扩张乘数 $K_G = 1 - r_g - B - A$ 将出现小于0的现象，此时由模型(5.3)或者模型(5.6)可以知道国库资金存款增加与银行信贷供应量呈反向关系，从而导致产出水平的下降。从这个意义上讲，如果此时中央银行实施紧缩性货币政策，那么国库资金存款的增加将加速紧缩的时间并且提高紧缩的强度。当然这种现象在现实中可能比较难以观测到，一种更为可能的情况是，银行机构为了满足国库资金存款抵押需求而调整资产组合，增加对债券等资产的购买而满足抵押的需要，进而最后减少贷款份额或者提高贷款成本。为此，在国库资金存款扩张乘数为负数的情况下，国库资金存款变化可能促使银行资产负债结构的变更，而与银行信贷之间表现出弱相关性。

国库资金存款会对货币政策造成影响，这就必然涉及影响程度的控制问题。从模型(5.3)或者(5.6)可以知道政府的控制干预手段并不多，对于国库资金存款方面，可以规定抵押债券数量和存款准备金率，即影响参数 B 和 r_g；对于公众方面，可以对法定存款准备金率施加影响，即对 r_g 的干预。中央银行可以通过制定法定存款准备金率以减少国库资金存款对货币政策的影响，但是公众普通存款的法定存款准备金影响面很广而且强度大，因而一般不能随意进行调整，只能通过制定区别的国库资金存款法定准备金率来进行调控。另外，对于国库资金存款的抵押债券数量的多少，一般由财政部门和商业银行进行协商确定，中央银行不能随意对此进行干预和制约。由此可见，中央银行对国库资金的货币政策影响的调控方式并不多，通过制定国库资金存款的区别法定准备金率是央行调控国库资金货币政策的重要手段。

当然，除了直接控制国库资金存款的货币政策外，中央银行还可以通过经验分析国库资金影响货币政策的规律，在此基础上制定各种货币政策，从而消除国库资金对货币政策的负面影响。然而，国库资金对货币政策的影响是很复杂的，经验研究往往面临着一些预想不到的困难。事实上，在不同的制度框架下，外部环境会产生各种变化，相同的国库资金变化对货币政策的影响会产生很大的差异，这一点从以上的模型分析可以清楚地反映出来。从模型(5.3)~(5.6)可以发现国库资金对银行信贷的影响虽然由总扩张乘数 K 来决定，但是总扩张乘数比较复杂，它不仅取决于国库资金存款扩张乘数 K_G 和普通存款的扩张乘数 K_N，而且还依赖于边际消费倾向、公众的贷款需求等因素，进一步地，国库资金存款扩张乘数 K_G 和普通存款的扩张乘数 K_N 受到法定准备金率、流动性要求、抵押需求等因素的影响，这些因素之间还有可能互相影响。因而要准确把握国库资金对货币政策的影响，必须对这些参数作出估计，理论上可以通过回归方式得出这些参数的一致估计，但是在实践中却是不可能的，因为现有数据并没有针对政府国库资金存款的资产分类，即现有数据并没有详细说明贷款来源于国库资金存款还是来源于一般存款的时间样本数据，这给估计各种系数造成了困难，从而对银行存款制下国库资金存款的货币政策进行经验研究是难以直接实现的，这在一定程度上也加剧了中央银行货币政策的被动性和内生性问题。

5.4 本章小结

本章研究银行存款制下国库资金对货币政策的影响，得出了以下主要结论：

（1）银行存款制下国库资金的变化并不像单一金库制那样影响基础货币，对货币供应量产生扰动。然而，国库资金具有涉及面广和数量大的特点，银行存款制下国库资金的变化会引起微观主体的财富变化，影响货币政策传导的财富效应渠道，最终对货币政策有效性造成扰动。

（2）在银行存款制下，国库资金变化影响商业银行的私人存款和政府存款的比例，导致存款抵押债券存量变化，引起银行流动性水平的改变；同时也可能影响定期存款和活期存款结构，导致银行负债结构的变化，从而既可能扰动货币政策传导的信贷渠道，也可能对货币扩张乘数产生影响。

（3）政府国库资金收益最大化目标可能导致国库资金存款区域化，加深商业银行市场分割，影响银行信贷传导途径，扰动区域货币政策。利益集团的存在将造成国库资金在存款银行之间分配的低效率，可能影响银行体系稳定性，弱化银行信贷传导渠道，影响货币政策有效性。

（4）本书构建了银行存款制下国库资金对货币政策影响的Hollenhorst扩展分析框架，模型分析表明，国库资金对货币政策影响的主要因素取决于国库资金存款扩张乘数、普通存款的扩张乘数、国库资金的抵押需求、公众的贷款需求和国库资金存款形成的贷款对国内商品和服务的需求水平等。国库资金存款扩张乘数和普通存款扩张乘数越大，国库资金存款对银行信贷水平的影响就越强。国库资金存款的抵押债券需求比例对信贷供给造成了反向影响，抵押比例越高，商业银行必须留出越多的储备购买债券，从而政府国库资金存款的增加并不能总是增加贷款，反而可能导致信贷增量的下降。对于平滑国库资金对货币政策影响的方式选择，中央银行表现出一定的被动性，通过制定国库资金存款的区别法定准备金率是央行调控国库资金影响货币政策的重要手段。

第6章 财政国库存量资金对货币政策影响(Ⅲ)
——从混合金库制角度考察:影响机制分析和案例分析

第四章和第五章分别从单一金库制和银行存款制角度研究国库资金对货币政策的影响，本章将从混合金库制角度考察这个问题。从第三章的分析知道，混合金库制是单一金库制、银行存款制和国库现金管理制度在某种程度上的混合，它兼具单一金库制和银行存款制的优点，克服了它们的一些不足，逐渐成为比较理想的国库资金管理制度。然而，混合金库制下国库资金表现形式多样化，既有闲置国库资金投资运作，又有国库资金的短期赤字融资，这些决定了混合金库制下国库资金也会对货币政策造成一定的影响。

6.1 闲置国库资金投资对货币政策的影响分析

闲置国库资金是指季节性和周期性财政收入超过财政支出需求的财政收支不平衡引致的国库资金累积现象，即闲置国库资金是指超过政府日常最优资金需求水平的财政国库资金。这主要体现在两个方面。一是预算资金收支差额。当个人、企业等微观主体上缴的税收和非税收入进入国库后，由于收支在进度上有一个时间差，从而出现部分收入滞留在国库，形成闲置国库资金。二是政府发行国债筹集的资金。政府通过发行国债从社会筹集资金，未及时支出的债务收入使社会资金流入国库，形成闲置国库资金。在混合金库制下，国库机构仅将库存国库资金余额保留在满足政府日常支出需求的水平，而闲置国库资金则进行投资运作，以此减少对基础货币的影响，从而避免像单一金库制那样对货币供给造成显著影响，而且实现了闲置国库资金的投资收益。但这种行为涉及货币市场和银行体系，而且国库资金数量巨大，从而会对货币政策产生一些影响。

6.1.1 闲置国库资金投资运作,促进货币市场流动性,增强商业银行竞争性,提高货币政策传导效率

在混合金库制下，闲置国库资金一般投资于货币市场，实现投资收益。投资

资产的种类主要依据各国政府的规定，选择合适的货币市场工具，如货币市场存款、定期存单(CDs)、回购协议(Repos)等息票工具、国库券、汇票/银行承兑汇票、商业票据等折扣工具，还有远期利率协定等货币市场衍生工具。法国财政部国库司下设的国库署把日均库底资金控制在1亿欧元左右，其余闲置国库资金全部进入货币市场投资运作，2001年获增值额4.14亿欧元，加上外汇掉期盈利，闲置国库资金运作总体年收益率在5%左右（贾康，阎坤和周雪飞，2003）。英国财政部只在英格兰银行国库账户保留2亿左右的国库资金余额，其他闲置国库资金由英国国债管理办公室以日为基础运用一系列工具在货币市场上进行交易，主要包括：回购、逆回购，有选择地现买现卖国库券和优质债券，不固定地借入和借出资金，在随时保证政府正常支出需要的同时，尽可能地熨平国库资金的波动。当然为了充分保证国库资金的安全性和所持金融工具的流动性，英国政府国债管理办公室规定：回购或回售交易，必须以优质金融工具为抵押品；买入和卖出的优质金融工具剩余期限最长不能超过半年，回购、逆回购或买卖交易，主要采取招标或者双方协议价方式（马洪范，2005）。大量闲置国库资金的介入，货币市场工具的交易规模和交易频率都将大幅度提高，货币市场流动性将由此而大大增强，从而提高货币政策传导效率。

闲置国库资金除了投资货币市场外，还可以根据需要作为银行存款放在商业银行，获取利息收益。美国联邦政府在美联储国库总账户(Treasury General Account，TGA)中保留50亿~70亿美元的资金以满足日常的支出需求，其他闲置国库资金则放在商业银行的国库税收和贷款账户（Treasury Tax and Loan Account，TT&L）作为存款获取利息收入，2003年共有1.8万亿美元的闲置国库资金采取了这种投资方式。自2002年以来，美国政府开始试验另一种新的投资方式——期限投资选择（Term Investment Option，TIO），这种方式与TT&L不同，TT&L是所有资金不管投资的时间长短都只收取固定的利率收入，而TIO则按照不同的存款期限而通过竞标的方式获得不同的利息收入，不同期限的资金有着不同的利率，从而总收益超过了TT&L项目，TIO由2002年开始试点，并且于2003年全面推行。从2003年10月至2004年10月总共通过TIO投资了国库资金3000亿美元（DeCorleto和Trimble，2004）。巨大闲置国库资金通过竞标方式存款于商业银行，增强了商业银行的竞争性，可能促进商业银行管理效率的提高，从而有助于提高商业银行信贷传导机制的效率。

6.1.2 闲置国库资金投资可以推动机构投资者的发展，促进金融市场对货币政策的反应，提高货币政策有效性

国库资金数量很大，但各级政府闲置国库资金余额并不相同，有些长期处于赤字状态，有些实现了巨大的预算盈余，这样就造成各地对闲置国库资金投资的需求差异。闲置国库资金数量较少的政府可能会发现投资运作的收益还不足以弥补由于投资而额外增加的投资运作机构设置和人员支出等成本，国库出现巨大盈余的政府部门则具备雄厚的资金实力实现先进的投资方式，从而获取较高的投资收益。这在一定程度上显示出各级政府之间协调配合的必要性。对此，中央政府和省级政府或者联邦政府和州政府往往采取建立公共投资机构的方式，各级政府可以将闲置国库资金交给公共投资机构，公共投资机构将按照国库资金投资原则来选择投资方式，由于公共投资机构具有专业的投资人员和专业的设备，从而可以实现较专业的投资，获取相对较高的国库资金投资收益，为各级政府特别是地方政府提供小额闲置国库资金投资运作的机会。当然，有些政府可能会选择资本市场上的机构投资者，但是这种方式具有很大的风险，从而被很多国家所禁止，因而闲置国库资金投资将内生推动公共机构投资者的发展。

美国州和地方政府闲置国库资金的投资实践推动了政府公共机构投资者的发展，成为闲置国库资金投资内生推动政府公共机构投资者发展的范例。Thompson（1988）研究指出，美国为了满足地方政府闲置国库资金投资需求，建立了公共投资机构——现金投资池，截至1985年，美国有17个州建立了州和地方政府现金投资池(Local Government Cash Pools)。从地方政府的观点来看，州的现金投资机构类似于银行，但可能稍好于银行，因为投资在这个地方的资金不仅能保证流动性而且还有相应的收益性，州公共投资机构短期投资收益略高于地方政府投资机构15%~25%。由于州现金投资池比州以下的地方政府投资机构拥有更多的资金，所以可以用于购买收益更高、面值更多的债券，他们雇佣了全职专业的资金运作经理，而且投资更多种类的证券。比如在俄勒冈州，不仅仅投资于国库券，还投资于安全等级为A2的商业票据、抵押回购协议、银行汇票和定期存款等。Thompson（1988）进一步以俄勒冈州为例阐述州现金投资机构的好处，1984年该州地方政府投资机构中有8亿美元，而州有10亿美元，在州和地方政府合并之前，双方都必须保留现金储备以应付支出需求，从而运作的资金很少，但是合并后就可以减少总资金储备水平，提高投资收益。Bunch（1999）研究指

出，州政府投资机构主要在于为地方政府提供更有吸引力而且相对安全的投资选择。这些机构将地方政府资金集中起来，并且按照一定的投资原则进行资金投资。这些机构的收益将按资产比例分配给地方政府参与部门。州政府之所以能够提供比地方政府更有吸引力的投资方式，主要原因在于规模经济和投资机构的专业投资人员，这特别适合于那些小的政府机构。根据1995年的调查发现，有32个州管理地方政府的闲置国库资金运作，其中13个州将他们的投资局限于地方政府，而其他的则不仅包含州而且包含地方政府。州投资机构是非常重要的公共资金投资管理机构，截至1995年，美国有15000个地方政府参加了州管理的公共投资机构。

闲置国库资金的投资实践发展公共机构投资者的同时，提升了机构投资者规模和水平，促进金融体系的发展，从而进一步地提高货币政策有效性。Catt (1962)指出市场上存在三类社会主体：机构投资者、非机构投资者和非投资者。市场机构投资者的目标是资金收益最大化，从而它与利率有着极为紧密的关系，利率水平的变动对机构投资者的行为将造成重要影响。非机构投资者个体的资金规模相对较少，它比较符合凯恩斯所说的流动性假说，在一定的利率下存在流动性陷阱。对于非投资者，他们更多的不是顾及投资收益，而是将资金存放在手中。从这个意义上说，机构投资者容易受到货币政策的影响，是货币政策传导的重要渠道，闲置国库资金投资发展了机构投资者，从而也促进了货币政策有效性的提高。

6.1.3 闲置国库资金投资对货币政策产生积极影响的同时，也增加了国库资金的不确定性，加大货币市场风险，可能影响货币政策有效性

混合金库制下有特设国库机构管理国库资金，从而比银行存款制能更有效地保证国库资金的安全，然而，闲置国库资金的所有者是国家，在混合金库制下，实行闲置国库资金运作管理的是公共机构投资者或者政府雇员，这种运作方式归根到底是一种委托代理关系，从而闲置国库资金投资可能增加国库资金的不确定性。根据委托代理理论，可能产生道德风险和逆向选择等问题，代理人为实现更多的管理收益，从自身利益出发选择高风险高收益的资产进行投资，甚至离开货币市场进入资本市场从事股票等资产买卖，这促使闲置国库资金投资违背安全性、流动性和收益性原则，增加不确定性水平，可能诱发货币市场风险，影响货币政策有效性。

这种情况不仅在理论上可能产生，在实际生活中也开始出现。Lynch、Shamsub 和 Onwujuba (2002)研究指出20世纪90年代的十年间，美国许多的州和地方政府将闲置国库资金投资在州政府公共投资机构或者自行投资，由于投资不慎导致了巨大的资金损失。表6.1列出了美国一些地方政府公共资金投资遭受的损失。从表6.1可以看出，公共资金的投资机构拥有的总资产达到了330.68亿美元，地方政府投资池（Local Government Investment Pools，LGIPs）损失达到18.6亿美元，占了总数的63%。最为严重的损失是美国橘子郡地方政府投资池（Orange County Investment Pool，OCIP），该机构的闲置资金投资损失达到了16.9亿美元，占总损失的57%，在LGIPs投资损失中占了91%。

表6.1　政府公共资金投资损失

实体（Entity）	资产（Asset）（百万美元）	损失（Loss）（百万美元）	百分比(%)
投资池（Investment Pools）			
Orange County Investment Pools，CA[a]	7 400	1 690	22
State Investment Fund，WI[b]	6 700	95	1.4
TextPool，TX[c]	3 700	75	2
小计	17 800	1 860	10.5
其他州和地方政府（Other States and Local Governments）			
San Diego，CA[a]	3 300	357	11
West Virginia State[a]	1 200	279	23
Florida State Treasury[a]	8 000	200	3
Cuyahoga County，Oh[a]	1 800	137	8
City College of Chicago[a]	96	48	50
Placer County，CA[a]	378	26	7
Escambia County，FL[d]	101	25	25
Charles County，MD[a]	30	6	20
San Bernardino County，CA[a]	338	16	5
City of Urburn，Mn[a]	17	7	40
Shoshone，CT[e]	8	4	50
小计	15 268	1 105	7
总计	33 068	2 965	9

注：资料转引自 Lynch，Shamsub 和 Onwujuba (2002)。数据分别来源于[a]Jorion(1995)；[b]Johnson(1995)；[c]Blumenthal(1994)；[d]Knecht(1994)；[e]Young(1995)。

对于这些地方政府机构投资池和政府自行进行闲置国库资金投资的损失原因，Lynch、Shamsub 和 Onwujuba (2002)研究发现主要是由于衍生工具的风险造成的，特别是固定收益衍生证券。1990年至1993年连续的低利率水平促使固定收益衍生证券产生高收益，许多资金就追逐这个机会，政府机构投资池也将闲置国库资金投资于这些证券，从而期望得到高收益。但是1993年3月美联储提高利率，从而导致了这些固定收益债券的收益水平大幅度下降，因而政府遭受了巨大的损失。然而，尽管这些损失源于固定收益衍生物，但其真正的原因是，尽管美国州的法律和法规都要求政府和政府机构投资池应尽可能地进行稳健（保守）投资，但地方政府机构投资池和其他政府部门的闲置国库资金投资违背了稳健的投资原则，即违背了安全性、流动性和收益性的原则。

闲置国库资金投资的不稳健性造成的市场波动，还会产生扩散效应，影响其他周边的市场稳定。Bunch（1999）研究发现，俄勒冈州地方政府投资池的投资问题直接影响了得克萨斯州地方政府公共资金的机构投资池——Textpool；他指出由于投资问题的出现，1994年得克萨斯州地方政府从Textpool提取了3亿美元，紧接着下一周，地方政府提取了将近22亿美元的资金，占Textpool资金余额的59%。为了满足临时大量挤兑造成的现金流支出，得克萨斯州政府购买了TextPool的证券，这个行为直接导致了德克萨斯州损失5500万~9700万美元。

从以上的分析可以看出，闲置国库资金的投资是否遵循稳健的投资原则是非常重要的，即必须严格遵循安全性、流动性和收益性的原则，否则将可能影响货币市场、资本市场甚至整个金融市场的稳定性，从而对货币政策有效性产生重要的影响。对此，Lynch，Shamsub 和 Onwujuba (2002)研究指出，如果闲置国库资金投资满足稳健的原则，那么政府闲置国库资金的投资就仅仅局限于货币市场，资产组合的平均期限就降到很低，从而可以提高资产流动性并且减少各种不确定性，提高抵抗风险的能力。

6.2 国库资金赤字融资对货币政策的影响分析

国库资金与财政预算有着密切的关系，如果某些财政年度产生巨大的财政赤字或者当年的财政年度中持续出现财政日常支出大于收入的情况，那么国库资金就可能出现暂时性的赤字问题。国库资金赤字更多的是季节性周期性波动导致收支不平衡的结果，反映了财政收支的一种季节性周期性的现象。混合金库制引入了国库现金管理制度，从而也扩展了国库资金赤字融资的范畴。具体而言，在混合金库制下，闲置国库资金投资于货币市场导致国库账户资金余额下降，此时如果财政支出需求超过国库账户资金余额，就出现了隐性的国库资金赤字，即实际上财政支出需求并没有超过国库资金总和（国库账户资金余额与投资于货币市场的闲置国库资金总和），但是由于闲置国库资金投资导致当前账户余额下降，从而出现了国库资金赤字现象。对此，国库资金管理机构必须根据当前的形势权衡闲置国库资金投资收益与货币市场的筹资成本，决定采取赤字融资方式或者通过出售闲置国库资金投资的资产的方式来满足当前的财政支出需求。因而，混合金库制下的国库资金赤字，既具有国库资金一般赤字范畴，也有新的涵义，国库资金赤字融资对货币政策的影响也具有特殊的内涵。

6.2.1 政府由于国库资金赤字债券融资而增加短期国债供给，有助于发展短期国债市场，增加公开市场操作工具，促进货币政策有效性

在成熟的市场经济条件下，短期国债市场可以说是货币市场中最为活跃的子市场。由于发达的短期国债市场具有良好的流动性、价格稳定、交易主体广泛、对货币政策信号反应迅捷等特点，因而在发达市场经济国家中，中央银行在进行公开市场操作时，基本上是通过短期国债市场来影响基础货币量，从而影响商业银行的头寸，导致社会货币供应量增减和金融市场上的利率波动，实现宏观金融调控的预定政策目标(巴曙松，2000)。发达的短期国债市场对中央银行实行货币政策有着重要的意义，对货币政策具有重要的影响。

表6.2　西方若干国家长期国债占国债总额比重　　单位：%

国别	2000年	2001年	2002年	2003年	2004年	2005年	2006年	2007年	2008年	2009年	2010年
加拿大	41.6	43.3	44.9	43.6	45.0	45.2	43.6	44.4	45.3	38.7	36.1
意大利	35.4	37.6	38.1	41.0	43.3	45.3	46.1	46.8	49.1	49.5	51.0
日　本	47.8	42.0	37.9	33.9	34.6	36.0	37.4	37.7	38.8	39.6	N.A.
英　国	47.0	47.1	47.2	50.5	47.2	48.0	48.3	48.1	51.0	52.4	50.1
美　国	35.0	36.0	33.4	30.6	28.2	27.2	27.4	29.1	29.3	31.4	33.8

数据来源于：OECD数据库，并作相应测算。

然而，发达短期国债市场，顾名思义，必须以大量短期国债为前提，从表6.2可以看出，发达市场经济国家中短期国债通常占有很高的份额。发达国家短

期国债市场中的短期国债主要来源于两个方面：一是政府为弥补年度财政赤字而发行的短期国债，这是传统弥补赤字的资金来源；二是政府推行混合金库制度而经常发行的短期国债。年度财政赤字融资产生的短期国债与宏观经济形势有着密切的关系，其发行数量依赖于经济的产出水平，经济增长过程中产生的大量预算盈余将偿还大量国债从而导致短期国债数量的急剧下降，影响短期国债市场的流动性水平。与此相对应的是，混合金库制下国库资金赤字与季节性的经济波动有关，与国库现金管理策略有关，经济季节性波动不管在经济高涨时期还是在经济衰退时期都是普遍存在的现象，从而混合金库制下国库资金赤字现象也就不会随着经济形势的变动发生太大的改变，这种情况能够维持相对稳定的短期国债供给，因而混合金库制下国库资金赤字融资发行的短期国债对于短期国债市场的持续发展至关重要。

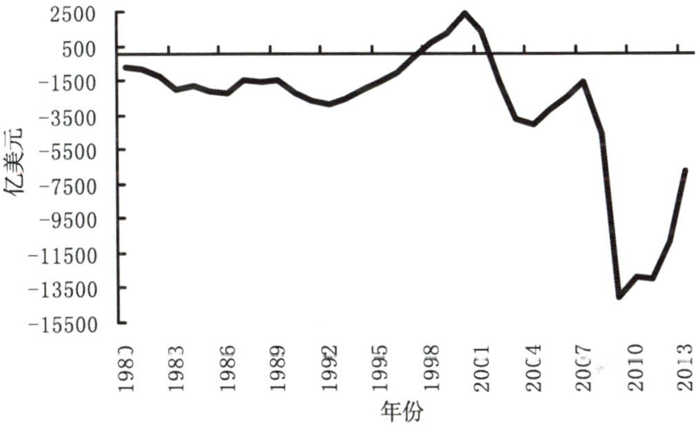

图6.1 美国1970年至2013年的预算盈余与预算赤字图[1]

这一点可以从美国政府短期国债市场的发展得到体现。美国政府的短期债券市场是世界上最发达的债券市场，也是美国货币市场的主要组成部份，美国联邦储备委员会通过债券市场等货币市场调控基础货币，影响利率水平，从而达到调控经济行为的目标。美国短期债券市场的短期国债主要来源于两个方面：一是20世纪70年代以来为弥补大量预算赤字而发行的短期国债；二是20世纪70年代以来美国政府推行混合金库制度，实行国库现金管理制度改革，为弥补国库资金赤字而发行的短期国债，这种短期债券也称为现金管理券(Cash Management Bills)。Simon(1991）研究指出，20世纪70年代美国政府现金管理券数量相对较

[1] 数据来源于http://www.globalpolicy.org/socecon/crisis/tradedeficit/tables/budgetdeficit.htm。

少，总共只发行23亿美元左右，而1980年至1988年期间，国库现金管理券迅速增加，单期发行数量最高达到了150亿美元，最少的超过了30亿美元，期限在10天到143天之间变化。然而，20世纪90年代以来美国克林顿政府由于经济发展强劲制造了大量预算盈余（见图6.1），美国政府用其偿还大量的国债，国债余额急剧减少，为弥补年度财政赤字而发行的短期国债规模不断下降(Schreft 和 Smith，2002)，国库资金季节性赤字融资的短期债券成为短期国债市场的重要国债供给，保持了短期国债市场的流动性，成为美联储公开市场操作的重要工具。

与发达市场经济国家相比，我国短期国债市场相对落后，虽然近年来我国的国债市场发展较快，特别是国债一级市场（即发行市场）上的国债发行规模不断扩大。但是，从目前国债发行的思路看，更多注重的是国债的筹资功能，而忽视了国债（其中主要是短期国债）所具有的提供宏观金融调控市场环境的功能。另外，长期以来我国实行国债年度规模审批制度， 在这种制度供给下，财政部发行一年期以内的短期国债会由于短期国债年度内到期而必须进行还本付息，从而占用了年度规模指标，因而财政部在这种制度供给下没有积极性发行短期国债(晓江，2004) 。这些因素综合制约了我国短期国债市场的发展，导致我国短期国债偏少，国债期限结构过于单一，这从表6.3可以得到清楚的体现。

从表6.3可以看出，改革开放以来，我国国债发行期限结构没有出现大的变化。1981年至今我国每年发行的国债中绝大多数是3年至5年期，1年以上10年以下的中期国债平均占总额的70%以上，其中1981年至1987年之间发行的全部是5年期国债。1年期以下的短期国债在发行频率和发行规模上都显得极为不足，从1994年才开始出现1年以下的短期国债，而且1981年至2003年这20多年间发行过类似国债的仅仅只有1994年和1996年，虽然2003年以来我国每年都发行了少量短期国债，但所占比例都不高于10%。与此相对应的是，美国、日本和意大利等发达市场经济国家发行的短期国债平均都在50%左右，中长期国债并不占较高份额（见表6.2）。由此可见，我国中期国债占比偏高，短期国债明显不足，国债期限结构过于单一。

2005年以来，我国政府对国债管理制度进行改革，2005年12月16日，十届全国人大常委会第四十次委员长会议通过了全国人大常委会预算工作委员会关于实行国债余额管理制度的意见，国债管理实现了从国债年度规模审批制度到控制年底累计额的国债余额管理制度的转变。这意味着自2006年起，我国将参照国际通行做法，采取国债余额管理方式管理国债发行活动，以更科学方式管理国债规模，提高了财政部发行短期国债的积极性，也为混合金库制改革创造了条件。在此基础上，2006年6月我国财政部和中央银行联合出台了《中央国库现金管理暂行办法》，规定从2006年7月起开始实施国库现金管理制度改革，标志着我国国库资金管理制度将由原来的委托金库制转向混合金库制，从而将提高短期国债供给，增加短期国债的发行和交易规模，这将有助于发展我国的短期国债市场，提高短期国债市场流动性，促进利率市场化[1]，增加中央银行公开市场操作工具，提高货币政策有效性。

表6.3　改革开放以来中国国债期限结构分布表

类型	短期国债（1年以下）		中期国债 1~2年		中期国债 3~5年		中期国债 6~9年		长期国债（10年以上）		总额	
年份	发行额（亿元）	占比（%）	发行额（亿元）	占比（%）	发行额（亿元）	占比（%）	发行额（亿元）	占比（%）	发行额（亿元）	占比（%）	发行额（亿元）	占比（%）
1981~1987					416.85	100					48.66	100
1988			87.26	46	101.85	54					44.14	100
1989~1993					1881.03	100					41.70	100
1994	50.28	4	367.58	31	786.24	65					42.16	100
1995			118.89	8	1329.82	92					61.30	100
1996	366.50	17	334.84	15	1008.71	47	200.00	9	255.30	12	62.29	100
1997			515.94	21	1811.55	74			130.00	5	116.60	100
1998					2155.10	24	513.50	6	6400.00	71	189.11	100
1999			160.00	4	2262.00	53	674.03	16	1160.00	27	248.26	100
2000			620.00	14	1982.00	45	697.50	16	1120.00	25	347.30	100
2001			200.00	5	2463.53	57	700.00	16	960.00	22	351.91	100
2002			893.00	16	2664.00	47	995.00	17	1160.00	20	405.86	100

[1] 与国债相对应的是，当前为了应对外汇储备的急剧上升，我国中央银行推行货币冲销政策，发行短期央行票据以吸收市场过多的流动性，央行票据规模的不断上升逐步推进了短期市场基准利率的形成，央行票据能否替代国债形成市场基准利率的问题成为业界的一个研究热点，对此，本书作者做了专门的研究，研究表明现阶段央行票据仍可持续，但从长期来看，中央银行票据由于利息成本和发行主体等原因，并不具有可持续性，因而并不能替代国债的基准利率地位，具体可以参考本人的拙作：中央银行票据可持续性研究，金融研究（实务版），2007年第3期。

续表

类型	短期国债（1年以下）		中期国债						长期国债（10年以上）		总额	
			1~2年		3~5年		6~9年					
年份	发行额（亿元）	占比（%）	发行额（亿元）	占比（%）	发行额（亿元）	占比（%）	发行额（亿元）	占比（%）	发行额（亿元）	占比（%）	发行额（亿元）	占比（%）
2003	100.00	2	1075.00	18	2780.00	46	1370.00	23	683.80	11	527.70	100
2004	253.20	4	1773.60	25	3765.30	53	1039.50	15	242.40	3	1204.10	100
2005	411.00	6	1670.20	24	2991.90	42	985.60	14	983.30	14	1448.71	100
2006	330.00	10			2017.60	61	635.60	19	340.00	10	2165.35	100
2007	1160.00	5	1135.00	5	3166.00	13	1289.00	5	16733.00	71	23483.00	100
2008	980.00	11	769.00	9	3434.00	40	1052.00	12	2323.00	27	8558.00	100

数据来源于：Wind资讯数据库、中国国债协会。

6.2.2 国库资金赤字融资可能使得货币供应量产生扩张效应，影响价格水平，增加市场通货膨胀压力，影响货币政策有效性

理论上，国库资金赤字除了通过发行债券进行筹资外，还有另外一种融资方式，就是向中央银行透支借款。这种方式对于政府而言表面上是成本最低的，但实际上它会对货币政策产生影响，对市场稳定性造成负面作用。其主要原因在于透支借款使得中央银行货币供给增加，从而导致货币供应量扩张，最终影响价格水平，产生通胀效应。具体的影响机理可以从中央银行的资产负债表分析得到体现，假设中央银行可以对国库资金赤字实行透支借款，假定中央银行是唯一的货币发行机构[1]，设中央银行对商业银行债权为 CA，对政府债权即国库资金赤字透支借款为 GA，其他资产为 OA，存款准备金为 TR，公众流通中现金为 M_0，对政府负债即国库资金为 TD，其他负债为 OL，那么中央银行的资产负债表就如表6.4的形式。由中央银行总资产等于总负债可以得出以下的关系式：

$$CA + GA + OA = TR + M_0 + TD + OL$$

从而可以得到 M_0 的货币等式：

$$M_0 = (CA - TR) + (GA - TD) + (OA - OL) \tag{6.1}$$

式 (6.1) 表明，如果允许财政向中央银行透支借款，那么国库资金赤字透支借款 GA 是影响 M_0 的主要因素，它直接导致流通中现金 M_0 的上升。M_0 的增加意味

[1] 美国财政部也发行货币，这里为讨论的简单性，仅仅考虑一个货币发行当局的情形，事实上考虑多个货币发行机构也不会影响结果。

着流通中基础货币的增加，从而由于货币扩张乘数的作用而影响货币供应量。可见，国库资金赤字向央行透支借款可能导致货币供应量变化，赤字规模的大小决定影响程度的高低，如果国库资金赤字很大，那么由此可能导致货币供应量上升，促使市场价格水平上升，导致通货膨胀压力加大，影响货币政策有效性。

表6.4　中央银行资产负债表

资产	负债
对商业银行债权 *CA* ——再贷款 ——再贴现	存款准备金 *TR* ——法定存款准备金 ——超额存款准备金
对政府债权 *GA* ——国库资金赤字透支借款	对政府负债 *TD* ——国库资金
	公众流通中现金 M_0
其他资产 *OA*	其他负债 *OL*

上面的讨论假定了中央银行可以对国库资金赤字进行透支，从理论上得出了国库资金赤字的透支借款方式对货币政策的影响。然而，如果中央银行保持独立性，财政国库资金赤字不能实行透支借款的政策，那么国库资金的赤字融资是否仍然会产生通胀的货币政策？在货币主义的框架中，赤字是否引发通货膨胀取决于赤字货币化的程度。只要央行能够足够独立，央行的货币供给就不受财政当局的影响，价格水平由央行的货币供给决定，那么仅靠央行就能保证价格的稳定性。而“价格水平决定的财政理论”(Fiscal Theory of Price Level Determination, FTPL)则从理论上说明了政府的财政政策在决定价格水平和通货膨胀时起着很重要的作用。在财政当局和货币当局的博弈中，若财政当局先行动，那么货币当局被迫面临平衡跨期预算约束的困难选择，央行的货币供给是财政政策的函数。在财政占优的经济体制中，央行被迫货币化赤字而引发通货膨胀，因此存在从赤字到通货膨胀的因果关系(Sargent 和 Wallace，1981；Woodford，2001)。在发展中国家和转型国家，由于金融市场的不发达、央行的非独立性和征税机制的不完善，政府更倾向于用货币创造来为其赤字融资，赤字引发通货膨胀的可能性更大，而具有足够独立性的央行对维持价格的稳定性具有重要作用，发达的金融市场能够促进金融资源的有效配置。转型国家大多存在央行法定独立先于实质独立的情况，即央行法定独立性很高，但事实上货币政策还是由政府控制而难以完全独立从而不能有效抑制通货膨胀（许雄奇和张宗益，2004）。新古典经济学的理论也认为，即使央行不将赤字货币化，赤字仍然可能通过两个途径引发通货膨

胀：一是挤出效应的存在提高利息率而降低实际产出水平并最终导致更高的价格水平；二是政府借债的私人货币化，更高的利率将激励金融部门创造更多的金融工具，从而使政府债务变得更加货币化(Miller，1983)。因而，中央银行完全独立后，国库资金赤字融资同样可能出现赤字货币化，造成通货膨胀压力，对货币政策有效性造成影响。

在上述理论分析的基础上，接下来以中国的数据对相关问题作实证分析。尽管我国尚未实行混合金库制，但由于混合金库制下国库资金赤字融资与其他国库资金管理制度下财政赤字融资具有相似性，都表现为弥补赤字，因而采用中国的数据作实证分析，也具有一定的代表性[1]。中国财政赤字筹资方式经历了两个阶段的转变。其一是20世纪90年代中期之前财政向中央银行透支借款的阶段。解放后一直到1983年之间，中国人民银行“一身二任”——既办理全国的信贷业务和城乡居民储蓄业务，又执行中央银行的职能，代理财政金库，独占货币发行权和管理全国的金融业（易纲和吴有昌，2003）。这种方式内生了财政赤字透支借款制度，1983年国务院决定中国人民银行不再兼办工商信贷和储蓄业务，而专门行使中央银行的职能，但并没有规定财政不能向中央银行透支借款，这种制度一直延续到1993年底。其二是法律规定财政部门不得向中央银行透支借款阶段。1993年12月25日，《国务院关于金融体制改革的决定》正式下发，文件要求“财政部停止向中国人民银行借款，财政预算先支后收的头寸短缺靠短期国债解决，财政赤字通过发行国债弥补”，1994年后法律规定财政透支借款不再是弥补财政赤字的方式，表明此后财政部门向中央银行透支借款的不合法性。

表6.5 改革开放以来中国财政年度赤字、货币供应量和通货膨胀率

年份	财政赤字(亿元)	通货膨胀率(%)	货币供给量($M1$)增长率(%)	货币供给量($M2$)增长率(%)	货币供给量$M2$（亿元）
1978	10.17	0.7	NA	NA	1159.0
1979	−135.41	1.9	24.1	25.8	1458.0
1980	−68.9	7.5	22.6	26.4	1843.0
1981	37.38	2.5	18.5	21.3	2235.0

[1] 由于笔者无法获得实行混合金库制国家相关的时间序列数据，所以没有办法进行相关检验，这是以后对本书进一步完善的一个方向。

续表

年份	财政赤字(亿元)	通货膨胀率(%)	货币供给量(M1)增长率(%)	货币供给量(M2)增长率(%)	货币供给量M2（亿元）
1982	−17.65	2.0	11.9	15.9	2 590.0
1983	−42.57	2.0	14.0	18.7	3 075.0
1984	−58.16	2.7	34.3	34.8	4 146.0
1985	0.57	9.3	14.0	25.4	5 199.0
1986	−82.9	6.5	26.7	29.3	6 721.0
1987	−62.83	7.3	16.9	24.2	8 350.0
1988	−133.97	18.8	21.0	21.0	10 100.0
1989	−158.88	18.0	6.6	18.3	11 950.0
1990	−146.49	3.1	8.9	28.0	15 293.0
1991	−237.14	3.4	38.6	26.5	19 350.0
1992	−258.83	6.4	21.8	31.3	25 402.0
1993	−293.35	14.7	38.8	37.3	34 880.0
1994	−574.52	24.1	26.2	34.5	46 924.0
1995	−581.52	17.1	16.8	29.5	60 751.0
1996	−529.56	8.3	18.9	25.3	76 094.9
1997	−582.42	2.8	16.5	17.3	90 995.3
1998	−922.23	−0.8	11.9	14.8	104 498.5
1999	−1 743.59	−1.4	17.7	14.7	119 897.9
2000	−2 491.27	0.4	16.0	12.3	134 610.3
2001	−2 516.54	0.7	12.7	14.4	158 301.9
2002	−3 149.51	−0.8	16.8	16.8	185 007.0
2003	−2 934.7	1.2	18.7	19.6	221 222.8
2004	−2 090.42	3.9	13.6	14.7	254 107.0
2005	−2 280.99	1.8	11.8	17.6	298 755.7
2006	−2 162.53	1.5	17.5	17.0	345 603.6
2007	508.43	4.8	21.1	16.7	403 442.2
2008	−2 362.31	5.9	9.1	17.8	475 166.6
2009	−9 500	−0.7	32.4	27.7	606 225.0
2010	−10 000	3.3	21.2	19.7	725 851.8
2011	−8 500	5.4	7.9	13.6	851 590.9
2012	−8 000	2.6	6.5	13.8	974 159.5
2013	−12 000	−100.0	9.3	13.6	110 652.4

注:数据来源于CEIC数据库。

为了更好地研究这个时期赤字融资与货币供应量、通货膨胀率的关系，从实证角度来进行初步分析，考虑到数据可得性和分析方法的差异，这里仅以1978年以来中国年度财政赤字数据考察赤字融资与货币供应量、通货膨胀率的关系，从侧面反映国库资金赤字融资对货币政策的影响。从表6.5可以看出，1978年以来，中国大部分年份都出现了赤字，而且财政赤字规模呈不断上升的趋势，特别是20世纪90年代以后财政赤字迅速增长，1999年突破1000亿元，比1998年差不多翻了一翻；2010年更是突破了1万亿人民币，同期货币供应量M1和货币供应量M2也出现迅速上升的现象，在金融危机之前每年都保持了两位数的增长水平。另外，通货膨胀率在大多数时间里都是正数，在1988年和1994年分别达到了18.8%和24.1%的高位水平，表明在某些年份里出现了较大的通货膨胀压力。可见，财政赤字与货币供应量、通货膨胀率都呈现同向的变动方向。然而，财政赤字与货币供应量、通货膨胀率之间是否存在相关关系？这里用计量软件Stata 8.0对三变量作相关分析，结果见表6.6和表6.7。

表6.6 财政赤字、通货膨胀率和货币供应量 *M*1 增长率之间的相关关系

变量	财政赤字	通货膨胀率	货币供给量(*M*2)增长率
财政赤字	1.000	0.398(**) (0.044)	0.2142 (0.293)
通货膨胀率	0.398(**) (0.044)	1.000	0.1449 (0.480)
货币供给量(*M*1)增长率	0.2142 (0.293)	0.1449 (0.480)	1.000

注：括号里的数字代表相关系数的显著性水平，**表示在5%水平上显著相关。

表6.7 财政赤字、通货膨胀率和货币供应量 *M*2 增长率之间的相关关系

变量	财政赤字	通货膨胀率	货币供给量(*M*2)增长率
财政赤字	1.000	0.398(**) (0.044)	0.540(**) (0.004)
通货膨胀率	0.398(**) (0.044)	1.000	0.517(**) (0.007)
货币供给量(*M*2)增长率	0.540(**) (0.004)	0.517(**) (0.007)	1.000

注：括号里的数字代表相关系数的显著性水平，**表示在5%水平上显著相关。

从表6.6和表6.7可以发现财政赤字与通货膨胀率有着显著的相关关系，相关系数为0.398；货币供应量 $M2$ 与财政赤字、货币供应量 $M2$ 与通货膨胀率不仅显著相关，而且相关的显著性水平达到了1%，相关系数分别是0.54和0.517；这些都从一个侧面反映了财政赤字与货币供应量、通货膨胀率的潜在关系。许雄奇和张宗益（2004）基于扩展VAR模型的因果关系检验方法对此问题作了更深入的研究，发现中国的赤字水平与通货膨胀互为因果关系，中国的通货膨胀不仅是一个货币现象，也是一个财政现象。他们指出，对中国而言，除货币政策外，高度重视财政政策的通货膨胀效应，以寻求更好的政策组合来治理中国的通货膨胀或通货紧缩问题，不仅具有理论意义也有重要的现实意义，这也从一个侧面说明了中国虽然法律规定中央银行不对财政透支从而保持独立性，但是这未能完全解决国库资金赤字带来的通胀压力。可见，国库资金赤字融资可能使货币供应量产生扩张效应，迫使市场出现通胀压力，从而影响货币政策有效性。

6.2.3 国库资金赤字融资可能导致市场利率变动，产生挤入或者挤出效应，扰动货币政策传导机制，影响货币政策有效性

国库资金发生赤字就必然进行融资，主要通过债券市场发行国债筹集资金，这样的直接后果是财政国库与社会微观主体共同竞争货币市场资金，即政府与私人部门竞争社会资金，这可能引起利率上升而导致民间部门支出减少，产生挤出效应。郭庆旺和赵志耘(2001)将挤出效应总结成三种情况：完全挤出论、零挤出论和部分挤出论。完全挤出论是根据古典经济理论得出的，即古典学派认为经济总处于充分就业水平，使用国债增加政府支出将促使利率迅速上升，对私人部门投资产生完全挤出。零挤出论是根据凯恩斯理论，考虑 $IS-LM$ 曲线中IS曲线垂直的情况，此时用国债融资增加政府支出，由于商品市场利率无弹性，所以不会影响私人部门的支出。部分挤出论是最常见的一种，政府支出的增加将导致利率水平的上升从而挤占部分民间资本。

Feldstein(1974)对赤字筹资发行国债造成的挤出效应尤其是对资本形成的影响作了很深刻很全面的分析。他认为国债与货币、私人有价证券共同构成现代经济中的三种金融资产，当为弥补财政赤字而增加发行政府债券时，将使债券相对于既定货币资产而相对增多，债券利率由此上升，并因流动性的减少而使债券利率进一步上升，由于政府债券的信用比私人证券高，在高利率的引诱下，人们在资产选择上将更加偏好较高利率的政府债券，对私人有价证券的需求倾向下降，购

买量缩减。而私人证券是私人投资的主要方式，所以，国债增加引致的市场利率提高，加之高税率的影响，会使投资的实际净预期收益率低于市场利率水平，使投资机会成本预期水平上升，阻止了“边际企业”的建立，也就抑制了就业机会的创造。与挤出效应相对的是，Friedman(1978)证明了在某些情况下债务融资的政府支出增加不仅不会产生挤出效应反而会产生挤入效应，民间投资可能随着债务支出的增加而增加。

虽然从理论上研究发现国债为政府支出融资可能会产生挤出效应，但在实际生活中这种情况是否一定发生？现代经济学理论将焦点投向了研究利率与国债或者赤字的关系。基于非凯恩斯理论的经验研究表明，20世纪80年代和90年代的国债或者赤字与短期利率之间存在正相关关系，这种现象的主要解释是公共部门的债务和赤字导致了债券的供给增加，从而增加了对资金的需求，促使利率水平的上升(Cebula 和 Rhodd，1993;Ciocca 和 Nardozzi， 1996)。需要解决的一个问题是高的利率水平是源于高额债务还是大量赤字，很多认为导致利率上升的真正原因是国债而不是赤字（Tanzi 和 Lutz，1993 ;Tanzi 和 Fanizza，1995）。但是Easterly 和 Schmidt-Hebbel(1994)发现像智利和摩洛哥等债务产出率很低的国家中，赤字产出率上升1%才导致真实利率上升0.1%或者0.2%，而像哥伦比亚和巴基斯坦这样的国家，赤字产出率上升1%就导致真实利率上升1.1%~2.7%，他们认为高债务产出率水平降低了国债和私人部门债务的替代性，因此需要更高的利率以吸引公众对国债的购买。由此可见，国库资金赤字融资可能导致市场利率变动，产生挤入或者挤出效应，扰动货币政策传导机制，最终影响货币政策有效性。

6.3 国库资产结构变化对货币政策的影响分析——基于美国的案例

混合金库制下国库资金表现为多样性，包括用于满足政府日常支出需求的国库资金和闲置国库资金投资的各种金融资产，后者既有商业银行存款和存款抵押债券，还有其他金融工具。这些资产不可能始终保持平衡状态，没有一个固定的比例分配，它们随着市场上资产收益的变化而产生变动。政府财政国库政策变化会影响国库资金投资的资产选择；经济周期性和季节性对财政形成冲击，也会造成国库资金的资产持有形式的改变。在这些变化中，有些是非常微妙的，不一定会对货币政策产生影响，然而，有时国库资金在各种资产之间的分配可能有着巨大的差异，某些资产数量很大，当进行大量资产转换时，就会对货币政策产生扰动甚至对冲效应。

6.3.1 美国政府应对国库资产结构变化影响货币政策的政策选择[1]

Hald(1956)指出经济学界研究国库对货币政策的影响时，往往只关注国债管理——出售、买卖或者回购债券、基准利率的确定和期限结构设计等有关政府债券管理方面的内容，却忽视了国库对货币政策影响的另一个重要方面——国库资产管理。国库资产结构的转移和改变会对信贷条件和货币政策产生重要的影响，其中包含各种各样的复杂因素。Hald发现国库资产管理在第二次世界大战前后这段时间内表现尤为突出，当时国库资产管理是美国政府国库的重要功能之一，主要制定相关政策以应对国库资产结构变化对货币政策的影响。接下来在Hald(1956)研究的基础上，以第二次世界大战前后美国政府国库资产管理实践为例，从一个侧面阐述国库资产结构变化对货币政策可能的影响以及相关的政策选择。

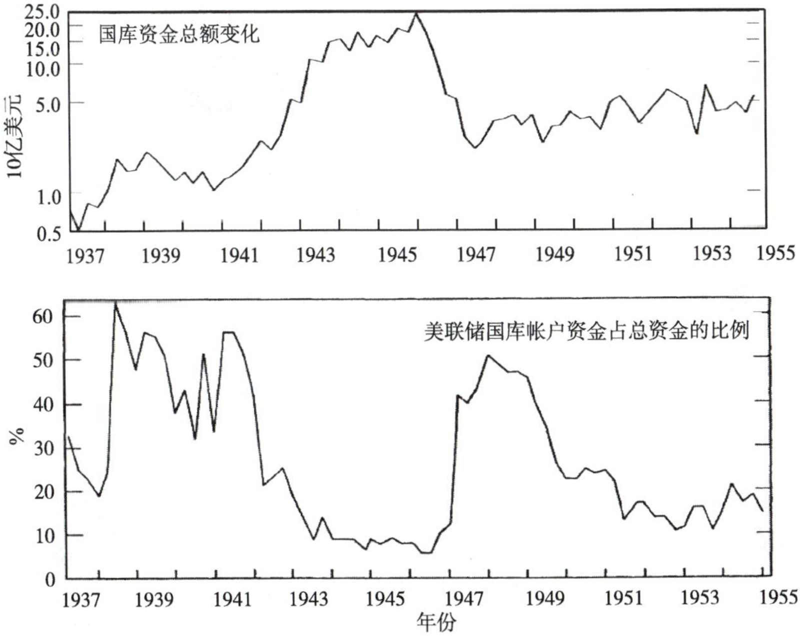

图6.2 美国国库账户资金余额

注：资料来源于美国财政部国库公报的季度平均余额，转引自Hald(1956)

[1] 这里主要参考Hald(1956)的论文进行整理。

美联储1914年成立之后，美国联邦政府从法律上将独立金库制转变到委托金库制，国库资金由美联储及其分支机构管理。1914年至第一次世界大战之前，国库资金大部分放在美国联邦储备银行，国家商业银行仅仅存放一些特殊的款项，比如法律上规定的邮政储蓄账户存款，因而当时国库资金管理制度属于比较纯粹的委托金库制，国库资金资产结构很单一，仅仅体现为美联储的存款。但第一次世界大战发生后，商业银行开始保留一小部分国库资金。1935年之前商业银行的国库帐户存款没有准备金要求，但1933年后商业银行接受政府存款时必须给政府支付利息，1935年（直到1943年）后商业银行的国库账户必须与其他活期存款一样提供准备金。但是直到第二次世界大战之前，商业银行接受的国库资金存款数量相对较小。因而，这段时期内，国库资金管理制度开始由原来的委托金库制逐步转向委托金库制与银行存款制相结合的混合金库制，国库资金资产表现为美联储国库账户中的国库资金和商业银行国库账户的国库资金存款两种形式。此后，这两种形式一直延续下来，商业银行的国库存款账户随着第二次世界大战战争债券发行而大幅上升(见图6.2)，并且在战后改名为国库税收贷款账户（Treasury Tax and Loan Accounts，TT&L），这个账户资金范围十分广泛，包括债券出售收益、养老金税、铁路退休项目资金、营业税和所得税等，当时有七千多个银行被指派为国库资金存款机构。政府财政支出全部从联邦储备银行的国库账户划拨，美联储国库账户资金不足时从商业银行的国库账户调拨。

商业银行的国库账户资金随着债券出售和税收筹集的变化而发生变化，同时它还随着保留在联邦储备银行国库账户的为满足财政日常支出需求的资金存量的改变而改变，因而国库资产结构就经常发生变动。如果财政部门从美联储国库账户划拨资金而没有从商业银行国库账户调拨等额的资金补充美联储的国库账户，那么商业银行的储备就增加了。另一方面，如果商业银行的国库账户向美联储国库账户转入更多的资金，那么就减少了商业银行的储备。这种国库资产管理方式使国库部门具有改变商业银行储备的一种功能，从而也从侧面反映了资产结构变化影响货币政策的一种途径。Hald(1956)指出这种方式往往被人忽视，但是事实上却是不可忽略的。他指出在1953年与1954年的财政年度，美国商业银行国库账户的资金余额在24亿~67亿美元之间，资金变化范围是43亿美元，如果在一个时点转移43亿美元的一半资金到联邦储备银行，那么就会给商业银行造成很大的储备压力，导致商业银行要出售债券以寻求平衡，这也可以看作是相当于提高商业银行法定存款准备金率2%。当然，需要指出的是，逆向操作可能没有这么大的影响，因为当时美联储持有的国库资金是财政日常的资金需求，平均为8亿美元左右，因而从美联储国库到商业银行的资产形式转移就未必会产生这么大的影响。

第二次世界大战之后，由于美国国库（包括美联储国库账户和商业银行国库账户）有大量的国库资金余额，从而有关国库资金使用的政策倍受关注。如何制定国库政策合理转变国库资产结构的问题提到重要日程上来。早在1946年，受到胜利战争贷款的驱动，国库账户资金余额达到了260亿美元，其中超过240亿美元存放在商业银行。由于第二次世界大战后一个重要问题就是通货膨胀而不是通货紧缩，所以巨大国库资金相关的国库资产结构管理政策就必须体现为抑制通货膨胀。

因为商业银行国库账户资金占了很大的份额，所以如何转换商业银行的国库资金对国库资产结构管理来说最为关键。存放在商业银行的国库资金有三种可能的转换方式来改变国库资产结构：①可以将商业银行国库账户资金转移到联邦储备银行，这种方式会对商业银行的储备造成压力，产生较大的紧缩效应。②国库资金可以在商业银行直接用于偿还商业银行持有的政府债券。1947年上半年之前，商业银行接受政府存款不需要准备金，从而这种方式对商业银行不会造成净影响，因为政府国库存款额度下降将同时伴随着商业银行持有的政府债券的减少。但是从1947年以后政府存款需要准备金，所以这种方式直接导致的结果是商业银行存款负债的减少，而对总储备没有影响，因而等于提高商业银行的储备水平，放松了信贷。③可以将商业银行国库账户资金在商业银行中冻结起来。这样虽然从表面上看没有减少商业银行的储备，但是事实上冻结了由国库资金形成的商品货物的购买需求，从而会缓解通货膨胀。

基于以上的综合考虑，美国政府采取了第一种方式，将国库资金从商业银行国库账户调拨到美联储的国库账户中。从图6.2可以看出，1947年以来美联储国库账户资金急剧上升，但国库资金总量没有发生大的改变，从而可以知道商业银行国库账户资金明显下降，表明国库资金从商业银行流向美联储，国库资产结构中的商业银行存款比例下降，1947年，美国联邦储备公报指出这种方式对商业银行的储备确实暂时增加了压力，从而有助于抑制通货膨胀（Hald，1956）。

从第二次世界大战前后美国政府国库资产的管理实践，可以反映出国库资产结构对货币政策的影响和作用，尽管这种管理方式持续时间不长，1950年朝鲜战争爆发后抑制通货膨胀的努力没有得到积极贯彻，然而这种方式给出了国库资产管理影响货币政策的一个尝试，国库资产管理必须兼顾货币政策，否则会对货币政策产生影响。

6.3.2 案例启示

随着国库资金余额的不断变化，国库资金资产结构对货币政策的影响日益显现，美国联邦政府在第二次世界大战前后已经开始注意到这个问题，并且运用国库资产结构管理方式，影响商业银行储备和信贷水平等变量，比较有效地进行宏观经济调控，取得了不错的效果。可见，根据具体宏观经济形势制定国库资产管理政策，可以比较有效地提高货币政策有效性，这也从一个侧面反映了混合金库制度下国库资金不能一味地追求最大的投资收益，还必须考虑宏观环境，闲置国库资金收益应是保持宏观经济稳定和满足国库资金投资原则下的国库资金收益最大化。

6.4 本章小结

混合金库制兼具单一金库制和银行存款制的优点，逐渐成为比较理想的国库资金管理制度。本章研究混合金库制下国库资金对货币政策的影响，得出以下主要结论：

（1）在混合金库制下，闲置国库资金进行投资运作，将资金投资于货币市场工具，有助于提高货币市场工具的交易规模和交易频率，促进货币市场流动性。同时，地方政府对闲置国库资金的投资需求内生推动公共机构投资者的发展，促进金融市场对货币政策的反应，提高货币政策有效性。另外，政府由于国库资金赤字债券融资而增加短期债券供给，发展短期国债市场，从而提高公开市场操作效率，促进货币政策有效性。

（2）混合金库制下，闲置国库资金投资对货币政策产生积极影响的同时，也增加了国库资金的不确定性，加大货币市场风险，可能影响货币政策有效性。国库资金赤字融资可能使得货币供应量产生扩张效应，迫使市场出现通胀压力，也可能影响市场利率水平，产生挤入或者挤出效应，扰动货币政策传导机制，影响货币政策有效性。

（3）混合金库制下，国库资金表现为多样性，包括用于满足政府日常支出需求的国库资金和闲置国库资金投资的各种金融资产，后者既有商业银行存款和存款抵押债券，还有其他金融工具。这些资产不可能始终保持平衡状态，没有一个固定的分配比例，它们随着市场上资产收益的变化而产生变动。在这些变化中，有些是非常微妙的，不一定会对货币政策产生影响，然而，有时国库资金在各种资产之间的分配可能有着巨大的差异，某些资产数量很大，当进行大量资产转换时，就会对货币政策产生扰动甚至对冲效应。因而，混合金库制下国库资金不能一味地追求最大的投资收益，还必须考虑宏观经济环境。

第7章 财政国库存量资金对货币政策影响实证研究：来自中国的证据

在前面理论分析的基础上，本章将运用中国国库资金和其他相关变量数据作实证分析，研究和评价近年来中国国库资金对货币政策的影响。本章首先从统计角度分析中国国库资金对央行货币供给政策的影响，在此基础上，采用协整理论、脉冲响应分析和方差分解等计量分析方法，以中国国库资金及相关货币变量月度时间序列数据，实证研究国库资金对货币政策操作目标、货币政策中介目标和货币政策信贷传导机制等方面的影响。

7.1 中国国库资金对货币政策影响的初步考察

改革开放以来，中国一直实行单一金库制中的委托金库制，由中央银行代理国库事务，在这种体制下，国库资金表现为政府在中央银行的存款，国库资金的增加和减少直接体现为基础货币的收缩和扩张。其潜在的作用机制是：国库资金增加意味着将公众手中的现金或者银行储备转到中央银行国库机构，减少了公众手中的现金和银行储备，从而导致基础货币的下降，相反地，国库资金的下降将导致基础货币投放的增加。由于财政部门拥有国库资金使用权，中央银行通过调控基础货币实施货币政策，因而，国库资金变化将扰动或者对冲央行基础货币的调控政策，其影响程度取决于国库资金改变量的大小。

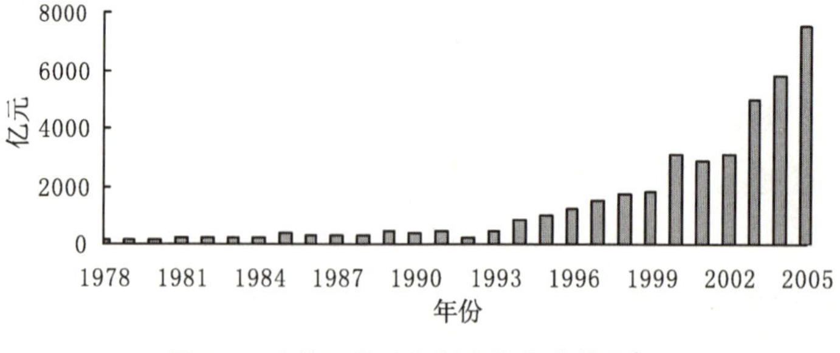

图7.1 改革开放以来国库资金走势图[1]

---

[1] 数据来源于《中国金融年鉴》《中国人民银行统计季报》《中国人民银行年报》和中国人民银行网站：http://www.pbc.gov.cn，以下如果没有特殊说明，数据来源都与此处相同。

根据图7.1的国库资金走势可以看出，中国国库资金呈现出明显的阶段性。其一是1978年至1993年之间，这段时间的国库资金余额保持相对稳定，下限不少于150亿元，而上限不超过500亿元，大部分时间保持在200亿~300亿元之间（见图7.1），国库资金波动幅度很小而且相对平稳（见图7.2），这种情况决定了国库资金对中央银行基础货币影响程度较弱的特点，甚至可以忽略不计。这种结论与1993年以前的财政体制特征相吻合：1980年中国开始实行“分灶吃饭”的分权体制，1988年以后又实行了收入递增包干、上解递增包干、定额上解、总额分成加增长分成、定额补助等多种形式的“大包干”管理制度。在这种体制下，财政收入增长受到严重制约，国家财力分散，全国财政收入占GDP比重和中央财政收入占全国财政收入比重很低，财政宏观调控的能力较弱，国库资金余额主要满足于政府日常的财政支出需求，没有多余的闲置国库资金，因而国库资金波动幅度很低，从而对中央银行的货币供给政策没有造成明显的影响。

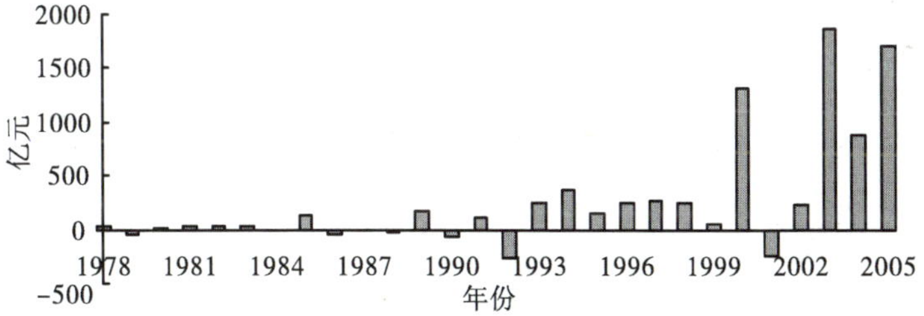

图7.2 改革开放以来国库资金增量变化情况[1]

另外，1994年至今是国库资金的第二阶段，即快速增长阶段（见图7.1）。1994年分税制财政体制改革以后，中国财政改革从“行政分权”走向“经济性分权”，初步搭建起与市场经济内在要求相适应的财政体制框架，促进了经济的发展和税收的增加，从而提高了财政收入水平，国库资金出现快速增长的局面，由1993年的473.4亿元上升到2005年的7527.2亿元。与国库资金总量迅速增长相对应的是，1994年以后国库资金增量变化幅度也出现逐渐扩大的趋势，特别是自2000年以后，年度国库资金增量变化量超过了1000亿元甚至达到2000亿元（见图7.2），月度国库资金变化量更大，正向波动最大达到了6682亿元，而负向波动最大达到了-13305亿元，而且这种变化不断增强（见图7.3）。国库资金的剧烈变化对中央银行货币供给政策的影响逐步凸显。2004年10月18日，《财

[1] 国库资金增量表示当年国库资金余额与上年国库资金余额的差。

经时报》[1]刊登了题为《国库全年超收5000亿，巨额存款为难央行》的文章。文章指出，2004年7月，中央银行共投放基础货币451亿元，但由于国库资金增加1254亿元，实际共回笼基础货币803亿元，这实际说明，国库资金的增加而引起的货币回笼，对冲了央行的基础货币投放。同年7月末，货币乘数仅比去年同期略有下降(比6月末高0.06)，而在货币乘数基本不变的情况下，基础货币的回笼必然导致货币供应量的减少；同样，同年8月国库资金增加占基础货币回笼的66%。当政府各部门盘算着如何分得一块甜甜的“蛋糕”时，央行官员却绷紧了神经，难以轻松分享财政超收这块“蛋糕”。

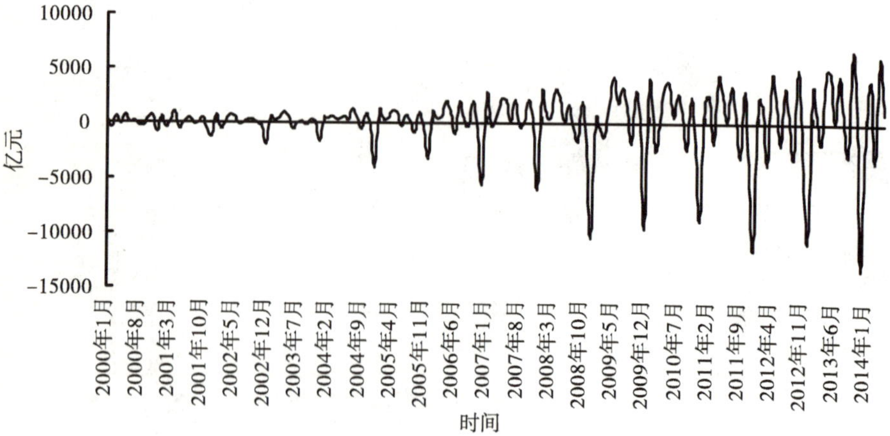

图7.3　月度国库资金增量变化趋势图(2000.01—2014.05)[2]

近年来国库资金增量的巨大变化除了与分税制财政体制改革有关外，还与财政管理制度改革息息相关。2001年以来，我国政府开始推行从源头上制止腐败的国库集中收付管理制度改革，改变了财政资金传统的层层代缴、收入过渡的方式，转而采用直接缴款模式，财政收入直接进入国库；支出方面由原来分散的层层划拨体制变为资金的国库直接支付模式，规范了财政预算资金的收支行为，预算单位闲置资金沉淀在国库账户，国库资金成为所有预算单位预算收支的综合反映，从而导致2001年以来国库资金余额的上升和变化幅度的迅速增大(见图7.1和图7.3)。随着国库集中收付管理制度改革的深入，国库资金将对央行货币供给政策产生更加显著的影响，这种情况可以从表7.1得到反映。2005年1月中央银行投放基础货币2547.11亿元，但同月国库资金增长1122.99亿元，实际基础货币投

❶ 王长勇. 国库全年超收5000亿，巨额存款为难央行[N]. 财经时报，2004年10月18日.

❷ 月度国库资金增量表示当月国库资金余额与上月国库资金余额的差。

放量仅为1424.12亿元，国库资金对央行基础货币运动的对冲比例为44.09%，部分对冲央行基础货币投放；2005年4月央行共投放基础货币427.61亿元，而国库资金增量水平达到了1168.85亿元，实际基础货币投放为-741.24亿元，由央行货币投放的扩张性变成实际的紧缩效应，国库资金对央行基础货币运动的对冲比例达到了273.34%，完全对冲央行的货币政策。这种现象在2006年表现得更加突出，截至2006年8月，国库资金在1月、4月、6月、7月和8月都出现部分对冲或者完全对冲中央银行基础货币操作的现象（见表7.1）。

表7.1　中央财政实施国库现金管理之前国库现金对央行货币供给的影响❶

时间	国库资金（亿元）	国库资金增长率(%)	国库资金变化量（亿元）	货币回笼(+)与投放(-)（亿元）	国库资金对央行基础货币运动的对冲比例(%)
2005年1月	6955.21	19.25	1122.99	(-)2547.11	-44.09
2005年2月	7234.95	4.02	279.74	(+)1347.44	20.76
2005年3月	7728.56	6.82	493.61	(+)1429.02	34.54
2005年4月	8897.41	15.12	1168.85	(-)427.61	-273.34
2005年5月	9885.39	11.10	987.98	(+)854.72	115.59
2005年6月	9673.81	-2.14	-211.58	(-)37.17	569.22
2005年7月	10509.9	8.64	836.09	(-)322.45	-259.29
2005年8月	10665.78	1.48	155.88	(-)180.36	-86.43
2005年9月	9875.09	-7.41	-790.69	(-)921.36	85.82
2005年10月	10938.02	10.76	1062.93	(+)379.94	279.76
2005年11月	10778.22	-1.46	-159.8	(-)516.00	30.97
2005年12月	7527.23	-30.16	-3250.99	(-)1622.28	200.40
2006年1月	8556.98	13.68	1029.75	(-)5279.07	-19.51
2006年2月	9000.2	5.18	443.22	(+)4828.35	9.18
2006年3月	9684.13	7.6	683.93	(+)1009.99	67.72
2006年4月	11780.44	21.65	2096.31	(-)683.7	-306.61
2006年5月	13031.85	10.62	1251.41	(+)690	181.36
2006年6月	12047.22	-7.56	-984.63	(-)3.76	-26186.97

❶ 这里数据仅仅到2006年8月，主要是由于中央财政在2006年底开始进行国库现金管理试点，这样可能会影响相关结论，采用之前数据更为客观，后续的数据采集也遵循这个理念。

续表

时间	国库资金（亿元）	国库资金增长率（%）	国库资金变化量（亿元）	货币回笼(+)与投放(-)（亿元）	国库资金对央行基础货币运动的对冲比例（%）
2006年7月	14064.8	16.75	2017.58	(-)283.51	-711.64
2006年8月	14471.94	2.89	407.14	(-)432.77	-94.08

注：数据来源于《中国人民银行统计季报》、中国人民银行网站：http://www.pbc.gov.cn和Wind资讯数据库，在此基础上做相关整理。另外，国库资金对央行基础货币运动对冲比例的计算方式是国库资金改变量占当期央行货币回笼或者投放量的百分比。

由于基础货币与货币供应量具有密切的关系，因而国库资金对中央银行基础货币调控政策的影响可能直接导致货币供应量的波动。图7.4给出了国库资金与货币供应量*M*0的走势，可以看出，国库资金的季节性和周期性波动方向与货币供应量*M*0相反，这种现象在2001年以来更加明显，国库资金的拐点位置比货币供应量*M*0稍微提前，但拐点特征都极为相似：国库资金处于下降阶段，货币供应量*M*0就表现为上升趋势；国库资金处于上升阶段，货币供应量*M*0就表现出下降的现象；而且随着国库资金季节性变化程度的增强，货币供应量*M*0也体现出变化方差越来越大的特点，波动幅度呈现出逐步增强的趋势，这些都表明了国库资金与货币供应量之间可能存在潜在的密切关系（见图7.4）。

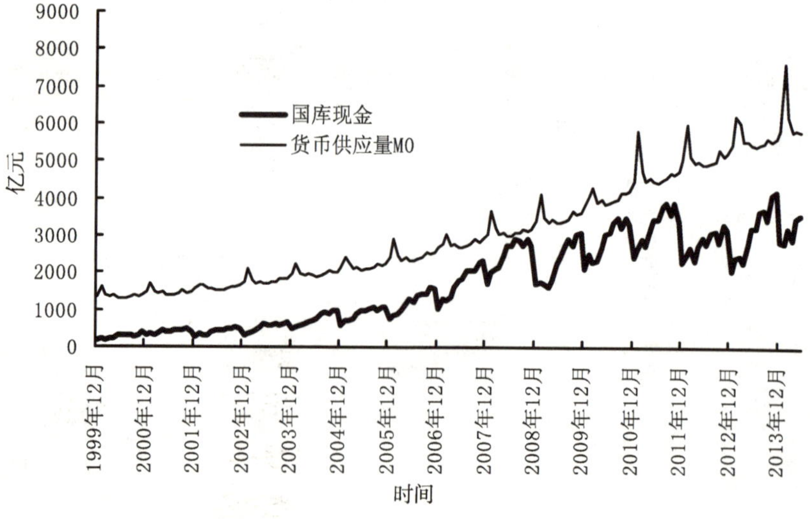

图7.4 国库现金与货币供应量*M*0走势图（1999.12—2014.05）

综上所述，中国国库资金变化引起了基础货币的改变，对央行货币政策造成一定程度的对冲效应，进一步地，国库资金与货币供应量 *M*0 之间具有相似的波动特征，国库资金与货币供应量 *M*0 呈反向变化的关系。而且，随着国库资金变化幅度的不断增强，国库资金对货币变量的扰动逐步增强。然而，上面这些分析都是基于数据的统计特征，因而，接下来将进一步用计量分析方法作实证研究，从更深层次揭示中国国库资金对货币政策的影响。

7.2 中国国库资金对货币政策影响的实证研究方法选择

7.2.1 传统分析方法的不足

从第二章的文献回顾知道，国外关于国库资金对货币政策影响的研究由来已久，然而，相关的实证研究很少，在内容上局限于考察国库资金与货币供应量之间的关系，较少实证分析国库资金与其他货币变量的关系，从而难以对国库资金影响货币政策进行综合评价；另外，在方法上也显得比较单一，相关的实证分析较多采用国库资金时间序列数据，运用统计分析或者对结构方程直接回归的方式考察国库资金与货币供应量的关系，然而，Nelson 和 Plosser(1982)研究发现，很多宏观经济变量时间序列并不具有确定性时间趋势，他们的趋势成分更多地表现为单位根过程，从而分析经济变量的时间序列之间的关系时，必须首先对其做单位根平稳性检验，否则容易造成伪回归的结果（Hamilton，1994），传统研究大多没有进行相关的分析检验，由此可能造成结果的有偏性。另一方面，国内相关研究大多局限于对实际经验的总结和以定性为主的分析上，重复分析和描述性的成果较多，实证研究成果很少。基于上述这些考虑，本书采用动态计量分析方法研究中国国库资金对货币政策的影响。

7.2.2 动态计量分析方法的选择

根据传统研究存在的不足，本书的研究采用时间序列动态经济计量分析方法，首先对国库资金与相关货币变量的平稳性进行估计，判断是否具有单位根；在此基础上，运用协整理论对非平稳时间序列进行检验，分析同阶单整时间序列之间是否存在协整关系；采用Granger因果检验方法分析国库资金与货币变量之间潜在的因果关系，并运用方差分解和脉冲响应方法度量国库资金对货币供给的影响程度，以此揭示中国国库资金对货币政策的影响。

1. 单位根检验

检验变量单位根最简单的是采用Dickey-Fuller单位根检验方法，该方法的前提假定是数据由AR(1)过程生成，然而由于数据一般具有不同程度的自相关，因此AR(1)的DGP条件往往难以满足。针对这个问题，Dickey和Fuller(1979, 1981)提出了扩展的Dickey-Fuller单位根检验方法(ADF)，它为校正自相关而在方程中加入了变量的滞后项，包含常数项和趋势项的检验方程形式如下所示：

$$dy_t = \alpha + \beta t + \delta y_{t-1} + \xi_1 \mathrm{d}y_{t-1} + \cdots + \xi_{p-1}\mathrm{d}y_{t-p+1} + \varepsilon_t$$
$$H_0：\delta = 0, H_A: \delta < 0 \tag{7.1}$$

其中：d表示一阶差分，$\{y_t\}$为时间序列，α、β、δ、ξ_1、$\cdots$、ξ_{p-1}为系数，ε_t为白噪声。如果接受零假设，则表明存在单位根，否则进一步通过不含常数项，即让$\alpha=0$时来检验零假设$\delta=0$是否成立，如果成立则表示存在单位根，否则不存在单位根。根据这种方法，可以检验不含趋势项和不含趋势项只含常数项等情形的单位根问题。当然，由于在检验过程中要求ε_t为白噪声，这就依赖于滞后阶数的选择。滞后阶数往往采取AIC和SC标准进行选择，由于AIC与SC标准并非是误差项不存在序列相关的充分条件，所以滞后阶数的选择有时会存在偏差，而且也无法保证误差项是否同方差，因而ADF检验就未必十分准确。对此，Phillips和Perron(1988)提出了单位根检验的另一种方法，即采用非参数方法估计长期方差，将单位根检验推广到误差项序列相关和可能存在异方差的情形，以此判断时间序列单位根，该方法也称为PP检验。在实际的单位根检验中，一般将ADF与PP检验结合使用，给出更客观的结果。

2. 协整理论

尽管非平稳时间序列直接进行回归分析可能存在“伪回归”的现象，但协整理论却为研究非平稳时间序列之间的潜在关系提供一种可能，Granger和Weiss(1983)研究指出具有协整关系的变量之间，其动态变化规律可用误差修正模型(Error Correction Model，ECM)来描述，这为研究非平稳时间序列之间的关系提供了理论基础。在误差修正模型中，长期调节和短期调节的过程被同时考虑进去，即把表示偏离长期均衡关系的项作为解释变量放进模型中，描述了对均衡偏离的一种长期调节。其优点在于提供了揭示长期关系和短期关系调节的表示方法，既能反映不同经济时间序列之间的长期均衡关系，又能反映短期偏离向长期均衡修正的机制，是长、短期相结合的具有高度稳定性和可靠性的一种模型（陆蓉，2003）。然而，如果缺乏对协整进行统计检验和系数估计的方法，那么协整理论就无法发挥应有的作用，因而协整的估计与检验显得尤为重要。对此，Engle 和 Granger (1987)进行了开创性的研究，他们提出了著名的Engle-Granger两步法：第一步，对研究的协整变量组成的方程做OLS估计，即得到协整向量的估计；第二步，在此基础上，对第一步得到的残差扰动项进行扩展的Dickey-Fuller单位根检验或者PP单位根检验，如果存在单位根则说明不存在协整关系，反之则说明变量间协整关系成立。

Engle-Granger的两步法因为方便而得到广泛的使用，但是它却存在估计系数的小样本有偏性、检验势偏低和无法对协整个数进行估计等缺点（Hamilton，1994），这大大限制了它的应用。与Engle-Granger两步法相比较，Johansen (1988，1991)所发展的完全信息极大似然(FIML)估计，代表了差分向量自回归误差修正VECM的系统短期动态性质，给出了有限信息和完全信息估计关系的进一步讨论，Johansen检验方法不仅可以对协整关系的个数进行估计，而且具有相对较高的检验势，促进了协整理论的发展，得到较广泛的应用。

根据Johansen检验思想，假定 y_t 为一个服从$\boldsymbol{I}(1)$的 $n\times 1$ 向量并且可由水平的VAR($\boldsymbol{P}$)表征，根据非平稳$\boldsymbol{P}$阶向量自回归VAR($\boldsymbol{P}$)的性质可以将 $\boldsymbol{y}_t$ 表示为

$$\mathrm{d}y_t=\xi_1 dy_{t-1}+\cdots+\xi_{p-1}\mathrm{d}y_{t-p+1}+\xi_0 y_{t-1}+\varepsilon_t \tag{7.2}$$

其中：d表示一阶差分，$E(\varepsilon_t)=0$，$E(\varepsilon_t\varepsilon'_t)=\boldsymbol{\Omega}$，且当 $t\neq\tau$ 时，$E(\varepsilon_t\varepsilon'_\tau)=0$。

在 y_t 的元素间恰好存在 h 个协整关系的零假设 H_0 下，说明 $\boldsymbol{y}_t$ 有 h 个线性无关组合是平稳的，这意味着 $\xi_0=-\boldsymbol{BA}'$，这里 $\boldsymbol{B}$ 是一个 $n\times h$ 矩阵，$\boldsymbol{A}'$ 是一个 $h\times n$ 矩阵。考察关于 $\{\boldsymbol{y}_t\}$ 的含 $T+p$ 个观测值的样本，记作 $\{y_{-p+1},y_{-p+2},\cdots,y_T\}$。如果扰动项 ε_t 是高斯的，那么在 $\{y_{-p+1},y_{-p+2},\cdots,y_0\}$ 的条件下，$\{y_1,y_2,\cdots,y_T\}$ 的对数似然函数为

$$\vartheta(\boldsymbol{\Omega},\xi_1,\xi_2,\cdots,\xi_{p-1},\xi_0)=(-Tn/2)\log(2\boldsymbol{\pi})-(T/2)\log|\boldsymbol{\Omega}|-(1/2)$$
$$\sum_{t=1}^{T}[(\mathrm{d}y_t-\xi_1\mathrm{d}y_{t-1}-\cdots-\xi_{p-1}\mathrm{d}y_{t-p+1}-\xi_0 y_{t-1})'\times\boldsymbol{\Omega}^{-1}(\mathrm{d}y_t-\xi_1\mathrm{d}y_{t-1}-\cdots-\xi_{p-1}\mathrm{d}y_{t-p+1}-\xi_0 y_{t-1})] \tag{7.3}$$

这样就可以求解回归方程(7.2)在 $\xi_0=-\boldsymbol{BA}'$ 的限制下似然函数的最大值，即选取 $\{\boldsymbol{\Omega},\xi_1,\xi_2,\ldots,\xi_{p-1},\xi_0\}$ 使似然函数达到最大值，记为 ψ_0^*，同样地可以使用相同的方法求解方程(7.2)在 y_t 存在 $h+1$ 个协整约束下的对数似然函数最大值，记为 ψ_1^*，根据Johansen的研究，统计量 $\lambda_t=2(\psi_1^*-\psi_0^*)$ 的渐近分布与下面矩阵 $\boldsymbol{\pi}$ 的迹

的渐近分布相同：

$$\boldsymbol{\pi}=\left[\int_0^1 W(r)\mathrm{d}W(r)'\right]'\left[\int_0^1 W(r)W(r)'\mathrm{d}r\right]^{-1}\left[\int_0^1 W(r)\mathrm{d}W(r)'\right] \tag{7.4}$$

这里 $W(r)$ 为 $n-h$ 维标准布朗运动。由于矩阵 $\boldsymbol{\pi}$ 的迹的百分比数可以使用蒙特卡罗等方法进行模拟，所以就可以计算统计量 $\lambda_t=2(\psi_1^*-\psi_0^*)$，并将它与模拟的矩阵 $\boldsymbol{\pi}$ 的迹的百分数进行比较来判断向量 $\boldsymbol{y}_t$ 的协整情况。另外，与具体协整检验结果相对应的系数估计值就是变量间关系的估计系数。基于Johansen检验的优点，本书也采用该方法检验协整关系❶。

3. 格兰杰(Granger)因果检验

自回归分布滞后模型可以揭示某变量的变化与其自身及其他变量过去行为的关系。然而，许多经济变量之间有着相互影响的关系，从而必须采取某种方法，以检验这种关系是单向还是双向的，即确定一个变量能否有助于预测另一个变量。一般地，如果关于所有的 $s>0$，基于 $(x_t,x_{t-1},\cdots)$ 的预测 x_{t+s} 的均方误差MSE与基于 $(x_t,x_{t-1},\cdots)$ 和 $(y_t,y_{t-1},\cdots)$ 得到的 x_{t+s} 的预测的MSE相同，即

$$MSE[\hat{E}(x_{t+s}|x_t,x_{t-1},\cdots)]=MSE[\hat{E}(x_{t+s}|x_t,x_{t-1},\cdots,y_t,y_{t-1},\cdots)] \tag{7.5}$$

则称 y 不是 x 的Granger因，否则称 y 是 x 的Granger因。

货币变量是否受到国库资金的影响，可以用Granger因果检验进行分析。Granger(1969)提出了一种简单的检验方式，习惯上称为Granger因果关系检验（Granger test of causality），其检验思想大致如下。

考虑时间序列 $\{x_t\}$ 和 $\{y_t\}$ 的两个自回归方程：

$$x_t=c_1+\alpha_1x_{t-1}+\alpha_2x_{t-2}+\cdots+\alpha_px_{t-p}+\beta_1y_{t-1}+\beta_2y_{t-2}+\cdots+\beta_py_{t-p}+\mu_t \tag{7.6}$$

$$x_t=c_1+\alpha_1x_{t-1}+\alpha_2x_{t-2}+\cdots+\alpha_px_{t-p}+\varepsilon_t \tag{7.7}$$

y 不是 x Granger因的零假设可以表示为：H_0：$\beta_1=\beta_2=\cdots=\beta_p=0$。假定方程（7.6）的残差平方和为 RSS_0，方程（7.7）的残差平方和为 RSS_1，再计算F统计量 $F=\dfrac{(RSS_0-RSS_1)/p}{RSS_1/(T-2p-1)}$。如果在一定显著性水平上，这个 F 统计量大于 $F(p,T-2p-1)$ 分布的临界值，那么就说在一定显著性水平上拒绝 y 不是 x Granger因的零假设，即 y 是 x 的Granger因。曹永福（2006）研究指出，原始的Granger

❶ 具体的估计检验方法和具体的结论推导可以参考Hamilton(1994)第20章的内容，另外这里给出的是不含趋势项和常数项的情况，其他情形的Johansen检验原理相似，这里不作介绍。

因果性定义并没有规定变量必须是平稳的，很多计量经济学教材也没有这个限制。但是有一点学术界是有定论的，就是如果变量是非平稳的，那么应用上述F统计量来做推断会产生问题，因此，在实证研究时，一般认为只有平稳变量才能应用上述方法进行推断。另外，Mills(1999)研究指出，如果变量间存在协整关系，那么判断变量间的Granger因果关系可以在VECM（向量误差修正模型）基础上，然后采用系数的Wald检验进行判断。

4. 脉冲响应

脉冲响应函数是追踪系统对一个内生变量的冲击效果，描述系统对冲击扰动的动态反应，并从动态反应中判断变量间的时滞关系。考虑一个 p 阶向量自回归系统：

$$y_t = c_1 + \beta_1 y_{t-1} + \beta_2 y_{t-2} + \cdots + \beta_p y_{t-p} + \varepsilon_t \tag{7.8}$$

其中：$\boldsymbol{y}_t$ 为由内生变量组成的 m 维向量，$\boldsymbol{c}_1$ 为常数向量，$\boldsymbol{\beta}_i$ 为系数矩阵（i=1，2，…，p），$\boldsymbol{\varepsilon}_t$ 为 m 维扰动误差向量，$E(\varepsilon_t,\varepsilon'_t)=\boldsymbol{\Omega}$。假定 $\boldsymbol{y}_t$ 为一平稳随机过程，那么就可以将式（7.8）表示成一个无穷向量移动平均模型：

$$\boldsymbol{y}_t = \boldsymbol{C} + \sum \boldsymbol{\phi}_s \boldsymbol{\varepsilon}_{t-s} \tag{7.9}$$

其中：$\boldsymbol{\phi}_s$ 为系数矩阵，$\boldsymbol{C}$ 为常数向量，它们均可由式（7.8）中的系数矩阵 $\boldsymbol{\beta}_i$ 和常数向量 $\boldsymbol{c}_1$ 求出。由式（7.9）可知，系数矩阵 $\boldsymbol{\phi}_s$ 的第 i 行第 j 列元素表示第 i 个变量对由第 j 个变量产生的单位冲击的 s 期脉冲响应。由于误差向量的协方差矩阵 $\boldsymbol{\Omega}$ 是正定的，因此存在一个非奇异阵 $\boldsymbol{A}$ 使得 $\boldsymbol{AA'}=\Omega$，于是式(7.9)可表示为

$$\boldsymbol{y}_t = \boldsymbol{C} + \sum (\boldsymbol{\phi}_s \boldsymbol{A})(\boldsymbol{A}^{-1}\boldsymbol{\varepsilon}_{t-s}) = \boldsymbol{C} + \sum (\boldsymbol{\phi}_s \boldsymbol{A})\boldsymbol{\omega}_{t-s} \tag{7.10}$$

由式(7.10)可见，经过变换，原误差向量变成标准的向量白噪声 ω。系数 $\phi_s A$ 矩阵的第 i 行第 j 列元素表示：系统中第 i 个变量对第 j 个变量的一个标准误差的正交化冲击的 s 期脉冲响应。由式(7.10)可计算出系统中一个变量对另一个变量的脉冲响应函数，比较其不同滞后期的脉冲响应，可以确定一个变量对另一个变量的作用时滞(钱争鸣，郭鹏辉，李智，2006)。

5. 方差分解

方差分解的目的就是要将VAR系统中任意一个内生变量的预测方差(或标准差)分解成各个变量的随机冲击所做的贡献。比较这个相对重要性信息随时间的变化，就可以估计出该变量的作用时滞和效应大小。方差分解提供了描述系统动态变化的另一种方法。考虑由 m 个变量组成的VAR模型（7.8）的 s 步预测误差为：

$$Var[y_{t+s}-E(y_{t+s}|y_t,y_{t-1},y_{t-2},\cdots)]=\varepsilon_{t+s}+\phi_1\varepsilon_{t+s-1}+\phi_2\varepsilon_{t+s-2}+\cdots+\phi_{s-1}\varepsilon_{t+1} \tag{7.11}$$

它的均方误差为

$$\begin{aligned}MSE&=\boldsymbol{\Omega}+\boldsymbol{\phi}_1\boldsymbol{\Omega}\boldsymbol{\phi}_1'+\cdots+\boldsymbol{\phi}_{s-1}\boldsymbol{\Omega}\boldsymbol{\phi}_{s-1}'=\boldsymbol{A}\boldsymbol{A}'+\boldsymbol{\phi}_1\boldsymbol{A}\boldsymbol{A}'\boldsymbol{\phi}_1'+\cdots+\boldsymbol{\phi}_{s-1}\boldsymbol{A}\boldsymbol{A}'\boldsymbol{\phi}_{s-1}'\\&=\sum_{j=1}^{m}(\boldsymbol{a}_j\boldsymbol{a}_j'+\boldsymbol{\phi}_1\boldsymbol{a}_j\boldsymbol{a}_j'\boldsymbol{\phi}_1'+\cdots+\boldsymbol{\phi}_{s-1}\boldsymbol{a}_j\boldsymbol{a}_j'\boldsymbol{\phi}_{s-1}')\end{aligned} \tag{7.12}$$

其中：a_j 是矩阵 $\boldsymbol{A}$ 的第 j 列向量，括号内的表达式表示第 j 个正交化冲击对 s 步预测均方误差的贡献。根据式（7.12），可将任意一个内生变量的预测均方误差分解成系统中各变量的随机冲击所做的贡献，然后计算出每一个变量冲击的相对重要性，即变量的贡献占总体的比例，比较这些信息，就可估计该变量的作用时滞和各变量效应的大小程度。

7.3 变量选择、数据来源及变量平稳性检验

根据前面相关章节的理论分析知道，国库资金对货币政策的影响主要体现在对货币政策操作目标、货币政策中介目标和货币政策传导机制等方面的影响。因而，变量的选择主要选取有关货币政策操作目标、货币政策中介目标和货币政策传导机制的变量。

7.3.1 变量说明

（1）银行间同业拆借市场利率。短期货币市场利率是货币政策主要操作目标之一，研究国库资金对短期货币市场的影响是国库资金对货币政策操作目标影响的一个主要方面。易纲和吴有昌（2003）指出经常选作操作目标的短期利率是银行同业拆借市场利率。然而，中国银行同业拆借市场利率有很多种，如1天、7天、14天等品种，因而必须进行适当的选择。由于7天品种在交易规模上大大超过其他品种交易量，具有代表性，所以这里选择7天品种的银行间同业拆借市场利率作为代表。

（2）基础货币。基础货币也是货币政策主要操作目标之一，从上面的统计分析可以看出国库资金对央行基础货币操作有较大的影响，接下来将对国库资金与基础货币的关系作更深入的分析。由于基础货币的统计口径存在较大的差异，因而这里也作专门的说明，本书的基础货币变量根据传统的定义进行测算，即基础货币等于流通中现金和金融机构在货币当局的准备金之和。

（3）货币供应量。中国在原有的计划经济体制下，国家现金投放计划和指令性的贷款限额是主要的货币政策中介目标。1993年中国人民银行开始试编银行概览，逐步以货币供应量为中间目标，1996年中央银行正式将货币供应量作为中介指标，货币供应量成为中国货币政策的一个重要指标，货币供应量指标分为流通中的现金 $M0$ 、狭义货币供应量 $M1$ 和广义货币供应量 $M2$ 三个层次。本书也采用这三个层次的货币供应量来研究国库资金对货币政策中介目标的影响。

（4）金融机构信贷余额。货币政策的一个重要传导机制是信贷渠道，信贷渠道可以理解为一个有关货币、债券和贷款三种资产组合的模型，并且在债券和贷款之间不存在完全替代关系。不对称信息和其他摩擦因素造成了外部筹资的资金成本与内部筹资的机会成本之间的"外在融资溢价"。货币政策不仅影响到一般利率水平，而且还影响到外在融资溢价的大小，外在融资溢价的变化比单独利率变化能更好地解释货币政策的强度、时间和构成，银行信贷的可得性在货币政策的传导过程中占据重要地位。蒋瑛琨、刘艳武和赵振全（2005）在研究货币政策传导机制有效性时采用金融机构贷款余额作为信贷渠道的代理变量，本书也将金融机构贷款余额作为信贷渠道的代理变量，以此研究国库资金对货币政策传导机制的影响。

（5）国库资金。中国实行委托金库制，国库资金表现为政府在中央银行的存款，因而本书使用中央银行的政府存款来表示。另外，本书的国库资金表示全国政府存款，即中央和地方国库资金总额，由于中国人民银行实行垂直管理，所以采用全国国库的范畴不仅在理论上有意义，而且也具有现实意义。

（6）金融机构准备金。由于中国国库资金与金融机构准备金都表现为中央银行的存款，而且国库资金来源于政府税收、非税收入和债券发行收入等社会资金，因而国库资金的变化最终可能反映在金融机构超额准备金的变化，因而本书也将金融机构准备金变量考虑进来。由于银行机构准备金是银行信贷的基础，准备金的变化将对银行的信贷行为产生重要的影响，从而对货币政策传导机制产生影响。因而研究国库资金对银行准备金的影响，也从一个侧面反映了国库资金对货币政策传导机制的影响。根据数据可得性，本书以货币当局负债表中的准备金来代表金融机构准备金。

7.3.2 数据来源和变量定义

上述相关变量数据来源于《中国人民银行年报》《中国人民银行统计季报》

《中国金融年鉴》、中国人民网站http：//www.pbc.gov.cn公布的数据和Wind资讯数据库。依据数据可得性原则，选择月度数据，样本数据期限为2000年1月—2006年6月，这样选取的原因主要是出于以下三方面的考虑：一是尽可能增加样本数量；二是月度数据比季度数据或者年度数据能更好地揭示国库资金对货币变量影响的短期效应；三是2006年6月财政部与中国人民银行发布《中央国库现金管理暂行办法》，此后中央财政开始开展国库现金管理，由此导致中国人民银行经理国库制度不再纯粹，将前后数据混在一起可能影响结论的客观性。同时，为了促使数据分析更加科学，Stock和Watlson（2003）指出许多经济时间序列的标准差与它们的水平值近似成比例，其序列对数的标准差就近似为常数，即取对数可以减少经济时间序列异方差问题。因此，上述相关变量数据根据前面的分析进行计算整理和调整后，都作对数处理。

为了分析的方便，这里对上述调整后的相关变量进行定义，以 $\ln rate$ 表示银行间同业拆借市场利率的对数，基础货币变量的对数表示为 $\ln base$ ；货币供应量 $M0$ 的对数表示为 $\ln M0$ ，狭义货币供应量 $M1$ 的对数表示为 $\ln M1$ ，广义货币供应量 $M2$ 的对数表示为 $\ln M2$ ；以 $\ln loan$ 表示金融机构信贷余额的对数，以 $\ln treasury$ 表示国库资金的对数，以 $\ln reserve$ 表示金融机构准备金的对数。这些变量的样本数据走势如图7.5所示。另外，以d表示变量的一阶差分，因而上述变量对应的一阶差分序列分别为 $d\ln rate$ 、 $d\ln base$ 、 $d\ln M0$ 、 $d\ln M1$ 、 $d\ln M2$ 、 $d\ln loan$ 、 $d\ln treasury$ 和 $d\ln reserve$ 。

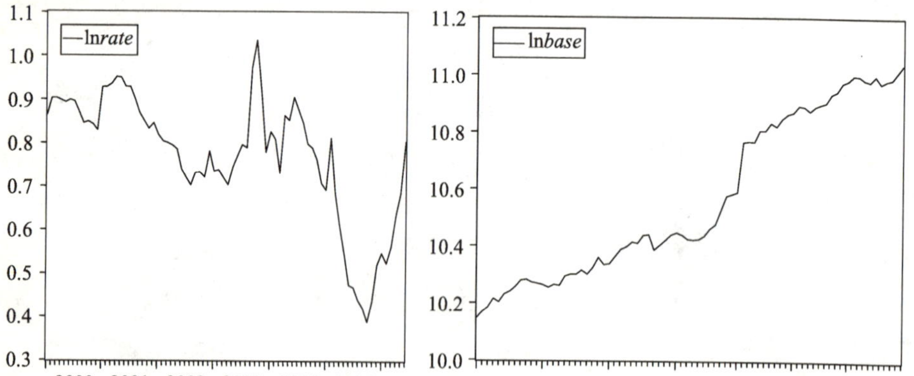

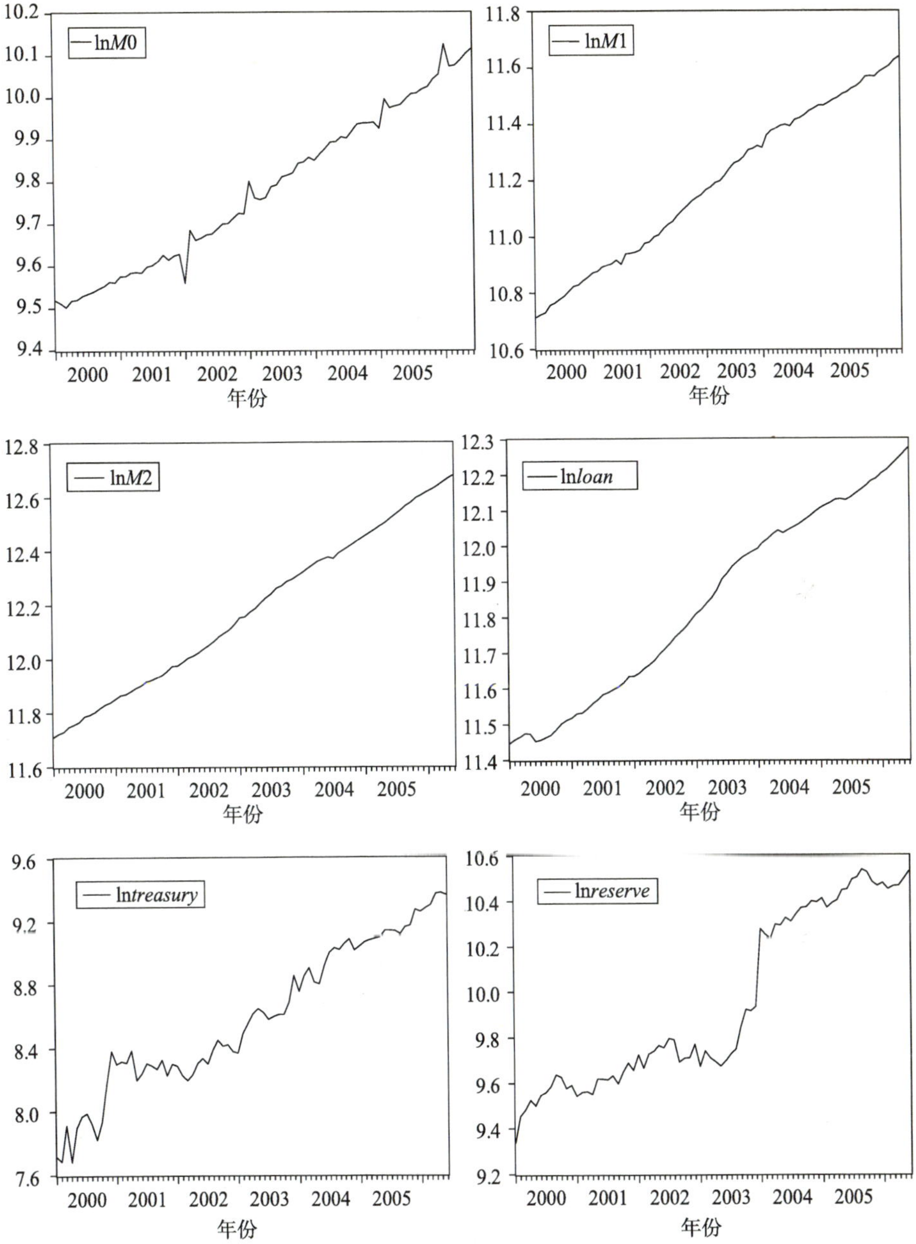

图7.5　各变量的数据走势图

7.3.3 变量的单位根检验

在具体研究之前，先对相关变量作平稳性检验。这里将扩展的Dickey-Fuller单位根检验方法ADF与Phillips 和 Perron(1988)提出的PP检验方法结合使用，给出更客观的检验结果，本书使用的软件为Eviews5.0，单位根检验结果见表7.2。从表7.2可以看出，所有变量ADF检验值与PP检验值都大于5%显著性水平的临界值，表明变量的非平稳性，进一步的检验发现，所有变量的一阶差分的ADF检验值与PP检验都小于1%显著性水平的临界值，这表明接受零假设，说明变量的一阶差分都是平稳的时间序列。由此可见，所有变量都含有一个单位根，即服从I(1)过程。

表7.2　变量的单位根检验

变量	检验类型（*C*，*t*）	ADF (*K*)	临界值	PP	临界值	结论
ln*rate*	(1,0)	ADF(0)= −1.81	−2.90*	−1.94	−2.90*	ln*rate* ~ I(1)
d ln*rate*	(1,0)	ADF(0)= −7.14	−3.52**	−7.14	−3.52**	
ln*base*	(1,0)	ADF(0)= −0.24	−2.90*	−0.30	−2.90*	ln*base* ~ I(1)
d ln*base*	(1,0)	ADF(0)= −7.26	−3.52**	−7.16	−3.52**	
ln*M*0	(1,0)	ADF(11)=2.55	−2.90*	−0.81	−2.90*	ln*M*0 ~ I(1)
d ln*M*0	(1,0)	ADF(10)=−14.27	−3.52**	−21.57	−3.52**	
ln*M*1	(1,0)	ADF(2)= −0.82	−2.90*	0.02	−2.90*	ln*M*1 ~ I(1)
d ln*M*1	(1,0)	ADF(1)= −10.26	−3.52**	−14.34	−3.52**	
ln*M*2	(1,0)	ADF(2)=1.14	−2.90*	1.11	−2.90*	ln*M*2 ~ I(1)
d ln*M*2	(1,0)	ADF(1)= −8.97	−3.52**	−11.35	−3.52**	
ln*loan*	(1,0)	ADF(0)=0.90	−2.90*	0.60	−2.90*	ln*loan* ~ I(1)
d ln*loan*	(1,0)	ADF(0)= −6.96	−3.52**	−7.13	−3.52**	
ln*treasury*	(1,0)	ADF(2)= −1.63	−2.90*	−1.63	−2.90*	ln*treasury* ~ I(1)
d ln*treasury*	(1,0)	ADF(11)= −3.08	−2.91*	−10.43	−3.52**	
ln*reserve*	(1,0)	ADF(1)= −0.48	−2.90*	−1.00	−2.90*	ln*reserve* ~ I(1)
d ln*reserve*	(1,0)	ADF(0)= −12.11	−3.52**	−12.20	−3.52**	

注：**和*分别表示1%和5%显著性水平的临界值，临界值由Eviews5.0给出，(*C*,*T*)分别表示是否含有常数项、趋势项，1表示含有，0代表不包含；ADF(*K*)中的K表示滞后阶数，基于AIC和SC值选取。d表示变量的一阶差分，I(0)表示不存在单位根，即变量平稳。I(1)代表变量含有一个单位根。PP表示Phillips和Perron的非参数单位根检验，ADF表示扩展的Dickey-Fuller单位根检验。

7.4 中国国库资金对货币政策操作目标影响的实证研究

与中介目标相比，货币政策操作目标距离中央银行的政策工具最近，是中央银行货币政策工具的直接调控对象，操作目标有时也称为近期目标。中央银行正是借助货币政策工具作用于操作目标，进而影响到中介目标并实现最终目标。国库资金如果对操作目标产生影响，那么将弱化中央银行对操作目标的可控性和可测性等，最终影响货币政策有效性。由于银行间同业拆借市场利率和基础货币等变量都属于重要的操作目标，所以本节将分析国库资金对这些变量的影响，以此反映国库资金对货币政策操作目标的影响。

7.4.1 国库资金与银行间同业拆借市场利率、基础货币的协整分析

从表7.2可以看出，国库资金 $\ln treasury$ 、基础货币 $\ln base$ 和银行间同业拆借市场利率 $\ln rate$ 都服从一阶随机过程，即都具有一个单位根。因而这些变量都是非平稳变量，不能直接进行回归分析，否则容易造成伪回归问题。但从前面的分析方法中知道不平稳时间序列可能存在某种平稳的线性关系，即协整关系。从而接下来将对国库资金和基础货币、银行间同业拆借市场利率进行协整检验，首先确定协整检验的向量自回归模型（简称VAR）模型滞后阶数，并且确保误差扰动项近似为白噪声。这里使用AIC准则(Akaike Information Criterion)、SC准则(Schwartz Criterion)和 LR 统计量作为选择最优滞后阶数的标准，如果AIC与SC准则得出的结果互相矛盾从而无法给出一致的结论，那么就用似然比 LR 统计量权衡滞后阶数的选择。在此基础上，运用 LM 统计量检验残差序列的自相关问题，结合Jaque-bera和Ljung-Box Q统计量 $Q_{BP}=n\sum_{j=1}^{K}r_j$ 对扰动项的正态性进行检验。根据上述滞后阶数的选择标准，确定系统 $(\ln treasury,\ln base)$ 的滞后阶数为1期；确定系统 $(\ln treasury,\ln rate)$ 的滞后阶数为1期。此时两个系统对应的VAR模型拟合较好，残差序列具有平稳性，不存在自相关且服从正态分布。

根据Johansen协整检验方法，从检验不存在协整关系这一零假设开始逐步进行。从表7.3的协整检验结果看出，对于系统 $(\ln treasury,\ln base)$ ，零假设不存在协整关系 $r=0$ ，对应的迹统计量为22.29，大于1%显著水平的临界值20.04，表明零假设在1%水平上被拒绝，系统至少存在一个协整关系，即 $r\geqslant1$ ；在进一步的检验中发现，在1%显著性水平上接受零假设 $r\leqslant1$ （见表7.3），可见国库资金与基础货币之间在1%显著性水平上有且只有一个协整关系。同样的对于系统 $(\ln treasury,\ln rate)$ ，从表7.3的检验结果可以知道国库资金与银行间同业拆借市场利率之间在5%水平上有且只有一个协整关系。系统 $(\ln treasury,\ln base)$ 和 $(\ln treasury,\ln rate)$ 估计出的协整关系经过标准化后得到误差修正项分别为

$$baseEC_t = \ln base_t - 0.683 * \ln treasury_t - 4.705 \quad (7.13)$$
$$(-10.9325)$$

$$rateEC_t = \ln base_t - 3.065 * \ln treasury_t - 0.061 * t + 23.114 \quad (7.14)$$
$$(-4.69185) \qquad (4.54056)$$

式(7.13)和式（7.14）分别对应系统 $(\ln treasury, \ln base)$ 和 $(\ln treasury, \ln rate)$ 的误差修正项(EC)（系数下对应的小括号里的数字代表 t 统计量，以下同），表明各变量在协整关系中显著。对误差修正项进行单位根检验的结果表明，误差修正项 $baseEC_t$ 对应的ADF检验统计量为ADF(3)=-5.5，小于ADF 1%显著性的临界值-3.52，表明协整序列 $baseEC_t$ 已是平稳序列；误差修正项 $rateEC_t$ 对应的ADF检验统计量为ADF(0)=-4.55，小于ADF 1%显著性的临界值-3.52，表明协整序列 $rateEC_t$ 已是平稳序列。从而式（7.13）和式（7.14）表明国库资金与基础货币以及国库资金与银行行间同业拆借市场利率之间具有长期均衡关系。

表7.3　变量间的Johansen协整检验结果

变量	零假设	备择假设	迹统计量	5%临界值	1%临界值	结论
$(\ln treasury, \ln base)$	$r=0$	$r\geq1$	22.29	15.41	20.04	$r=1$
	$r\leq1$	$r\geq2$	0.11	3.76	6.65	
$(\ln treasury, \ln rate)$	$r=0$	$r\geq1$	26.99	25.32	30.45	$r=1$
	$r\leq1$	$r\geq2$	5.75	12.25	16.26	

注：临界值由Eviews5.0给出，r 表示协整个数。检验滞后期为1期，滞后期数根据AIC准则、SC准则和 LR 统计量选择。

根据Granger表示定理，具有协整关系的变量可以建立向量误差修正模型（VECM），以此可以研究变量间短期动态特征。上面的分析表明系统 $(\ln treasury, \ln base)$ 和 $(\ln treasury, \ln rate)$ 都具有协整关系，从而可以进一步通过误差修正模型分析国库资金与基础货币以及国库资金与银行行间同业拆借市场利率之间的短期动态关系。估计得出的向量误差修正模型见表7.4。可以看出两个系统估计得出的向量误差修正模型组成的系统拟合良好，误差项不存在序列相关、异方差等问题，满足高斯条件的要求，符合Granger表示定理的前提条件，从而知道误差修正模型估计系数的一致性。这为下面的研究打下了基础。

表7.4 系统 $(\ln treasury, \ln base)$ 和 $(\ln treasury, \ln rate)$ 对应的向量误差修正模型

解释变量	因变量		解释变量	因变量	
	$d\ln base$	$d\ln treasury$		$d\ln rate$	$d\ln treasury$
$baseEC_t$	−0.120326 (0.02827) [−4.25581]	0.518066 (0.11194) [4.62801]	$rateEC_t$	−0.025410 (0.01345) [−1.88899]	0.147785 (0.03360) [4.39896]
$d\ln base(-1)$	0.202637 (0.13831) [1.46508]	-0.616425 (0.54761) [-1.12567]	$d\ln rate(-1)$	0.131635 (0.12035) [1.09380]	−0.179338 (0.30057) [−0.59666]
$d\ln treasury(-1)$	−0.055654 (0.03425) [−1.62491]	−0.075488 (0.13561) [−0.55667]	$d\ln treasury(-1)$	−0.052245 (0.04590) [−1.13834]	0.042884 (0.11463) [0.37412]
Constant	0.009912 (0.00446) [2.22448]	0.033660 (0.01764) [1.90791]	*Constant*	−0.000313 (0.00645) [−0.04851]	0.023742 (0.01612) [1.47311]
系统联合检验	统计量	伴随概率（P值）	系统联合检验	统计量	伴随概率（P值）
Jaque − bera	6.51	0.16	*Jaque − bera*	4.30	0.37
Q 统计量	5.96	0.65	Q 统计量	0.65	0.96
LM 统计量	4.00	0.41	LM 统计量	0.95	0.92

注：系数中的小括号里的数字表示系数的标准误，中括号里的数字表示t统计量。*Constant* 表示常数项。系统联合统计量表示向量误差修正模型组成的VAR系统的联合检验统计量，Q 统计量表示Ljung-Box统计量，用于检验残差序列自相关问题，零假设是没有自相关；LM 统计量为检验残差是否序列相关，零假设为没有序列相关；Jaque − bera 为正态性检验，零假设为正态分布；通过这三个统计量来检验误差项是否服从高斯分布，以此检验估计出的VECM系统的有效性。

7.4.2 Granger因果关系检验

由于国库资金与基础货币、银行间同业拆借市场利率都具有单位根，所以不能直接通过水平的Granger因果检验来判断因果关系，但从上面的分析知道，它们之间存在着协整关系和相应的误差向量修正模型，因而可以采用基于VECM的Granger因果检验，主要通过判断向量误差修正模型中一阶差分滞后项对应的系数是否异于零的联合显著性来实现。对系统 $(\ln treasury, \ln base)$ 而言，在基础货币的短期动态方程中，通过对国库资金一阶差分 $d\ln treasury$ 所有滞后项是否异于零的联合显著性进行Wald检验，以此判断国库资金是否是基础货币变动的短期Granger因；同样地，在国库资金的短期动态方程中，对基础货币滞后项 $d\ln base$ 是否异于零的联合显著性进行Wald检验。对于系统 $(\ln treasury, \ln rate)$ 也采取同样的检验方法，检验结果见表7.5。

表7.5 国库资金变量与基础货币变量、银行间同业拆借市场利率变量的Granger因果检验

		Granger原因				Granger原因	
Grange结果		$d\ln base$ 滞后项	$d\ln treasury$ 滞后项	Grange结果		$d\ln rate$ 滞后项	$d\ln treasury$ 滞后项
$d\ln base$	H_0	n.a.	系数为零	$d\ln rate$	H_0	n.a.	系数为零
	χ^2	n.a.	2.64		χ^2	n.a.	11.21
	P	n.a.	0.10		P	n.a.	0.0008
$d\ln treasury$	H_0	系数为零	n.a.	$d\ln treasury$	H_0	系数为零	n.a.
	χ^2	1.27	n.a.		χ^2	0.13	n.a.
	P	0.26	n.a.		P	0.72	n.a.

注：零假设 H_0 表示列变量不是行变量的Granger原因，P值是根据Wald系数检验 χ^2 统计量计算出的相伴概率，由软件Eviews5.0给出。

从表7.5可以看出，对于系统 $(\ln treasury, \ln base)$ 而言，国库资金 $d\ln treasury$ 滞后项所有系数为零的零假设，其联合Wald检验统计量为2.64，对应的 P 值为10%，由此表明可以在10%水平上拒绝零假设，故国库资金是基础货币的Granger因。而对于基础货币滞后项 $d\ln base$ 所有系数为零的零假设而言，检验结果表明接受零假设的 P 值为26%，从而说明在10%显著性水平上基础货币不是国库资金的Granger因（见表7.5）。对于系统 $(\ln treasury, \ln rate)$，从检验的 P 值容易看出，国库资金不是银行间同业拆借市场利率的Granger因的零假设在1%水平上被拒绝，而银行间同业拆借市场利率不是国库资金的Granger因的零假设被接受。

由此可见，国库资金与基础货币以及国库资金与银行间同业拆借市场利率之间Granger因果关系具有单向性。国库资金是基础货币和银行间同业拆借市场利率的Granger因，国库资金变化将引起基础货币和银行间同业拆借市场利率的变化，国库资金对基础货币和银行间同业拆借市场利率造成了影响，这从一个侧面反映国库资金对中央银行货币政策操作目标产生了扰动。由于基础货币和市场短期利率都是货币当局重要的货币政策操作目标，因而财政收支变化导致的国库资金变化，将使货币政策操作目标受到影响，从而影响货币当局的货币政策有效性。

7.4.3 脉冲响应分析

Granger因果检验给出国库资金与货币政策操作目标变量之间作用的因果方向，但并没有体现变量间动态关系的变化过程。因而接下来将采用脉冲分析方法分析国库资金对基础货币、银行间同业拆借市场利率产生影响的动态变化。在VAR模型中，第 i 个变量的冲击不仅直接影响到第 i 个变量，而且会通过VAR模型的滞后结构传递到其他内生变量。脉冲响应函数描述了一个变量的随机误差项的冲击对每个内生变量当期及以后各期的影响。由于VAR中不同方程的随机误差项之间存在同期相关，所以需要构造一个正交矩阵将同期相关的冲击项转换为同期不相关的冲击项。这里采用Cholesky分解方法得到脉冲响应。

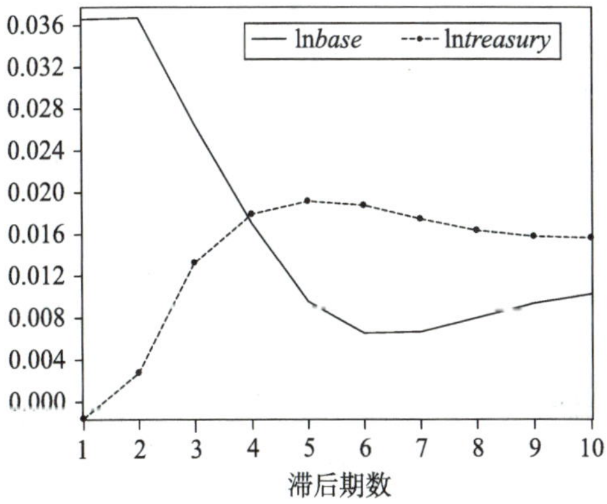

图7.6 基础货币的脉冲响应

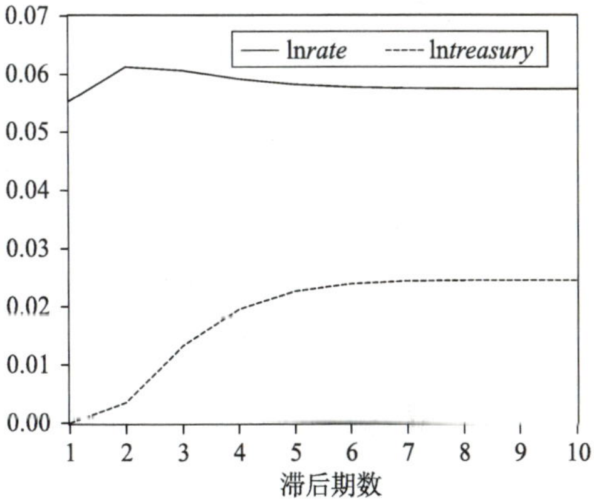

图7.7 银行间同业拆借市场利率的脉冲响应

图7.6为国库资金与基础货币系统 (ln*treasury*,ln*base*) 中的基础货币的脉冲响应，图7.7为国库资金与银行间同业拆借市场利率系统 (ln*treasury*,ln*rate*) 中的银行间同业拆借市场利率的脉冲响应。从图7.6可以看出，国库资金对基础货币的单位冲击促使基础货币产生正向变化，这与理论得出的国库资金与基础货币呈反向关系的结论相左。产生这种现象的主要原因可能在于近年来我国外汇储备急剧上升，基础货币投放表现出强内生性，导致国库资金的增长所造成的基础货币收缩被巨大的外汇增长所带来的基础货币投放所抵消了；另一方面也表明了我国转轨过程的制度内生性：虽然1994年以后财政部门不能再向中央银行借款和透

支，但是中央银行仍然通过间接持有国债以及发行大量货币产生了巨大的铸币税以满足近年来的财政扩张需求，国库资金的增量部分在一定程度上来源于债务收入和货币收入，而不是源于社会资金的收缩，所以基础货币对国库资金的单位冲击并没有表现出反向下降，而是正向上升。另外，从图7.7可以看出，银行间同业拆借市场利率对国库资金的单位冲击产生了上升的反应，到第6期后反应达到最大并逐步趋于平稳。这种现象可能的解释是，国库资金的上升导致短期货币市场资金的暂时收缩，从而促使货币市场短期利率的上升，对于银行间同业拆借市场而言，就表现为银行间同业拆借市场利率的上升。

7.4.4 方差分解

上面从脉冲响应角度分析了国库资金对货币政策操作目标的动态影响过程，接下来将运用VAR方差分解技术分析国库资金对货币政策操作目标的影响程度。VAR模型中各个内生变量的各期方差或标准差是其自身扰动及系统内其他扰动共同作用的结果，方差分解的目的就是要将VAR系统中任意一个内生变量的预测方差(或标准差)分解成各个变量的随机冲击所做的贡献。比较这些信息随时间的变化，就可以估计出该变量的作用程度。表7.6和表7.7给出了基础货币的方差分解和银行间同业拆借市场利率的方差分解。

从表7.6可以发现，基础货币受其自身扰动项冲击影响的程度逐渐减少，而受国库资金单位冲击的影响逐渐增大，特别是从第3个月开始，基础货币受国库资金的影响迅速上升，到第10个月时国库资金变动对基础货币变动的解释力达到了30%以上。相比较而言，银行间同业拆借市场利率的变化也具有同样的趋势，其来自自身的影响也逐渐下降，受国库资金的影响程度也逐步增强，到第10个月左右，国库资金对银行间同业拆借市场利率的解释力达到10%左右(见表7.7)。国库资金对基础货币和银行间同业拆借市场利率都造成了明显的影响。

表7.6　基础货币 ln *base* 的方差分解

期数	标准差	ln *base*	ln *treasury*	期数	标准差	ln *base*	ln *treasury*
1	0.04	100.00	0.00	6	0.07	74.37	25.63
2	0.05	99.36	0.64	7	0.07	70.26	29.74
3	0.06	93.94	6.06	8	0.07	67.23	32.77
4	0.06	86.75	13.25	9	0.08	64.88	35.12
5	0.07	79.93	20.07	10	0.08	62.94	37.06

表7.7 银行间同业拆借市场利率 ln*rate* 的方差分解

期数	标准差	ln*rate*	ln*treasury*	期数	标准差	ln*rate*	ln*treasury*
1	0.06	100.00	0.00	6	0.15	92.63	7.37
2	0.08	99.82	0.18	7	0.16	91.48	8.52
3	0.10	98.24	1.76	8	0.17	90.60	9.40
4	0.12	96.10	3.90	9	0.18	89.91	10.09
5	0.14	94.16	5.84	10	0.19	89.37	10.63

7.4.5 小结

从上面的分析可以看出，国库资金与基础货币以及国库资金与银行间同业拆借市场利率之间具有长期的协整关系。从短期动态关系来看，国库资金是基础货币和银行间同业拆借市场利率的Granger因，国库资金变动会引起基础货币和银行间同业拆借市场利率的波动。进一步研究发现，国库资金对基础货币造成正向影响，国库资金的增加和下降促使银行间同业拆借市场利率上升和下降，基础货币受国库资金的影响程度较大，国库资金变化对基础货币变化的解释力达到了1/3以上。可见，中国国库资金对货币政策操作目标造成了显著扰动，可能影响中央银行的货币政策有效性。

7.5 中国国库资金对货币政策中介目标影响的实证研究

上面的研究分析了中国国库资金对货币政策操作目标的影响，这是国库资金对货币政策影响的一个重要内容。然而，从货币政策工具的操作到最终目标的实现是一个相当长的作用过程，国库资金对货币政策操作目标以外的变量也可能造成影响，从而对货币政策造成扰动。在这些变量中，货币政策中介目标是货币政策作用过程中一个十分重要的变量，它是货币当局判断政策力度和效果的重要指示变量；中介目标的可控性、可测性和相关性是中央银行提高货币政策有效性的重要保证。国库资金如果对货币政策中介目标造成扰动，那么将影响货币当局对政策效果的判断，从而影响货币政策有效性。对此，接下来将研究国库资金对货币政策中介目标的影响。由于中国以货币供应量为中介目标，所以这里主要研究国库资金对各层次货币供应量的影响。

7.5.1 国库资金与货币供应量中介目标的协整分析

从表7.2知道国库资金变量 $\ln treasury$ 、流通中的现金(货币供应量 $M0$) $\ln M0$ 、狭义货币供应量 $\ln M1$ 和广义货币供应量 $\ln M2$ 都存在一个单位根，其一阶差分都为平稳的时间序列，这为国库资金与各层次货币供应量之间的协整检验提供了分析的基础。与前面的协整分析一样，首先选择滞后阶数，即使用AIC准则、SC准则和LR统计量作为选择最优滞后阶数的检验标准，如果AIC与SC准则得出的结果互相矛盾从而无法给出一致的结论，那么就用似然比 *LR* 统计量权衡滞后阶数的选择，在此基础上，运用LM统计量检验残差序列的自相关问题，结合Jaque-bera和Ljung-Box Q统计量对扰动项的正态性进行检验，最终保证VAR扰动项为高斯。根据上述滞后阶数的选择标准， $(\ln treasury, \ln M0)$ 系统协整检验滞后阶数的最优选择为滞后2期，此时VAR模型拟合较好，残差序列具有平稳性，不存在自相关且服从正态分布。同样地， $(\ln treasury, \ln M1)$ 系统协整检验滞后阶数的最优选择为滞后2期， $(\ln treasury, \ln M2)$ 系统协整检验滞后阶数的最优选择为滞后3期。各个系统都采用Johansen协整检验，具体结果见表7.8。

表7.8　变量间的Johansen协整检验结果

变量	零假设	备择假设	迹统计量	5%临界值	1%临界值	结论
$(\ln treasury, \ln M0)$	$r=0^{**}$	$r\geqslant 1$	22.39	15.41	20.04	$r=1$
	$r\leqslant 1$	$r\geqslant 2$	0.10	3.76	6.65	
$(\ln treasury, \ln M1)$	$r=0^{*}$	$r\geqslant 1$	17.09	15.41	20.04	$r=1$
	$r\leqslant 1$	$r\geqslant 2$	1.09	3.76	6.65	
$(\ln treasury, \ln M2)$	$r=0^{**}$	$r\geqslant 1$	37.24	15.41	20.04	$r=1$
	$r\leqslant 1$	$r\geqslant 2$	0.81	3.76	6.65	

注：临界值由Eviews5.0给出，**表示1%显著性水平上拒绝零假设，*表示5%显著性水平上拒绝零假设，r 表示协整个数。

按照Johansen协整检验方法，从检验不存在协整关系这一零假设开始逐步进行。对于系统 $(\ln treasury, \ln M0)$ 而言，零假设不存在协整关系，即 $r=0$ 对应的迹统计量为22.39，大于1%显著性水平的临界值20.04，表明零假设在1%水平上被拒绝，系统至少存在一个协整关系，即 $r\geqslant 1$ 。在进一步的检验中发现， $r\leqslant 1$ 的零假设对应的迹统计量为0.10，小于5%显著性水平的临界值3.76，从而表明接

受零假设 $r\leqslant 1$（见表7.8）。可见国库资金与货币供应量 $M0$ 之间在1%显著性水平上有且只有一个协整关系。对于系统 $(\ln treasury, \ln M1)$，零假设 $r=0$ 对应的迹统计量为17.09，大于5%显著性水平的临界值15.41，而对于零假设 $r\leqslant 1$，对应的迹统计量为1.09，小于5%显著性水平的临界值3.76，从而也表明了国库资金与狭义货币供应量之间有且只有一个协整关系（见表7.8）。对于系统 $(\ln treasury, \ln M2)$，零假设 $r=0$ 对应的迹统计量为37.24，大于1%显著性水平的临界值20.04，而对于零假设 $r\leqslant 1$，对应的迹统计量为0.81，小于5%显著性水平的临界值3.76，从而也说明了国库资金与广义货币供应量之间有且只有一个协整关系（见表7.8）。系统 $(\ln treasury, \ln M0)$、$(\ln treasury, \ln M1)$ 和 $(\ln treasury, \ln M2)$ 估计出的协整关系经过标准化后得到的误差修正项分别为（系数下对应的小括号里的数字代表t统计量）：

$$M0EC_t = \ln M0_t - 0.433^* \ln treasury_t - 6.059 \tag{7.15}$$

$$(-10.5707)$$

$$M1EC_t = \ln M1_t - 0.632^* \ln treasury_t - 5.754 \tag{7.16}$$

$$(-13.33)$$

$$M2EC_t = \ln M2_t - 0.651^* \ln treasury_t - 6.586 \tag{7.17}$$

$$(-25.62)$$

从式(7.15)、式（7.16）和式（7.17）可以看出各变量在协整关系中显著，表明国库资金与各层次货币供应量具有长期显著的协整关系。进一步的分析发现，误差修正项 $M0EC_t$ 对应的单位根ADF检验统计量为ADF(10)= −2.12，小于ADF 1%显著性的临界值−1.95[1]，表明协整序列 $M0EC_t$ 已是平稳序列；误差修正项 $M1EC_t$ 对应的单位根ADF检验统计量为ADF(3)=−5.26，小于ADF 1%显著性的临界值−3.52，表明协整序列 $M1EC_t$ 已是平稳序列；误差修正项 $M2EC_t$ 对应的单位根检验统计量ADF(0)=−4.63，小于ADF 1%显著性的临界值−3.52，表明协整序列 $M2EC_t$ 也是平稳序列。$M0EC_t$、$M1EC_t$ 和 $M2EC_t$ 的平稳性进一步证实了国库资金与各层次货币供应量之间存在长期的协整关系。

根据Granger表示定理，系统 $(\ln treasury, \ln M0)$、$(\ln treasury, \ln M1)$ 和 $(\ln treasury, \ln M2)$ 可以建立各自的向量误差修正模型（VECM），以此研究国库资

[1] 该序列的单位根检验采用不包含常数项和趋势项的ADF检验形式，其他如果没有特殊说明，单位根检验都采用包含常数项而不含趋势项的ADF形式进行检验。

金与货币供应量之间的短期动态特征。估计得出的向量误差修正模型见表7.9和表7.10。可以看出估计得出的向量误差修正模型VECM组成的系统拟合良好，误差项不存在序列相关、异方差等问题（见表7.9和表7.10），满足高斯条件的要求，符合Granger表示定理的前提条件，从而知道误差修正模型估计系数的一致性。这些为下面在向量误差修正模型VECM基础上进一步分析国库资金与各层次货币供应量之间的短期动态关系提供了合理性。

表7.9 国库资金 $\ln treasury$ 与货币供应量 $\ln M0$、$\ln M1$ 对应的向量误差修正模型

解释变量	因变量		解释变量	因变量	
	$d\ln M0$	$d\ln treasury$		$d\ln M1$	$d\ln treasury$
$M0EC_t$	−0.219198 (0.05378) [−4.07550]	0.661235 (0.18413) [3.59116]	$M1EC_t$	−0.047644 (0.02137) [−2.22963]	0.767215 (0.19247) [3.98610]
$d\ln M0(-1)$	−0.249368 (0.09588) [−2.60072]	−0.708766 (0.32826) [−2.15919]	$d\ln M1(-1)$	−0.338575 (0.10236) [−3.30759]	0.400536 (0.92202) [0.43441]
$d\ln M0(-2)$	−0.271574 (0.07644) [−3.55299]	−0.567071 (0.26167) [−2.16709]	$d\ln M1(-2)$	−0.245672 (0.09522) [−2.58008]	-0.021388 (0.85767) [−0.02494]
$d\ln treasury(-1)$	−0.321170 (0.03479) [−9.23160]	−0.105719 (0.11910) [−0.88763]	$d\ln treasury(-1)$	−0.033562 (0.01585) [−2.11799]	0.143363 (0.14273) [1.00443]
$d\ln treasury(-2)$	−0.082519 (0.04382) [−1.88332]	−0.053341 (0.15000) [−0.35560]	$d\ln treasury(-2)$	0.045340 (0.01486) [3.05126]	0.128748 (0.13385) [0.96192]
Constant	0.021350 (0.00516) [4.14060]	0.034024 (0.01765) [1.92749]	*Constant*	0.018745 (0.00287) [6.52545]	0.010634 (0.02587) [0.41100]
系统联合检验	统计量	伴随概率（P值）	系统联合检验	统计量	伴随概率（P值）
Jaque－bera	6.04	0.20	*Jaque－bera*	1.61	0.81

续表

系统联合检验	统计量	伴随概率 (P值)	系统联合检验	统计量	伴随概率 (P值)
Q统计量	11.25	0.19	Q统计量	3.53	0.47
LM统计量	4.21	0.38	LM统计量	2.96	0.56

注:系数中的小括号里的数字表示系数的标准误,中括号[]里的数字表示t统计量。*Constant*表示常数项。系统联合统计量表示向量误差修正模型组成的VAR系统的联合检验统计量,*Q*统计量表示Ljung-Box统计量,用于检验残差序列自相关问题,零假设是没有自相关;*LM*统计量为检验残差是否序列相关,零假设为没有序列相关;Jaque－bera为正态性检验,零假设为正态分布;通过这三个统计量来检验误差项是否服从高斯分布,以此检验估计出的VECM系统的有效性。

7.5.2 国库资金与各层次货币供应量之间的Granger因果关系检验

对于国库资金与货币供应量之间的动态关系研究，首先讨论变量间的因果关系问题，分析变量间影响的作用方向。由于国库资金与各层次货币供应量之间存在着协整关系和相应的误差向量修正模型，因而采用基于VECM的Granger因果检验方法判断潜在的因果关系。对系统 ($\ln treasury, \ln M0$) 而言，在货币供应量 $\ln M0$ 的短期动态方程中，通过对国库资金一阶差分 $d\ln treasury$ 所有滞后项是否异于零的联合显著性进行Wald检验，以此判断国库资金是否是货币供应量 $M0$ 变动的短期Granger因；同样的，在国库资金的短期动态方程中，对货币供应量 $M0$ 一阶差分 $d\ln M0$ 的滞后项是否异于零进行联合Wald检验。对于系统 ($\ln treasury, \ln M1$) 和 ($\ln treasury, \ln M2$) 也采取同样的检验方法，检验结果见表7.11和表7.12。

表7.10 货币供应量 $\ln M2$ 与国库资金 $\ln treasury$ 对应的向量误差修正模型

解释变量	因变量			
	$d\ln M2$		$d\ln treasury$	
	系数	t-统计量	系数	t-统计量
$M2EC_t$	−0.00210	−0.17798	1.14725	5.64149
$d\ln M2(-1)$	−0.32875	−2.26202	−4.04781	−1.61925
$d\ln M2(-2)$	−0.09211	−0.62895	1.16071	0.46080
$d\ln M2(-3)$	0.33412	2.55341	−4.86412	−2.16120
$dtreasury(-1)$	−0.02120	−2.84933	0.25862	2.02114
$dtreasury(-2)$	0.00797	1.15648	0.24633	2.07909

续表

解释变量	因变量			
	d ln *M2*		d ln tr*easury*	
	系数	t-统计量	系数	t-统计量
d*treasury*(−3)	−0.00073	−0.10539	0.29235	2.46359
Constant	0.01406	3.36643	0.10161	1.41415
检验项目	统计量	相伴概率(*P* 值)	统计量	相伴概率(*P* 值)
Jaque-bera统计量	0.89	0.64	1.9	0.39
Q 统计量	1.48	0.83	1.71	0.79
LM 统计量	1.55	0.14	0.48	0.62

注：*Constant* 表示常数项。*Q* 统计量表示Ljung-Box统计量，用于检验残差序列自相关问题，零假设是没有自相关；*LM* 统计量为检验残差是否序列相关，零假设为没有序列相关；Jaque－bera 为正态性检验，零假设为正态分布；通过这三个统计量来检验误差项是否服从高斯分布，以此检验VECM系统的有效性。

从表7.11和表7.12可以看出，国库资金与货币供应量 *M*0 、 *M*2 之间具有双向的因果关系，国库资金不是货币供应量 *M*0 的Granger因的零假设在1%水平上被拒绝，国库资金不是货币供应量 *M*2 的Granger因的零假设在0.4%水平被拒绝，货币供应量 *M*0 不是国库资金的Granger因的零假设在2%水平上被拒绝，货币供应量 *M*2 不是国库资金的Granger因的零假设在0.8%水平上被拒绝，因此，国库资金是货币供应量 *M*0 、 *M*2 的Granger因，货币供应量 *M*0 、 *M*2 也是国库资金的Granger因，体现了变量间作用的双向性。但对于国库资金与狭义货币供应量而言，国库资金不是狭义货币供应量 *M*1 的Granger因的零假设在1%上被拒绝，而狭义货币供应量不是国库资金的Granger因的零假设却被接受。

表7.11　国库资金 ln*treasury* 与货币供应量 ln *M*0 、ln *M*1 的Granger因果检验

Granger结果		Granger原因		Granger结果		Granger原因	
		d ln *M*0 滞后项	d ln*treasury* 滞后项			d ln *M*1 滞后项	d ln*treasury* 滞后项
d ln *M*0	H_0	n.a.	系数为零	d ln *M*1	H_0	n.a.	系数为零
	χ^2	n.a.	90.91		χ^2	n.a.	26.01
	P	n.a.	0.00		*P*	n.a.	0.00
d ln*treasury*	H_0	系数为零	n.a.	d ln*treasury*	H_0	系数为零	n.a.
	χ^2	7.59	n.a.		χ^2	0.22	n.a.
	P	0.02	n.a.		*P*	0.89	n.a.

注：零假设 H_0 表示列变量不是行变量的Granger原因，P值是根据Wald系数检验 χ^2 统计量计算出的相伴概率，由软件Eviews5.0给出。

表7.12 国库资金 $\ln treasury$ 与货币供应量 $\ln M2$ 的Granger因果检验

Granger结果		Granger原因	
		$d\ln M2$ 滞后项	$d\ln treasury$ 滞后项
$d\ln M2$	H_0	n.a.	系数为零
	χ^2	n.a.	13.25
	P	n.a.	0.004
$d\ln treasury$	H_0	系数为零	n.a.
	χ^2	11.94	n.a.
	P	0.008	n.a.

注：零假设 H_0 表示列变量不是行变量的Granger原因，P值是根据Wald系数检验 χ^2 统计量计算出的相伴概率，由软件Eviews5.0给出。

由此可见，中国国库资金是各层次货币供应量的Granger因，表明国库资金的变化将影响货币供应量，扰动货币政策中介目标，其潜在的作用机制是国库资金增加说明社会个人和企业等微观主体上缴税收或者购买国债数量的上升，造成短期内货币市场资金由社会流向国库机构，从而导致货币供应量的下降，检验结果的显著性表明近年来这种现象在我国逐步凸显。但与此同时也发现货币供应量 $M0$ 与货币供应量 $M2$ 也是国库资金的Granger因，这表明货币供应量的变化也会造成国库资金的增减，其可能的解释是，中央银行增加货币供应量，可能促使物价水平的上升，提高企业的名义利润，从而增加上缴的税收；另外，中央银行增加货币供应量，可能导致市场利率下降，降低债券筹资成本，从而促使政府增加国债发行，导致国债收入上升，从而引起国库资金的增加。

7.5.3 脉冲响应分析

Granger因果检验反映了国库资金与货币供应量之间的作用方向，接下来将采用脉冲响应方法分析国库资金对各层次货币供应量产生影响的动态变化。由于VAR中不同方程的随机误差项之间存在同期相关，所以需要构造一个正交矩阵将同期相关的冲击项转换为同期不相关的冲击项，这里采用Cholesky分解方法得到脉冲响应，同时采用时间滞后为10期。具体结果如图7.8、图7.9和图7.10所示。

从总体上看，国库资金的单位冲击导致各层次货币供应量都发生了显著的变化，而且从脉冲响应图上可以看出，在初始阶段，各层次货币供应量对来自国库资金的单位冲击都表现出负向变化，并且影响程度呈逐渐衰减现象。但从具体的影响程度上看，各层次货币供应量的脉冲响应并不一致。从图7.8可以看出，国库资金对货币供应量 *M*0 产生了很大的影响，国库资金的冲击导致了货币供应量 *M*0 的急剧下降，在冲击后的第二个月，货币供应量 *M*0 负向变化程度最大，此后，货币供应量 *M*0 逐渐转向正向作用，在第四个月达到了正向变化程度最大，但此后变化呈逐渐衰减的趋势。从图7.9可以看出，货币供应量 *M*1 对来自国库资金的冲击起初虽然也表现出负向变化，但是程度很弱，随后转向正向反应后逐渐衰减。从图7.10可以看出，广义货币供应量 *M*2 对来自国库资金的单位冲击起初也表现出负向变化，程度比货币供应量 *M*1 的反应强，但随后呈振荡衰减。

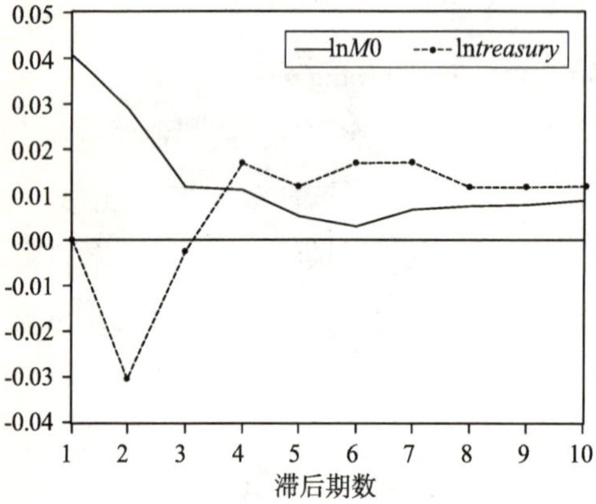

图7.8　货币供应量 ln *M*0 的脉冲响应

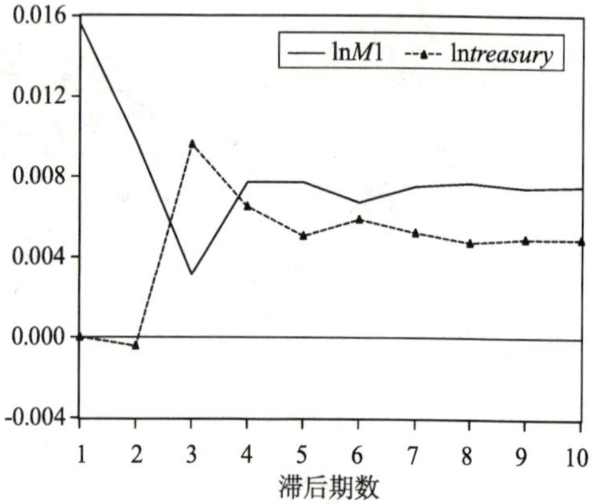

图7.9　货币供应量 ln *M*1 的脉冲响应

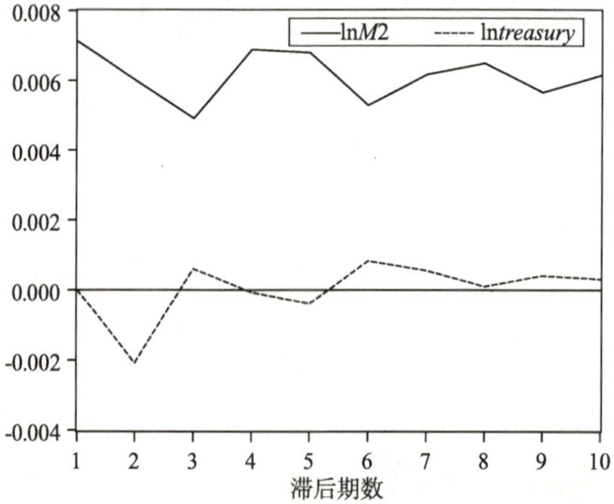

图7.10　货币供应量 ln *M*2 的脉冲响应

可见，国库资金对货币供应量造成了扰动，各层次货币供应量对来自国库资金单位冲击反应的总体特征相同，但货币供应量 *M*0 对来自国库资金的单位冲击产生了最大的反应；狭义货币供应量 *M*1 对来自国库资金的单位冲击的负向反应较弱，正向反应较广义货币供应量 *M*2 强；广义货币供应量 *M*2 对来自国库资金的单位冲击产生的负向反应较大，而并没有产生较强的正向反应。然而，对于扰动程度而言，国库资金对狭义货币供应量和广义货币供应量的总体扰动程度的强弱关系判断则必须依赖于下面的方差分解技术。

7.5.4 方差分解

上面从脉冲响应角度分析了国库资金对货币政策中介目标的动态影响过程，接下来将运用VAR方差分解技术分析国库资金对货币供应量中介目标的影响程度。表7.13和表7.14给出了各层次货币供应量的方差分解。

从总体扰动程度看，货币供应量 *M*0 受国库资金扰动程度最大，狭义货币供应量次之，广义货币供应量受国库资金扰动程度最小（见表7.13和表7.14）。具体而言，货币供应量 *M*0 受其自身扰动项冲击影响的程度逐渐减少，而受国库资金影响的程度逐渐增大，到第2个月国库资金变动对货币供应量 *M*0 变化的解释力达到了将近30%，到第10个月就达到了43.6%，而且呈现不断增强的趋势。货币供应量 *M*1 受国库资金的影响在第2个月还处于很低的水平，但随后迅速增加，第3个月国库资金变动对货币供应量 *M*1 变化的解释力上升到20%，但随后并没有一直处于上升态势，而是逐渐趋缓。货币供应量 *M*2 受国库资金的扰动一直处于较低的水平，第2个月达到了4.75%的最大值，随后呈不断缩减并逐渐收敛于零。

表7.13　货币供应量 ln *M*0 和货币供应量 ln *M*1 的方差分解

期数	标准差	ln *M*0	ln*treasury*	期数	标准差	ln *M*0	ln*treasury*
1	0.04	100.00	0.00	6	0.07	62.92	37.08
2	0.06	72.77	27.23	7	0.07	59.45	40.55
3	0.06	73.67	26.33	8	0.07	58.31	41.69
4	0.06	69.23	30.77	9	0.07	57.26	42.74
5	0.06	67.14	32.86	10	0.07	56.39	43.61

续表

期数	标准差	$\ln M1$	$\ln treasury$	期数	标准差	$\ln M1$	$\ln treasury$
1	0.02	100.00	0.00	6	0.03	72.43	27.57
2	0.02	99.94	0.06	7	0.03	71.92	28.08
3	0.02	78.98	21.02	8	0.03	71.99	28.01
4	0.02	75.11	24.89	9	0.03	71.80	28.20
5	0.03	74.43	25.57	10	0.03	71.67	28.33

表7.14　货币供应量 $\ln M2$ 的方差分解

期数	标准差	$\ln M2$	$\ln treasury$
1	0.007121	100.0000	0.000000
2	0.009552	95.25423	4.745767
3	0.010761	95.94527	4.054732
4	0.012777	97.12040	2.879603
5	0.014480	97.68038	2.319624
6	0.015438	97.67074	2.329258
7	0.016633	97.88136	2.118638
8	0.017857	98.15862	1.841383
9	0.018736	98.28013	1.719868
10	0.019723	98.42301	1.576987

7.5.5 小结

本节对中国国库资金与各层次货币供应量进行实证分析，研究表明，国库资金与各层次货币供应量之间都存在长期的协整关系，在此基础上，估计得出国库资金与货币供应量的向量误差修正模型（VECM），以此研究国库资金与货币供应量的短期动态关系。进一步采用基于VECM的Granger因果检验发现，国库资金是各层次货币供应量的Granger因，国库资金的变动将引起各层次货币供应量的显著波动。对货币供应量的脉冲响应和方差分解分析表明，国库资金对货币供应量 $M0$ 产生了最大的扰动影响，对货币供应量 $M1$ 产生了较大的影响，对货币供应量 $M2$ 的影响程度相对较低。由于货币供应量是中国货币政策中介目标，因而国库资金变化对货币政策中介目标产生显著扰动，从而可能对货币政策有效性造成显著的影响，中央银行货币政策由于国库资金将产生被动性。

7.6 中国国库资金对货币政策信贷传导机制影响的实证研究

货币政策传导机制对于货币政策调控国民经济的效果具有很重要的意义，货币政策是否有效，很大程度上在于其传导机制是否通畅。信贷渠道作为货币政策传导机制的重要方面，对货币政策有效性有着重要作用。中国国库资金变化引起社会资金的总量变化，从而可能影响银行等金融机构流动性，对信贷渠道产生扰动，影响货币政策有效性。本节将研究中国国库资金对信贷渠道传导机制的影响，一方面通过分析国库资金对金融机构信贷的影响，反映国库资金对信贷总量水平的影响；另一方面通过分析国库资金对金融机构准备金的影响，反映国库资金对银行信贷扩张能力的影响。

7.6.1 变量间协整检验和误差修正模型的估计

从表7.2知道，国库资金变量 $\ln treasury$ 、金融机构贷款余额变量 $\ln loan$ 和金融机构准备金变量 $\ln reserve$ 都存在一个单位根，而且一阶差分都为平稳的时间序列，这说明不能直接对国库资金与金融机构贷款余额以及国库资金与金融机构准备金进行回归分析，否则可能出现伪回归现象。但同阶单整非平稳序列之间可能存在长期的协整关系，因而接下来将对国库资金变量 $\ln treasury$ 、金融机构贷款余额变量 $\ln loan$ 和金融机构准备金变量 $\ln reserve$ 作协整检验。

与前面的协整分析一样，首先选择滞后阶数，即使用AIC准则、SC准则和LR统计量作为选择最优滞后阶数的检验标准，如果AIC与SC准则得出的结果互相矛盾从而无法给出一致的结论，那么就用似然比LR统计量权衡滞后阶数的选择，在此基础上，运用LM统计量检验残差序列的自相关问题，结合Jaque-bera和Ljung-Box Q统计量对扰动项的正态性进行检验，保证VAR扰动项为高斯的。根据上述滞后阶数的选择标准， $(\ln treasury, \ln loan)$ 系统协整检验滞后阶数的最优选择为滞后5期，此时VAR模型拟合较好，残差序列具有平稳性，不存在自相关且服从正态分布。同样地， $(\ln treasury, \ln reserve)$ 系统协整检验滞后阶数的最优选择为滞后5期。各系统都采用Johansen协整检验，具体结果见表7.15。

表7.15　变量间的Johansen协整检验结果

变量	零假设	备择假设	迹统计量	5%临界值	1%临界值	结论
($\ln treasury, \ln loan$)	$r=0^{*}$	$r\geq 1$	16.77	15.41	20.04	$r=1$
	$r\leq 1$	$r\geq 2$	0.21	3.76	6.65	
($\ln treasury, \ln reserve$)	$r=0^{*}$	$r\geq 1$	16.11	15.41	20.04	$r=1$
	$r\leq 1$	$r\geq 2$	0.08	3.76	6.65	

注：临界值由Eviews5.0给出，**表示1%显著性水平上拒绝零假设，*表示5%显著性水平上拒绝零假设，r表示协整个数。

按照Johansen协整检验方法，从检验不存在协整关系这一零假设开始逐步进行。对于系统($\ln treasury, \ln loan$)而言，零假设不存在协整关系，即$r=0$对应的迹统计量为16.77，大于5%显著性水平的临界值15.41，表明零假设在5%水平上被拒绝，系统至少存在一个协整关系，即$r\geq 1$。在进一步的检验中发现，$r\leq 1$的零假设对应的迹统计量为0.21，小于5%显著性水平的临界值3.76，从而表明接受零假设$r\leq 1$（见表7.15）。可见国库资金与金融机构贷款余额之间在5%显著性水平上有且只有一个协整关系。对于系统($\ln treasury, \ln reserve$)，零假设$r=0$对应的迹统计量为16.11，大于5%显著性水平的临界值15.41，而对于零假设$r\leq 1$，对应的迹统计量为0.08，小于5%显著性水平的临界值3.76，从而也表明了国库资金与金融机构准备金之间有且只有一个协整关系的证据（见表7.15）。系统($\ln treasury, \ln loan$)和($\ln treasury, \ln reserve$)估计出的协整关系经过标准化后得到误差修正项分别为（系数下对应的小括号里的数字代表t统计量）：

$$loanEC_t = \ln loan_t - \underset{(-17.003)}{0.632} * \ln treasury_t - 6.4099 \tag{7.18}$$

$$reserEC_t = \ln reserve_t - \underset{(-13.33)}{0.905} * \ln treasury_t - 2.166 \tag{7.19}$$

根据对应系数的t检验，式(7.18)和式(7.19)表示的变量间的协整关系显著，表明国库资金与金融机构信贷、金融机构准备金之间具有长期显著的协整关系。按照协整关系的定义知道，其对应的误差修正项为平稳的时间序列，对于金融机构信贷变量对应的误差修正项$loanEC_t$，对应的单位根ADF检验统计量为ADF(10)= −4.37，小于ADF 1%显著性的临界值−3.52，表明协整序列表示的误差修正项$loanEC_t$已是平稳序列；误差修正项$reserEC_t$对应的单位根ADF检验统计量为ADF(0)=−4.51，小于ADF 1%显著性的临界值−3.52，表明变量的线性组合$reserEC_t$已是平稳序列。$loanEC_t$和$reserEC_t$的平稳性进一步证实了国库资金变量与金融机构贷款变量、金融机构准备金变量之间存在长期的协整关系。

根据Granger表示定理，系统$(\ln treasury, \ln loan)$和$(\ln treasury, \ln reserve)$可以建立各自的向量误差修正模型（VECM），以此可以研究变量间的短期动态特征。估计得出的向量误差修正模型见表7.16。可以看出估计得出的向量误差修正模型VECM组成的系统拟合良好，误差项不存在序列相关、异方差等问题，满足高斯条件的要求，符合Granger表示定理的前提条件，从而知道误差修正模型估计系数的一致性。这些为进一步分析基于VECM的变量间短期动态关系提供了合理性。

表7.16　系统$(\ln treasury, \ln loan)$与$(\ln treasury, \ln reserve)$对应的向量误差修正模型

解释变量	因变量		解释变量	因变量	
	$d\ln loan$	$d\ln treasury$		$d\ln reserve$	$d\ln treasury$
$loanEC_t$	0.008312 [0.62836]	0.921329 [3.73676]	$reserEC_t$	−0.239939 [−3.74096]	0.383556 [2.80508]
$d\ln loan(-1)$	0.251912 [2.04243]	−2.686646 [−1.16868]	$d\ln reserve(-1)$	−0.140371 [−0.95965]	0.064608 [0.20718]
$d\ln loan(-2)$	0.129677 [1.11566]	5.977321 [2.75905]	$d\ln reserve(-2)$	0.191889 [1.31799]	−0.457353 [−1.47348]
$d\ln loan(-3)$	0.147103 [1.26479]	−6.525377 [−3.01015]	$d\ln reserve(-3)$	0.14245 [0.97945]	0.148026 [0.47741]
$d\ln loan(-4)$	−0.279436 [−2.34495]	0.244508 [0.11009]	$d\ln reserve(-4)$	0.372578 [2.61867]	−0.194111 [−0.63995]
$d\ln loan(-5)$	0.176059 [1.50788]	−0.5015 [−0.23044]	$d\ln reserve(-5)$	0.166907 [1.23582]	0.13742 [0.47727]
$d\ln treasury(-1)$	−0.014344 [−1.73536]	0.273836 [1.77748]	$d\ln treasury(-1)$	−0.105234 [−1.34250]	0.152725 [0.91391]
$d\ln treasury(-2)$	0.016963 [2.29674]	0.169436 [1.23084]	$d\ln treasury(-2)$	−0.086415 [−1.21811]	−0.125681 [−0.83100]
$d\ln treasury(-3)$	−0.015877 [−2.09040]	0.347141 [2.45216]	$d\ln treasury(-3)$	−0.163011 [−2.38663]	0.279692 [1.92079]

续表

解释变量	因变量		解释变量	因变量	
	d ln *loan*	d ln*treasury*		d ln *reserve*	d ln*treasury*
d ln tr*easury*(−4)	−0.000511 [−0.07551]	−0.207318 [−1.64372]	d ln tr*easury*(−4)	0.066457 [1.03787]	−0.212542 [−1.55698]
d ln tr*easury*(−5)	0.006363 [0.95993]	0.067496 [0.54634]	d ln*treasury*(−5)	0.000164 [0.00255]	−0.099438 [−0.72691]
Constant	0.006861 [3.26299]	0.043452 [1.10873]	*Constant*	0.008775 [0.88540]	0.023682 [1.12089]
系统联合检验	统计量	伴随概率 (P值)	系统联合检验	统计量	伴随概率 (P值)
Jaque－bera	6.33	0.18	*Jaque－bera*	6.46	0.17
Q 统计量	5.50	0.24	*Q* 统计量	9.51	0.30
LM 统计量	1.74	0.78	*LM* 统计量	2.61	0.63

注：系数中括号里的数字表示t统计量，由于篇幅太大，该表没有给出系数标准误。*Constant* 表示常数项。系统联合统计量表示向量误差修正模型组成的VAR系统的联合检验统计量，*Q* 统计量表示Ljung-Box统计量，用于检验残差序列自相关问题，零假设是没有自相关；*LM* 统计量为检验残差是否序列相关，零假设为没有序列相关；*Jaque－bera* 为正态性检验，零假设为正态分布；通过这三个统计量来检验误差项是否服从高斯分布，以此检验估计出的VECM系统的有效性。

7.6.2 Granger因果关系检验

由于国库资金变量与金融机构贷款变量、金融机构准备金变量之间存在着协整关系，而且也估计得出相应的误差向量修正模型，因而这里采用基于VECM的Granger因果检验方法判断潜在的因果关系。对系统 (ln*treasury*,ln *loan*) 而言，在金融机构贷款变量 ln *loan* 的短期动态方程中（见表7.16），通过对国库资金一阶差分 d ln*treasury* 所有滞后项是否异于零的联合显著性进行Wald检验，以此判断国库资金是否是 ln *loan* 变动的短期Granger因；同样地，在国库资金的短期动态方程中，对金融机构贷款变量一阶差分 *d* ln *loan* 滞后项是否异于零的联合显著性进行Wald检验，以此检验金融机构贷款是否是国库资金变量的Granger因。系统 (ln*treasury*,ln *reserve*) 的Granger因果关系也采取同样的检验方法，结论见表7.17。

从表7.17可以看出，国库资金不是金融机构信贷的Granger因的零假设在1%水平上被拒绝，金融机构信贷不是国库资金的Granger因的零假设也在1%水平上被拒绝，表明国库资金与金融机构信贷之间具有双向的因果性，即国库资金是金融机构信贷的Granger因，金融机构信贷是国库资金的Granger因。这种现象的解释是国库资金的增减引起了社会流动性资金的紧缩或者扩张，促使金融机构流动性受到影响，从而导致金融机构信贷水平的变化；另一方面，金融机构信贷的增减将直接导致消费和投资的扩张或者收缩，促使经济总量的上升或者下降，从而由于税基变化而导致税收的上升或者减少，最后引起国库资金的变化。

对于国库资金与金融机构准备金的Granger因果关系检验，并没有发现存在双向因果关系的证据。国库资金不是金融机构准备金的Granger因的零假设在10%水平上被拒绝，而金融机构准备金不是国库资金的Granger因的零假设却被接受（见表7.17）。因而，国库资金是金融机构准备金的Granger因，但金融机构准备金并不是国库资金的Granger因。

表7.17 国库资金变量与金融机构贷款变量、金融机构准备金变量的Granger因果检验

		Granger原因				Granger原因	
Granger结果		$d\ln loan$ 滞后项	$d\ln treasury$ 滞后项	Granger结果		$d\ln reserve$ 滞后项	$d\ln treasury$ 滞后项
$d\ln loan$	H_0	n.a.	系数为零	$d\ln reserve$	H_0	n.a.	系数为零
	χ^2	n.a.	26.11		χ^2	n.a.	9.36
	P	n.a.	0.0001		P	n.a.	0.096
$d\ln treasury$	H_0	系数为零	n.a.	$d\ln treasury$	H_0	系数为零	n.a.
	χ^2	15.47	n.a.		χ^2	3.89	n.a.
	P	0.0085	n.a.		P	0.565	n.a.

注：零假设 H_0 表示列变量不是行变量的Granger原因，P值是根据Wald系数检验 χ^2 统计量计算出的相伴概率，由软件Eviews5.0给出。

由此可见，国库资金既是金融机构信贷的Granger因，也是金融机构准备金的Granger因，国库资金的波动将对金融机构信贷和金融机构准备金产生影响，促使金融机构信贷发生扩张或者收缩，影响金融机构的储备水平，从而最终都反映到货币政策传导的信贷机制上，进而影响货币政策有效性。

7.6.3 脉冲响应分析

Granger因果检验反映了国库资金对货币政策传导机制信贷渠道的作用方

向，接下来将采用脉冲分析方法分析国库资金对金融机构贷款、金融机构准备金产生影响的动态变化。由于VAR中不同方程的随机误差项之间存在同期相关，因而需要构造一个正交矩阵将同期相关的冲击项转换为同期不相关的冲击项，这里采用Cholesky分解方法得到脉冲响应，同时采用时间滞后为10期。具体结果如图7.11和图7.12所示。

从图7.11可以看出，金融机构信贷变量对来自国库资金变量的单位冲击产生了负向反应，其反应程度从第1期开始逐渐逐渐增强，到第5个月时脉冲响应程度达到了最大，然后逐渐衰减。这表明国库资金的增加导致了金融机构信贷水平的下降，影响程度表现出一定的滞后性。然而，对于金融机构准备金而言，并没有因为国库资金的单位冲击而表现出负向变化，而是呈现出正向变动（见图7.12），这种现象表明，国库资金的增加导致了社会流动性的收缩，但国库资金与一般的存贷款不同，国库资金的增加直接导致基础货币的等量减少，短期内直接体现为流通中的现金和金融机构准备金的下降，金融机构为此增加准备金存款以应付财政收入及时入库的要求。从图7.12可以看出，金融机构准备金变量对国库资金变量单位冲击的反应程度从第1期开始逐渐增强，到第9个月时达到最大。

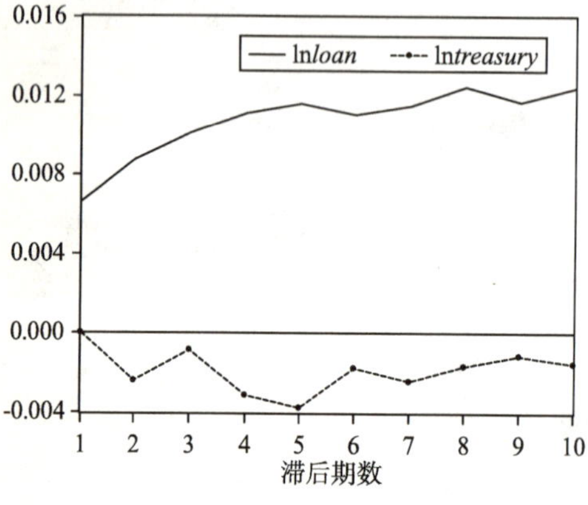

图7.11　金融机构信贷变量的脉冲响应

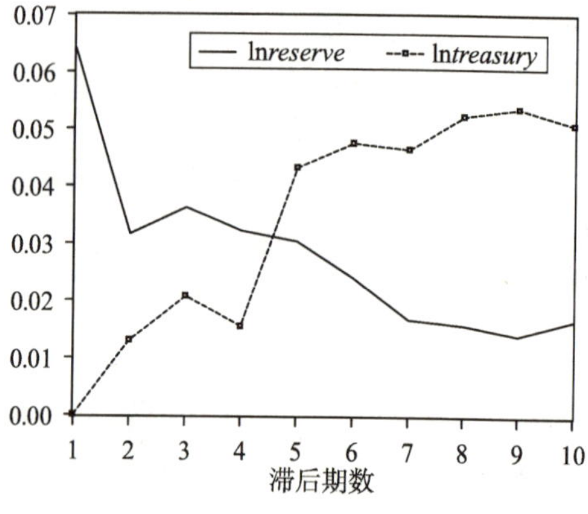

图7.12　金融机构准备金变量的脉冲响应

可见，国库资金对金融机构信贷和准备金都造成了扰动，金融机构信贷会随着国库资金的增加与降低而出现紧缩和扩张的现象，金融机构准备金则由于国库资金的增加而出现暂时上升的现象，从而促使金融机构信贷扩张进一步受到限制；相反地，国库资金的下降将导致信贷水平上升。这些都表明国库资金变化导致了金融机构信贷和准备金水平的改变，对货币政策信贷传导机制产生了影响，从而影响货币政策有效性。

7.6.4 方差分解

上面从脉冲响应角度分析了国库资金对金融机构信贷和准备金的动态影响过程，接下来将运用VAR方差分解技术分析国库资金对货币政策信贷传导机制的影响程度。表7.18给出了金融机构信贷和准备金的方差分解。

从扰动程度看，国库资金对金融机构准备金影响较大，第5个月国库资金对金融机构准备金变化的解释力达到了24%，此后迅速上升，到第10期，解释力超过了60%（见表7.18），因而从方差分解可以看出，国库资金对金融机构准备金影响的程度很大。国库资金对金融机构信贷的影响程度则呈现倒“U”形的状态，从第1期开始逐渐增强，到第5个月时，国库资金对金融机构信贷的扰动最大，解释力达到了26.9%，但此后影响程度逐渐减弱，呈逐渐衰减的现象。

表7.18 金融机构信贷 ln *loan* 和金融机构准备金 ln *reserve* 的方差分解

期数	标准差	ln *loan*	ln *treasury*	期数	标准差	ln *reserve*	ln *treasury*
1	0.01	100.00	0.00	1	0.06	100.00	0.00
2	0.01	86.47	13.53	2	0.07	96.80	3.20
3	0.02	80.19	19.81	3	0.08	91.49	8.51
4	0.02	75.54	24.46	4	0.09	89.92	10.08
5	0.02	73.07	26.93	5	0.11	75.59	24.41
6	0.03	82.75	17.25	6	0.12	64.34	35.66
7	0.03	78.92	20.08	7	0.13	56.47	43.53
8	0.03	84.48	15.52	8	0.14	49.03	50.97
9	0.03	89.94	11.06	9	0.15	43.18	56.82
10	0.04	92.26	7.74	10	0.16	39.39	60.61

7.6.5 小结

本节对国库资金与金融机构信贷、金融机构准备金进行实证研究，结果表明国库资金与金融机构信贷、国库资金与金融机构准备金之间存在长期的协整关系。根据基于误差修正模型的Granger因果检验发现，国库资金是金融机构信贷和金融机构准备金的Granger因，国库资金的变化将引起金融机构信贷和准备金的改变。进一步脉冲响应分析结果显示，国库资金对金融机构信贷造成了负向变化，而金融机构准备金对来自国库资金的单位冲击则产生了正向扰动。国库资金对金融机构信贷水平和准备金的影响程度采用方差分解方法进行分析，结果表明国库资金对金融机构准备金造成了很大的影响，而对金融机构信贷的影响则呈倒“U”形模式。总而言之，中国国库资金的变化引起了金融机构信贷和准备金水平的显著波动，影响了货币政策信贷传导机制，进而将对货币政策有效性产生影响。

7.7 本章小结

第四章至第六章综合分析了不同国库资金管理制度下国库资金对货币政策的影响，在此基础上，本章以中国的数据作实证研究，得出了以下一些主要结论：

（1）随着经济的发展和公共财政体制改革的逐步深入，近年来中国国库资金呈现快速增长的趋势，截至2006年8月，国库资金达到了14471.94亿元。统计分析表明，国库资金的变化对基础货币造成了显著的影响，对中央银行的货币政策操作工具产生了对冲效应，进一步分析发现，国库资金与货币供应量 $M0$ 之间具有相似的波动特征，国库资金与货币供应量 $M0$ 呈显著的反向变化的关系。

（2）采用银行间同业拆借市场利率和基础货币作为货币政策操作目标的代理变量，并与国库资金进行计量分析。研究发现，国库资金与基础货币以及国库资金与银行间同业拆借市场利率之间具有长期的协整关系。从基于VECM的变量间短期动态关系来看，国库资金是基础货币和银行间同业拆借市场利率的Granger因，国库资金变动将引起基础货币和银行间同业拆借市场利率的显著波动。脉冲分析和方差分解表明，国库资金对基础货币造成正向影响，国库资金的增加和下降促使银行间同业拆借市场利率上升和下降，基础货币受国库资金的影响程度较大。这些都从侧面反映出中国国库资金对货币政策操作目标造成显著扰动。

（3）中国国库资金与各层次货币供应量之间的实证研究表明，国库资金与各层次货币供应量之间存在长期的协整关系，变量间存在向量误差修正模型（VECM）。进一步采用基于VECM的Granger因果检验发现，国库资金是各层次货币供应量的Granger因，国库资金的变动将引起各层次货币供应量的显著波动。对货币供应量的脉冲响应和方差分解发现，在初始阶段，各层次货币供应量对来自国库资金的单位冲击都表现出负向变化，并且影响程度呈逐渐衰减的现象。从影响程度看，国库资金对货币供应量 $M0$ 产生了最大的扰动影响，对货币

供应量 $M1$ 产生了较大的影响，对货币供应量 $M2$ 的影响程度相对较低。由于货币供应量是中国货币政策中介目标，因而国库资金变化对货币供应量的影响意味着对货币政策中介目标的显著扰动，中央银行货币政策由于国库资金将产生被动性，从而将影响货币政策有效性。

（4）采用金融机构信贷余额与金融机构准备金作为货币政策信贷传导机制的代理变量，通过计量方法研究国库资金对货币政策信贷传导机制的影响。研究表明，国库资金与金融机构信贷余额以及国库资金与金融机构准备金之间存在长期的协整关系。基于VECM的Granger因果检验发现，国库资金是金融机构信贷和金融机构准备金的Granger因，国库资金的变化将引起金融机构信贷和准备金的改变。脉冲响应和方差分解发现，国库资金引起了金融机构信贷的负向变化，而金融机构准备金对来自国库资金的单位冲击产生了正向变化。从影响程度上看，国库资金对金融机构准备金造成了很大的影响，而对金融机构信贷的影响则呈倒“U”形模式。总而言之，中国国库资金变化引起了金融机构信贷和准备金水平的显著波动，影响了货币政策信贷传导机制，进而将对货币政策有效性产生影响。

第8章　激活中国财政国库存量资金的制度选择

第7章研究表明，近年来中国国库资金余额不断上升，国库资金变化对中央银行基础货币操作工具、货币政策操作目标、货币政策中介目标以及货币政策信贷传导机制都产生了显著的影响。因而，中央银行将由于国库资金波动而显示出被动性，熨平国库资金对中国货币政策的影响势在必行。然而，如何熨平中国国库资金对货币政策的影响呢？一方面，必须研究各种制度下国库资金对货币政策影响的特点，分析熨平中国国库资金对货币政策影响的制度选择，第四章、第五章和第六章关于国库资金对货币政策影响的理论研究为本章的分析打下了基础；另一方面，必须结合中国实际情况作专门的分析。

8.1 激活中国财政存量资金规避其对货币政策影响的制度选择

第7章中国国库资金对货币政策影响的实证分析，在一定程度上验证了第四章单一金库制下国库资金对货币政策影响的理论结果，即当前中国国库资金对货币政策影响的特点与中国实行委托金库制的单一金库制度相吻合。在这种制度下，国库资金增减直接引起基础货币的变化，从而影响央行货币政策操作工具，进而对货币政策操作目标和货币供应量中介目标等货币变量造成不同程度的扰动，最终影响货币政策有效性。因此，熨平中国国库资金对货币政策影响的主要方式在于推行国库资金管理制度改革。前面的研究表明现代社会的国库资金管理制度主要有三种：单一金库制、银行存款制和混合金库制。然而，为熨平中国国库资金对货币政策的影响，哪种制度是中国国库资金管理制度改革的合意的制度模式？这必须结合中国现阶段的具体情况作专门分析。

8.1.1 独立金库制不是熨平中国国库资金对货币政策影响的制度选择

独立金库制最主要的优点在于可以比较有效地保障国库资金的安全。2003年左右，有些学者认为中国国库资金管理制度改革的目标模式应是独立金库制，主要原因在于，当前中国委托金库制下国库机构不健全，职能弱化，国库资金缺乏有效的监控机制，从而必须实行独立金库制以加强监管，保证国库资金安全。这种观点过多地推崇了独立金库制保障国库资金安全的优点，但却忽略了其潜在的不足或者可能带来的负面影响。从第三章和第四章的研究知道，独立金库制与委托金库制同属于单一金库制，它们对货币政策产生的影响及其影响机制是类似的，即国库资金变化会对基础货币、货币供应量和银行信贷等方面造成显著的扰动，而中国现阶段实行的是单一金库制中的委托金库制，因而，独立金库制并不能有效熨平当前中国国库资金对货币政策的影响。

另外，独立金库制度在实践中也不一定具有适用性。19世纪40年代后美国开始实行独立金库制度。1861年美国内战爆发打破了预算平衡，高额的战争费用促使政府向银行借款并开始发行纸币，违背了《独立金库法》规定的政府和银行不得进行资金往来、财政收支必须是黄金等硬币的规定，独立金库制开始出现了明显的“不独立”。另一方面，独立金库制下国库资金变化代表流通中基础货币的扩张和收缩，游离于流通体系之外的国库资金势必对货币供应量造成很大的影响。Taus(1943)研究指出，独立金库制使得基础货币由于预算的波动而发生变化，国库收入的季节性变动往往将货币储备从流通领域分离出来，从而和平时代财政预算盈余可能导致长时间的通货紧缩。在1896年之前有将近二十年时间的物价不断下降，与此相对应的是，同期国库资金从5100万美元上升到2.58亿美元，这与总共10亿美元左右的基础货币形成了强烈的对比。美国联邦政府在实践中由于独立金库制的种种问题而逐渐放弃该制度，并于1914年美国联邦储备银行建立后结束了独立金库制。可见，独立金库制不是熨平当前中国国库资金对货币政策影响的制度选择。

8.1.2 银行存款制不是熨平中国国库资金对货币政策影响的制度选择

在银行存款制下，国库资金没有离开流通领域，而是作为存款放在商业银行，国库资金变化只是反映社会资金所有权的转移，不会造成基础货币的收缩和扩张，从而不会像单一金库制那样引起货币政策操作目标和货币政策中介目标等重要变量的显著扰动，对货币政策的影响程度较弱。从这个意义上说，银行存款制可能是熨平当前中国国库资金对货币政策影响的制度模式。

然而，如果就此下结论声称银行存款制是当前中国国库资金管理制度改革的目标模式，那么未免有些草率。第三章和第五章研究表明，银行存款制下国库资金容易受到利益集团的影响，弱化商业银行接受国库资金存款的竞争性，增大国库资金不确定性，容易诱发风险，影响货币市场或者银行体系的稳定性。进一步地，银行存款制下，政府不设专门国库机构管理国库资金，商业银行将国库资金作为存款，国库资金成为商业银行的信贷基础，因而，国库资金的安全就完全依赖于银行体系的安全性。银行体系的脆弱性不仅可能导致国库资金的损失，而且可能由于国库资金的注入提高扩张倾向，反过来加速银行体系不稳定性。19世纪30年代，美国联邦政府实行银行存款制，将国库资金存储于各州银行，助长了州银行的扩张倾向。许多州银行以政府财政国库资金存款为基础，有恃无恐地大肆扩张贷款和贴现，超量发行银行券，大量银行贷款流向土地投机。于是出现了1837年的金融恐慌和萧条（陈明，2003b）。虽然不能说美国联邦政府实行银行存款制导致了危机的爆发，但可以肯定的是这种制度加速了危机的到来。因此，银行存款制的前提是发达稳定的银行体系，否则可能导致危机的发生，对货币政策将产生严重的负面影响。

中国银行体系经过近年来的各种改革以后，银行业管理水平、竞争力和赢利能力都有了较大的提高。然而，与国际银行业相比，中国银行业依然存在较大的差距，国内商业银行不良资产的比例仍然比较高，防范和化解金融风险的长效机制还没有形成。近几年中国在存量资产质量有了明显改善的同时，新的不良资产的产生却难以得到有效遏制，尤其是自金融危机以来我国房地产市场价格持续暴涨，目前宏观经济减速引发房地产风险上行，由此可能导致商业银行等金融机构资产出现缩水，增大金融风险。同时，国内商业银行金融服务的广度、深度和效率都还比较低，中国银行业还处于转型时期，还充满诸多不确定因素。在此情况下，如果将中国国库资金管理制度由委托金库制完全转向银行存款制，那么国库资金可能面临较大风险，从而可能对货币政策造成较大的负面影响。由此可以看出，银行存款制也不是现阶段熨平中国国库资金对货币政策影响的现实选择。

8.1.3 混合金库制是熨平中国国库资金对货币政策影响的最优选择

混合金库制兼具单一金库制和银行存款制的优点，国库资金对货币政策的负面影响较小，而且还会对货币政策产生积极的促进作用。第三章和第六章研究表明，混合金库制下，中央银行国库账户的国库资金余额保持相对稳定，从而不会像单一金库制那样对基础货币造成显著扰动；另一方面，闲置国库资金投资运作，提高货币市场流动性，同时，地方政府对闲置国库资金的投资需求内生推动公共机构投资者的发展，促进金融市场对货币政策的反应，提高货币政策有效性；另外，政府由于国库资金赤字债券融资而增加短期债券供给，有利于发展短期国债市场，促进市场基准利率的形成，从而有利于公开市场操作的实施，提高货币政策有效性。对于国库资金安全方面，混合金库制比银行存款制确实提高了，这主要表现在以下两个方面：一是混合金库制具有专门的国库机构管理国库资金，在闲置资金投资运作时遵循国库现金管理制度规定的安全性、流动性和收益性原则，把安全性和流动性放在首位，从制度上保证国库资金的安全；另一方面，混合金库制下国库资金投资不仅仅局限于银行存款，而是根据市场条件选择多种金融产品，实现投资的多样性，分散风险，降低了不确定性。因而，混合金库制克服了传统国库资金管理制度的一些缺陷，吸收了各自的一些优点，属于比较理想的制度模式。

混合金库制在理论上属于比较完善的制度模式，在现实生活中也具有较高的适用性，发达市场经济国家较多采用该制度，以熨平国库资金对货币政策的影响。美国联邦政府采用混合金库制，金融危机前通常保留50亿美元左右的日常资金在美联储国库账户中，以满足日常的财政支出需求，其他的存入商业银行的特殊账户——国库税收与贷款账户，商业银行提供债券作为抵押，以保证国库资金的安全。通过这种方式，保持美联储国库账户资金的基本稳定，可以使中央银行的基础货币数量不会因国库资金的波动而发生变化，商业银行国库资金存款的债券抵押由专门的机构实时监控，保证了国库资金的安全。英国政府也推行混合金库制度，在英国中央银行英格兰银行国库账户中保留日常资金2亿英镑左右，其他的进入发达的货币市场进行投资，并由英国政府特设的债务管理局专门管理，国库资金的操作充分考虑中央银行的货币政策，按照这种方式，有效地降低了国库资金对货币政策的影响。

中国可以借鉴发达市场经济国家经验，推行混合金库制度改革，熨平国库资金对货币政策的影响。主要思想如下：保留中央银行现有的国库机构，但必须给予较高的权限并配备专业人员，专门管理国库资金，国库机构中的国库账户资金以满足日常支出需求为限，其他的闲置国库资金通过投资或者存款回到流通领域，从而使国库资金对基础货币的影响降到最低水平。鉴于现阶段中国金融市场仍然存在较大不确定性，而且正处于全面深化改革关键时期，可以首先尝试将国库资金作为存款存放在合格的商业银行，为保证安全性，适当提高国库资金的债券抵押比例，当然这样做的直接后果是，可能使商业银行的信贷扩张受到限制。国库机构必须对债券抵押比例、国库资金运作原则等进行严格的日常监督，根据市场风险评估和市场发展水平，及时调整国库资金的投资组合，以保证国库资金的安全性。

8.1.4 中国推行混合金库制度改革的相关问题

尽管从上面的分析知道，中国国库资金管理制度改革的目标模式是混合金库制，但改革必须遵循适当的时机，只有切实结合中国实际情况，才可能达到熨平国库资金对货币政策影响的目的。根据发达市场经济国家通行做法，混合金库制度改革最核心的问题有三个：一是确定政府国库最优资金存量水平，以此决定保留在央行国库账户中的国库资金余额，满足政府日常的支出需求；二是将超过国库最优资金存量水平的闲置国库资金通过货币市场或者商业银行存款等形式投资运作，获取闲置国库资金的投资收益；三是周期性发行短期国债，弥补国库资金赤字和平滑国库资金季节性波动，保证央行国库账户资金余额稳定在最优资金存量水平，满足政府日常支出需求及避免由于央行国库账户资金波动而对基础货币等变量产生扰动。下面将结合中国具体情况，对这三个问题进行研究。

8.2 中国政府国库最优资金存量水平的确定

资金最优存量水平的确定首先被私人部门所认识，具有良好发展前景的企业往往由于预期市场巨大利润盈余而实行大规模扩张，如果无法准确确定企业日常资金存量水平，那么可能导致企业盲目扩张而没有针对潜在的风险进行资金调整，促使企业资金周转不畅，从而发生运作困难甚至倒闭。与企业、个人等微观主体类似，政府也有投资、消费等行为，从而政府也有资金存量水平的界定问题。政府财政预算收支的季节性和周期性波动会导致政府国库资金偏离最优资金存量水平的问题，政府必须根据准确的资金存量水平制定相应的政策，进行短期融资或者对闲置国库资金实施投资运作。20世纪60年代以来美国政府开始对此进行开创性的研究（Aronson，1968;Cooper，1973)。这里在Baumol（1952）模型的基础上，结合Aronson (1968）和Sastry(1970)的研究构建国库资金最优存量模型，并运用中国的经验数据确定中国政府国库的最优资金存量水平。

Baumol模型是资金存量模型中的经典模型，但这个模型假设所有资金支出需求都以资金储备为前提，即假定借款成本为无限大，从而不可能通过外部市场借款来实现暂时的资金融资，市场主体必须在支付前出售资产以获得支付必需的资金。然而，现实生活中，资金支出超过最优资金储备时并不一定马上引发危机，而是可以通过外部市场进行借款解决，如果外部融资仍无法满足支出需求，那么才可能引发危机的发生。各国政府财政收支都带有明显的季节性和周期性，通过外部市场借款贴现，解决政府暂时的支出困难是极为普遍的现象。另一方面，政府国库资金管理的目标是实现闲置国库资金投资收益最大化和国库资金赤字筹资成本最小化，因而如果暂时的外部筹资成本低于资金的投资收益，那么政府就可以把较多的资金用于投资，而通过较低成本的暂时借款解决暂时的支出需求，以此获得投资和筹资的利差。基于这些考虑，下面进行模型构建。

8.2.1 模型假设

根据研究需要，将用于投资收益的资产（存款、债券等）统称为生息资产，这样政府国库资产种类就仅仅表现为两种形式，即保留在国库机构的国库资金和投资于货币市场的生息资产。假设政府在这两种资产之间转换的成本是 b ，进一步假定转换成本独立于转换数量。假设 Y 为一个财政年度内的财政支出；用 K 表示每期的资金支出需求数量；用 T 表示一个财政年度的时间长度，按照我国的做法，一个财政年度为一年，这里也表示一年；用 t_1 表示一个时期内政府国库机构保留的国库资金可以满足支出需求的时间长度，用 M 表示 t_1 这个时期内政府保留的资金储备，用 t_2 代表一个时期内政府保留的资金无法满足支出需求的时间长度，t 表示每个时期的长度，可以为天、月或者季度等。i 表示财政年度内资金每天的机会成本，即由于保留现金而放弃了由此进行投资带来的收益，从而 i 就是每天的平均收益率，则年度平均收益率[1]为 Ti ； R 表示借款每天的平均成本，则年度平均借款成本为 TR 。Q 表示最优的资金存量水平。由于政府支出主要按照财政预算进度进行拨款，所以其支出模式比企业可控，在平均意义上将表现出较高的平滑性。根据上述的假设，各种变量的直观意义如图8.1所示。

[1] 这里考虑单利的情况。

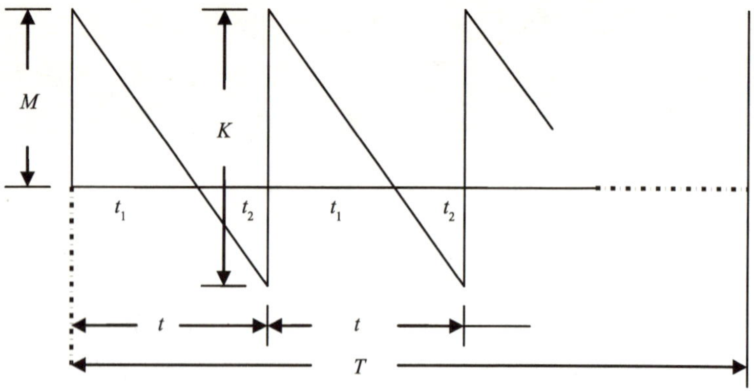

图 8.1　政府支出模式图

8.2.2 模型构建和求解

按照模型假设可以知道，政府国库日常资金支出主要涉及三种成本，即每个时期中政府国库预留的国库资金储备的平均机会成本 $\frac{M}{2}t_1 i$；每个时期政府由于支出超过资金储备而必须通过外部借款的平均成本是 $\frac{K-M}{2}t_2 R$；另外，政府由于将国库资金投资于生息资产，因而在每期开始前政府必须出售部分资产以满足国库机构日常的资金储备需求，从而必须支付资产转换成现金的转换成本，这个部分每期的成本是 b。由于政府财政年度总支出为 Y，每期的支出为 K，从而总共有 $\frac{Y}{K}$ 个时期，因而财政年度内政府国库资金管理的总成本为

$$C=(\frac{M}{2}t_1 i+\frac{K-M}{2}t_2 R+b)\frac{Y}{K}=\frac{YM}{2K}t_1 i+\frac{(K-M)Y}{2K}t_2 R+\frac{Y}{K}b \tag{8.1}$$

另外从图 8.1 可以看出 $t=t_1+t_2$，以 t_1、M 为直角边组成的三角形和以 t、K 为直角边组成的三角形相似，以 t_2、$K-M$ 为直角边组成的三角形和以 t、K 为直角边组成的三角形相似，按照相似三角形的性质可以得出以下结论：

$$t_1=\frac{M}{K}t \tag{8.2}$$

$$t_2=\frac{K-M}{K}t \tag{8.3}$$

根据同样的方法，可以得出关系式 $\frac{K}{Y}=\frac{t}{T}$，从而有

$$t=\frac{TK}{Y} \tag{8.4}$$

根据式(8.1)、式（8.2)、式（8.3）和式（8.4)，可以得出简化的政府总成本公式：

$$C=\frac{TM^2}{2K}i+\frac{T(K-M)^2}{2K}R+\frac{Y}{K}b \tag{8.5}$$

政府国库日常最优资金水平的确定取决于政府成本最小化的资金持有行为，即使得式（8.5）的成本最小化。按照式（8.5）分别求解 M 、K 最优化一阶条件 $\frac{\partial C}{\partial M}=0$ 和 $\frac{\partial C}{\partial K}=0$ ，可以得

$$TM^2 i+2Yb+TM^2 R=TK^2 R \tag{8.6}$$

$$KR-MR=Mi \tag{8.7}$$

根据式(8.6)和式(8.7)可以得出 M 、K 的最优值分别为

$$K=\sqrt{\frac{2Yb}{Ti}}\sqrt{\frac{i+R}{R}} \text{ 和 } M=\sqrt{\frac{2Yb}{Ti}}\sqrt{\frac{R}{i+R}}$$

从而可以知道政府必须保存的日常最优的资金存量水平 $Q=\frac{M}{2}=\frac{1}{2}\sqrt{\frac{2Yb}{Ti}}\sqrt{\frac{R}{i+R}}$ ，这就是所求的政府国库日常最优的资金存量水平。更进一步地，如果 $R\to\infty$ ，即外部借款成本无限大，那么 $Q=\frac{1}{2}\sqrt{\frac{2Yb}{Ti}}$ ，这与Baumol模型的结果一样，从而可以看出这个模型包容了Baumol模型，Baumol模型是这个模型的一个特例，并且由 $Q=\frac{M}{2}=\frac{1}{2}\sqrt{\frac{2Yb}{Ti}}\sqrt{\frac{R}{i+R}}\leqslant\frac{1}{2}\sqrt{\frac{2Yb}{Ti}}$ 可以知道本书的政府国库最优资金存量水平模型得出的政府国库最优的资金存量水平比Baumol模型得出的小，表明通过增加外部筹资渠道可以使政府有更大的空间管理国库资金。值得指出的是，上面所说的收益率 i 和外部借款成本 R 分别是指每天收益率和每天外部借款成本，而实际生活中往往给出的是年度收益率和年度借款成本，如年度贷款利率等，因而这里做一个转化，将政府国库最优资金存量水平转化为年度收益率 Ti 和年度借款成本 TR 的关系式，即

$$Q=\frac{M}{2}=\frac{1}{2}\sqrt{\frac{2Yb}{Ti}}\sqrt{\frac{R}{i+R}}=\frac{1}{2}\sqrt{\frac{2Yb}{Ti}}\sqrt{\frac{TR}{T(i+R)}}=\frac{1}{2}\sqrt{\frac{2Yb}{Ti}}\sqrt{\frac{TR}{Ti+TR}} \tag{8.8}$$

另外该模型引入了借款的方式，但是借款是否受到约束呢？能否无限借款呢？事实上，从 M 和 K 容易得出它们的关系式是 $\frac{MKTi}{b}=2Y$ ，等式的右边是年度财政收入，是一个固定的量，由此可以看出每期的支出 K 并不能无限增大，

从而 $K-M$ 也受到了相应的限制，说明了无限借款的不可能性，因而这也体现了模型与现实的吻合性。

8.2.3 中国政府国库最优资金存量水平的测算

上面通过模型分析得出政府国库最优资金存量水平表达式（8.8），揭示了政府国库最优的资金存量水平与其他变量之间的平方根关系。该模型表明了政府国库最优资金存量水平的确定必须依赖于以下参数：年度收益率 Ti 、年度借款成本 TR 、年度财政支出 Y 和每期债券等资产与现金的转换成本 b 。由于中国尚未完全市场化，这些参数的选择无法完全采用市场化指标，只能根据现有的数据进行计算整理，得到相应参数的替代指标。为了较好地对中国政府国库最优的资金存量水平进行测算，选择2002年至2013年的政府国库资金月度数据做相应的分析，主要原因在于最近几年来中国政府市场化改革不断深入，政府也逐步关注财政预算支出绩效，对其进行评价有着更广泛的意义。

首先，对于年度收益率 Ti ，发达国家主要根据债券市场中的短期国债投资收益率作为基准水平，但是中国债券市场虽然规模很大，然而短期国债一直以来处于偏低水平，大部分局限于中长期，从而不能作为基础收益率的参照标准，中国债券市场的短期水平往往参照回购和其他债券交易。特别是近年来中国外汇储备急剧上升，中央银行在现行外汇体制下被动投放基础货币，为了降低市场上过多的流动性，中央银行采取货币冲销政策，即央行通过发行央行票据对冲外汇占款。货币冲销的结果促使中央银行票据规模和余额的迅速上升，大量短期中央银行票据代替国债形成了收益率曲线，因而年度收益率 Ti 由市场上回购和短期中央银行票据收益率的平均值加权计算而得，具体数值见表8.1中的市场平均收益率栏目。另外，由于银行存款也是获得闲置国库资金投资收益的一个重要渠道，因而这里也将其纳入讨论的范围，作为年度收益率 Ti 的另一个替代指标，其数值主要参照各年度国家规定的存款利率水平。在下面的讨论中将利用这两种指标进行综合分析，从而给出较客观的结论。

对于年度财政支出 Y ，主要依据《中国财政年鉴》和《中国人民银行年报》中的财政支出数据，具体见表8.1中的财政支出栏目。

表8.1 中国政府国库最优资金存量水平测算采用的参数指标数据

年度	财政支出(亿元)	银行间同业拆借市场平均利率(%)	市场平均收益率(%)	存款利率(%)
2002	22053.15	2.15	2.15	1.86
2003	24649.95	2.26	2.43	1.98
2004	28486.89	2.26	2.65	1.94
2005	33930.28	1.73	1.69	2.01
2006	40422.73	2.23	2.45	2.35
2007	49781.35	2.95	3.24	3.21
2008	62592.66	3.03	2.85	3.92
2009	76299.93	1.27	1.18	2.25
2010	89874.16	2.15	1.97	2.30
2011	109247.79	4.08	3.23	3.28
2012	125952.97	3.57	2.9	3.24
2013	140212.1	4.21	3.48	3.00
平均值	66958.66	2.66	2.52	2.61

注：数据来源于《中国人民银行年报》《中国财政年鉴》《中国人民银行统计季报》《中国金融年鉴》和Wind资讯数据库。银行间同业拆借市场利率采用7天品种平均利率，市场平均收益率由市场上回购和短期央行票据收益率的平均值加权计算而得，存款利率通过各年度中国人民银行发布存款利率调整的若干利率加权计算而得。

其次，年度借款成本*TR*也是比较复杂的问题。这里的借款成本主要是短期资金的借款成本，在现实生活中往往与贷款利率联系在一起，中国虽然还没有实现金融机构的贷款利率市场化，但却拥有高流动性的银行间资金同业拆借市场，该市场的利率主要是通过市场机制形成的，因而我们可以采用银行间同业拆借市场利率替代借款成本。因为银行间同业拆借市场中主要以7天品种为主要交易品种，如图8.2所示，相对于其他品种而言，7天品种交易量一直处于绝对高位，具有代表性，从而选择7天品种的银行间同业拆借市场利率作为借款成本的替代指标，具体数值为各年各时期的加权平均，见表8.1的银行间同业拆借市场平均利率栏目。

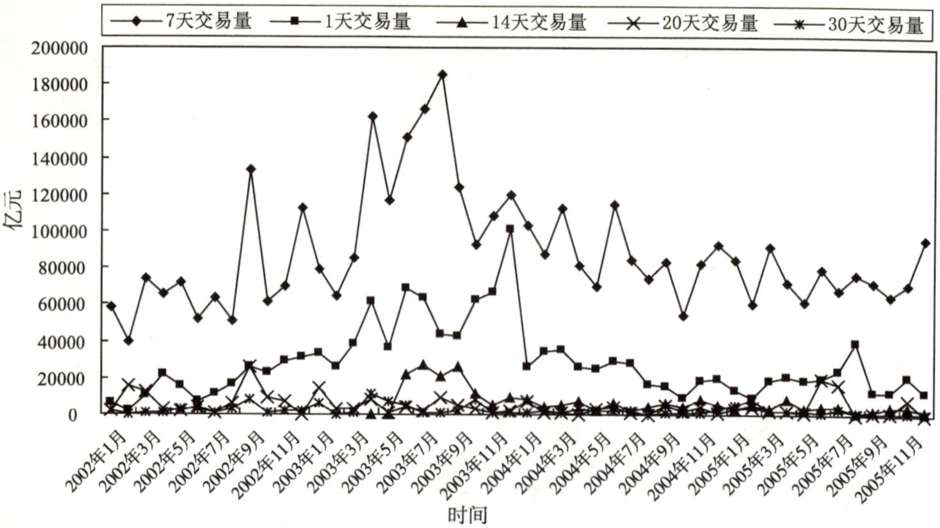

图8.2　银行间同业拆借市场各品种交易量❶

对于每期债券资产与现金的转换成本 b，由于没有直接与之相对应的统计指标，因而以沪深两市国债现货、企业债现货和可转换公司债券等交易手续费来测算。沪市规定投资者委托指定的证券商进行国债现货交易须交纳手续费，成交后在办理交割时，按规定应向券商交纳佣金，标准为不超过总成交金额的3‰。深市规定投资者委托证券商买卖债券时，向证券商交纳佣金，最高不得超过成交金额的3‰❷。这里采用3‰做最大化估计，从而可以得出国库最优资金存量水平的上限。根据表8.1的财政支出总数年平均值为66958.66亿元，按照每个月平均支出测算的交易费用约为5.58亿元❸，在下面测算最优资金存量水平时，以此作为每期债券资产与现金的转换成本 b 的参数估计值。

通过上面的分析，各变量都有了相应的估计值，接下来将对政府国库最优日常资金存量水平进行测算。如前所述，为了作出更客观的评价，年度收益率 Ti 考虑了中央银行票据市场平均收益率和存款利率两种情况，因而在测算时也对两种情况分别估计。同时，政府国库最优资金存量水平也采用Baumol模型 $Q=\frac{1}{2}\sqrt{\frac{2Yb}{Ti}}$ 进行测算，从而能够从一个侧面比较本节前面第二部分得出的国库最

❶ 数据来源于《中国人民银行年报》《中国财政年鉴》《中国人民银行统计季报》《中国金融年鉴》和Wind资讯数据库。

❷ 来源于中国证券管理委员会网站。

❸ 虽然2.27亿元很大，但是相对于市场2%左右的收益率来说，政府进行投资的净收益达到了50亿元以上。

优资金存量水平模型(8.8)和Baumol模型的差异。中国政府国库最优资金存量水平的测算结果见表8.2。

表8.2　中国政府国库月度最优资金存量水平测算　　单位:亿元

年度	最优资金存量水平模型测算结果1	最优资金存量水平模型测算结果2	Baumol模型测算结果1	Baumol模型测算结果2
2002	343.24	369.03	485.42	521.89
2003	354.28	392.48	510.36	565.39
2004	383.18	447.84	564.79	660.10
2005	599.13	549.37	842.38	772.42
2006	575.36	587.47	833.50	851.05
2007	616.20	619.08	892.60	896.76
2008	859.01	732.45	1196.65	1020.34
2009	1632.17	1182.00	2266.98	1641.71
2010	1492.92	1381.68	2066.65	1912.65
2011	1465.71	1454.49	1961.90	1946.88
2012	1773.19	1677.58	2387.12	2258.40
2013	1794.89	1933.16	2425.83	2612.70
平均值	975.80	958.21	1361.80	1337.25

注:1. 最优资金存量水平模型指本节前面第二部分得出的模型(8.8),Baumol模型是指Baumol(1952)通过总量储备理论得出的最优现金储备模型 $Q=\frac{1}{2}\sqrt{\frac{2Yb}{Ti}}$ 。2. 结果1使用的年度收益率为表8.1中的市场平均收益率,结果2使用的年度收益率为表8.1中的存款利率,其他参数都不变,其中Baumol模型没有涉及外部成本从而没有使用相关参数。

从表8.2可以看出，年度收益率 Ti 的选择对国库最优资金存量水平的测算有一定的影响。对于最优资金存量水平的具体数值而言，两个模型表现出一些不同之处， 各年度中，Baumol模型测算结果都比本书的最优资金存量水平模型测算结果大，这与前面理论模型得出的结果是一致的，主要原因在于最优资金存量水平模型考虑了政府外部暂时借款的可能，而Baumol模型却将政府借款成本假设为无穷大，从而将外部暂时融资的可能性排除在外。根据测算的数据，考虑了政府外部暂时借款渠道以后，政府可以降低日常的资金储备，平均最优资金存量水平由Baumol模型的1350亿元左右降到了950亿元左右，从而使政府国库机构需要保留的资金水平大大下降。

8.3 熨平中国国库资金波动影响的闲置国库资金投资方式选择

混合金库制下，超过政府国库最优资金存量水平的闲置国库资金必须通过投资转换成商业银行存款或者货币市场金融工具等资产，使闲置国库资金返回流通领域，否则就无法保证央行国库账户资金余额稳定在最优资金存量水平，从而会像单一金库制那样对货币政策造成显著影响，同时会造成闲置资金的时间价值损失。在8.2节的基础上，本节将对中国闲置国库资金状况进行分析，并对现阶段中国推行混合金库制度改革过程中闲置国库资金投资运作方式进行研究。

8.3.1 中国政府闲置国库资金现状分析

闲置国库资金是指超过政府国库最优资金需求水平的国库资金，通过前面对中国政府国库最优资金存量水平的测算，将同期每个月国库资金实际值与测算出来的最优资金存量水平相比较，得出其相对差额，即得出中国政府的闲置国库资金，具体结果见表8.3。从表8.3可以看出，2002年至2013年中国政府国库保留的国库资金一直处于高位，而且表现出随时间不断增长的趋势。纵观整个时间跨度，所有年份保留的国库资金都超过了政府国库最优资金存量水平，这表明了政府没有出现支付困难的迹象。相反的是，所有年份国库资金不仅超过政府国库最优资金存量水平，而且都处于高位水平，与表8.2测算的2013年的月度政府国库资金最优存量水平进行比较，某些月份政府保留的闲置国库资金超过最优存量水平的部分达到了近4万亿元。

表8.3 中国政府2010年—2013年月度闲置国库资金测算 单位:亿元

时间	政府国库资金	政府闲置国库资金测算结果1	政府闲置国库资金测算结果2	政府闲置国库资金测算结果3	政府闲置国库资金测算结果4
2010年1月	2527.52	23208.55	23362.55	23782.28	23893.52
2010年2月	2286.08	20794.10	20948.10	21367.83	21479.07
2010年3月	2325.10	21184.38	21338.38	21758.11	21869.35
2010年4月	2665.74	24590.76	24744.76	25164.49	25275.73
2010年5月	3034.22	28275.54	28429.54	28849.26	28960.51
2010年6月	3102.30	28956.37	29110.37	29530.10	29641.34
2010年7月	3377.09	31704.28	31858.27	32278.00	32389.25
2010年8月	3486.13	32794.68	32948.68	33368.41	33479.65

续表

时间	政府国库资金	政府闲置国库资金测算结果1	政府闲置国库资金测算结果2	政府闲置国库资金测算结果3	政府闲置国库资金测算结果4
2010年9月	3245.88	30392.15	30546.14	30965.87	31077.12
2010年10月	3497.74	32910.75	33064.74	33484.47	33595.72
2010年11月	3319.08	31124.13	31278.12	31697.85	31809.10
2010年12月	2427.73	22210.68	22364.67	22784.40	22895.65
2011年1月	2645.98	24497.88	24512.89	24994.07	25005.29
2011年2月	2913.32	27171.26	27186.27	27667.45	27678.66
2011年3月	2728.90	25327.14	25342.15	25823.33	25834.54
2011年4月	3158.81	29626.18	29641.19	30122.37	30133.58
2011年5月	3427.48	32312.92	32327.93	32809.11	32820.33
2011年6月	3454.21	32580.19	32595.20	33076.38	33087.59
2011年7月	3796.39	36002.04	36017.05	36498.23	36509.44
2011年8月	3879.96	36837.69	36852.70	37333.88	37345.10
2011年9月	3571.18	33749.87	33764.88	34246.06	34257.27
2011年10月	3878.99	36828.03	36843.05	37324.22	37335.44
2011年11月	3412.85	32166.58	32181.59	32662.77	32673.98
2011年12月	2273.37	20771.77	20786.78	21267.95	21279.17
2012年1月	2507.66	22689.45	22818.17	23303.38	23398.99
2012年2月	2681.15	24424.37	24553.09	25038.30	25133.91
2012年3月	2308.52	20698.06	20826.78	21311.99	21407.60
2012年4月	2736.07	24973.54	25102.26	25587.47	25683.08
2012年5月	2953.98	27152.72	27281.44	27766.64	27862.26
2012年6月	2755.03	25163.14	25291.87	25777.07	25872.69
2012年7月	3086.06	28473.51	28602.24	29087.44	29183.06
2012年8月	3117.80	28790.85	28919.57	29404.77	29500.39
2012年9月	2814.91	25761.96	25890.68	26375.89	26471.50
2012年10月	3314.52	30758.13	30886.85	31372.06	31467.67
2012年11月	3159.85	29211.43	29340.15	29825.35	29920.97
2012年12月	2075.33	18366.15	18494.87	18980.07	19075.69

续表

时间	政府国库资金	政府闲置国库资金测算结果1	政府闲置国库资金测算结果2	政府闲置国库资金测算结果3	政府闲置国库资金测算结果4
2013年1月	2396.63	21540.43	21353.56	22171.36	22033.10
2013年2月	2447.33	22047.51	21860.64	22678.45	22540.18
2013年3月	2275.72	20331.41	20144.54	20962.34	20824.08
2013年4月	2764.76	25221.81	25034.94	25852.75	25714.48
2013年5月	3233.84	29912.53	29725.67	30543.47	30405.21
2013年6月	3233.00	29904.16	29717.29	30535.10	30396.83
2013年7月	3678.90	34363.21	34176.34	34994.15	34855.88
2013年8月	3714.04	34714.54	34527.68	35345.48	35207.22
2013年9月	3448.08	32054.94	31868.08	32685.88	32547.62
2013年10月	4116.30	38737.17	38550.30	39368.11	39229.84
2013年11月	4191.57	39489.86	39302.99	40120.80	39982.53
2013年12月	2861.06	26184.77	25997.90	26815.71	26677.44

注：本表政府国库资金数据来源于《中国人民银行统计季报》和中国人民银行网站：http://www.pbc.gov.cn，并且根据表8.2计算所得的各年月度政府国库最优资金存量水平进行计算整理。其中，政府闲置国库资金测算结果1=政府国库资金−最优资金存量水平模型测算结果1；政府闲置国库资金测算结果2=政府国库资金-最优资金存量水平模型测算结果2；政府闲置国库资金测算结果3=政府国库资金- Baumol模型测算结果1；政府闲置国库资金测算结果4=政府国库资金- Baumol模型测算结果2。

在委托金库制下，中国政府国库资金迅速增加带来的是国库资金的高变化率，从表8.3可以看出，国库资金具有越来越强的季节性，虽然具有总体迅速增加的趋势，但季节性变化呈现出的是国库资金上升和下降的交错局面，而且变动的绝对数值出现不断扩大的趋势，国库资金的这种显著的季节性波动将引起基础货币发生剧烈收缩和扩张，进而对其他货币政策造成影响，随着国库资金总体水平的上升和变化程度的扩大，国库资金对货币政策将造成越来越大的负面影响。另一方面，从上面的分析看出，政府闲置国库资金出现了大幅度增长的局面，这从一个侧面反映了政府国库资金的增长不是为了满足国库的日常支出需求，相反地，近年来中国政府国库日常支出需求水平保持相对稳定，国库资金的增量直接体现在闲置国库资金的增长。这种现象表明近年来国库资金具有很大的可控性，政府国库日常资金需求并没有内生引致国库资金的被动上升，政府可以通过实行混合金库制，改变闲置国库资金的表现形式，保持国库机构中的国库资金存量水平的相对稳定性，从而降低国库机构中存放的国库资金的季节性、周期性波动，以此降低国库资金对货币政策的影响。

然而，政府应采取何种方式使闲置国库资金返回流通领域，以保持国库机构中的国库资金余额的相对稳定性？由于央行对冲外汇增长等原因，当前中国货币投放较快，经济层面也表现出部分行业投资过热的情形，因而从现实角度看，闲置国库资金的操作不宜采取极端的做法，否则大量闲置国库资金流入市场，势必影响当前中国政府宏观经济调控，与货币紧缩的货币政策相左。但从长远来看，国库资金的不断增长促使闲置国库资金逐渐变成"笼中虎"，如果任凭其增加而没有做相应的调整，只能导致日后改革更加困难，而且导致巨额闲置资金的时间价值成本损失。因而，从长远来看，必须采取渐进方式对闲置国库资金进行投资运作，使闲置国库资金返回流通领域。当然，对于采取何种方式来平滑闲置国库资金，同样必须结合现阶段中国的现实状况进行分析，可以考虑以下几种形式。

8.3.2 部分闲置国库资金用于偿还到期国债

自1998年以来，中国实行积极财政政策，政府发行大量国债拉动内需，促进了经济的发展，国债对保持中国经济平稳发展作出了重要的贡献，但直接的结果是导致国债余额的急剧上升。近年来根据经济发展形势，中国政府及时调整财政政策，由积极财政政策转向结构调整的稳健财政政策，然而，国债新发行数量虽然逐渐减少，但国债的存量水平却仍然不断上升，截至2013年年底，中央国债余额达到了8.7亿元[1]。高额的国债水平意味着高额的还本付息压力，包括地方融资平台在内的地方债务，全国债务风险呈现上升态势。另外，由于中国国债期限结构不合理，国债期限错配导致的债务偿还高峰所引发的风险不可忽视。

借鉴国际通行做法，如果财政收支盈余处于较低水平，闲置国库资金存量不高，那么一般采取发行新债还旧债的方式来应付国债到期，但如果有大量闲置国库资金，那么就必须考虑用闲置国库资金来偿还到期国债。事实上，国债发行收入是国库资金的重要来源之一，如果一个国家国债余额和闲置国库资金都处于较高水平，那么就从一个侧面意味着国家将国债的发行收入闲置在国库之中，一方面是国债的利息成本支出，另一方面是国库资金闲置的时间成本损失，这不符合一般的经济原则，最终体现出纳税收入的低效率使用。因而，针对当前中国闲置

[1] 数据来源于中央财政预算报告。

国库资金处于高位的情况，可以考虑使用部分闲置国库资金偿还到期国债的方式，使闲置国库资金返回流通领域。

8.3.3 闲置国库资金投资于货币市场

对中国来说，现阶段将部分闲置国库资金用于国债偿还，不仅符合当前中国的实际情况，也有益于财政的可持续发展。然而，这并不表明政府可以不拥有任何闲置国库资金，对于政府而言，社会充满各种不确定性，政府必须具备对各种危机和突发事件作出积极反应的能力，因而，政府有必要保留适当的闲置国库资金，以应对各种风险。这就产生了一个问题——如何管理这些闲置国库资金？资金的闲置必然意味着资金的时间价值损失。从表8.3可以看出，如果考虑资金的时间价值，那么近年来中国国库资金闲置的时间价值损失非常大。假设以4%的收益率来计算，那么2013年，我国政府由于国库资金闲置而导致收益损失在1000亿元以上。这些说明了闲置国库资金不能留在国库机构中，否则一方面造成资金“死藏”，对货币政策造成影响，另一方面也会造成资金的时间价值损失。

按照国际通行做法，政府保留的闲置国库资金通常投资于货币市场获取收益，但由于国库资金必须满足政府的正常支出需求，因而闲置国库资金的投资必须遵循“安全性、流动性和收益性”的原则，将安全性放在重要的位置，这可以通过交易的额外要求来达到目的，比如要求借款方提供足够的抵押品，在此基础上，必须保证资金具有足够流动性，这往往使得国库资金投资只能局限于一些交易频率高和交易量大的短期品种，确保资金的及时兑现。最后，根据特定的货币市场，决定投资的具体金融产品，以获取闲置国库资金投资收益最大化。就现阶段中国的实际情况而言，由于中国政府国库部门尚缺乏货币市场投资操作的经验，初期可以考虑将闲置国库资金作为商业银行存款来对待，并且要求接受国库资金存款的商业银行提供足够的优质抵押品；在条件允许情况下，也可以考虑将部分闲置国库资金用于国债的回购和逆回购等交易。当然，待时机成熟后，可以考虑像英国政府那样将闲置国库资金投资于货币市场的其他金融产品。

8.4 熨平中国国库资金波动影响的短期国债融资制度选择

实行混合金库制度改革，一个重要内容就是滚动发行短期国债，确保央行国库账户资金余额稳定在最优资金存量水平，从而熨平国库资金波动对货币政策的影响，同时避免发生现金流危机。国库资金需要通过发行短期国债进行弥补主要有以下两种情形：一是没有闲置国库资金，即国库资金发生季节性的短期赤字，从而通过发行短期国债弥补；二是闲置国库资金已经用于货币市场投资，但新的国债筹资成本低于闲置国库资金当时的投资收益水平，从而发行短期国债弥补央行国库账户的国库资金缺口比出售闲置国库资金投资的资产更有利。

西方发达市场经济国家一般将发行短期国债弥补国库资金不足作为一项常规事务。发行短期国债是美国财政部国库资金管理的重要手段。美国财政部滚动发行的短期国债包括：每周一发行的期限为13周和26周的短期国债，每周二发行的期限为4周的短期国债，以及有临时现金需要时发行的期限为几天至十几天不等的短期国债。短期国债的发行量通常由财政部根据国库资金流量预测情况提前几个月大体确定下来，并在发行前一周进行适当微调。英国政府除了滚动发行短期国债外，也会特别发行期限不超过28天的短期国债。这种短期国债的发行是为了满足不能方便地通过每周定期的短期国债拍卖来弥补的临时国库资金支出需要，为英国政府提供了平抑国库资金波动的附加工具，从而能够更加精确地熨平国库资金波动（刘菲菲，2005）。

中国推行混合金库制度改革，必然也面临着国库资金债券融资问题。尽管财政融资还有另一种方式，即向中央银行透支借款的方式，但是，1993年12月25日，《国务院关于金融体制改革的决定》正式下发，文件要求“财政部停止向中国人民银行借款，财政预算先支后收的头寸短缺靠短期国债解决，财政赤字通过发行国债弥补”，1994年后法律规定透支借款不再是中国弥补财政赤字的方式。因而中国国库资金融资问题也只能通过发行短期国债解决。然而，这种方式是否可行，其对现阶段财政状况将造成怎样的影响，是否会造成国债不可持续？这些问题的回答有赖于对当前状况的判断，以及对国债可持续性的重新认识。

8.4.1 模型分析[1]

国债是财政学的一个经典问题，判断国债对宏观经济效应影响的研究成果极为丰富，但并没有形成一致的结论。本节接下来将对此进行专门分析，首先通过模型阐述国债与经济动态效率关系的命题，在此基础上对当前的经济形势进行判断，然后对现阶段推行混合金库制度改革，滚动发行短期国债进行评价。本节采

[1] 本部分内容可以参考本书作者拙作：庞氏骗局、动态效率与国债可持续性，世界经济，2006年第12期。

用不确定性两期代际交叠模型进行研究，确定性经济中的两期代际交叠模型(OLG，over- lapping generations)最先由Samuelson (1958)提出，后来Diamond (1965)对其进行了扩展，本书采用的是在Zilcha(1990)将不确定性引入两期代际交叠模型基础之上而发展起来的随机两期模型。

1. 基本模型

假设市场经济由个人和企业组成，个人生存两期：青年期和老年期，第t期的青年人将在$t+1$期变为老年人。每期存在一代青年人和一代老年人。假设每个人在青年时期无弹性地提供1单位劳动而获得工资，每个人将得到的工资分成当期消费和储蓄，如果有政府债券，也可以将部分储蓄用于债券的购买。老年人不工作，消费年轻时的储蓄和资产收益。t期出生的人面临最大化问题：

$$\begin{aligned} max \quad & u(c_{1,t}) + E_t v(c_{2,t+1}) \\ s.t. \quad & c_{1,t} + s_{t+1} = w_t \\ & c_{2,t+1} = R_{t+1} s_{t+1} \end{aligned} \tag{8.9}$$

式中：$c_{1,t}$，$c_{2,t+1}$分别表示t期出生的人年轻和年老的消费，E_t是时期t的期望，$u()$、$v()$都是严格凹函数，R_{t+1}是资本回报率，s_{t+1}为储蓄水平，w_t是t期的工资。于是当R_{t+1}^f为国债无风险资产回报率时，可以得到最优化的一阶条件是：

$$u'(c_{1,t}) = R_{t+1}^f E_t v'(c_{2,t+1}) \tag{8.10}$$

对于企业，假设企业的生产函数是一次齐次的，即$Y(t)=F(K_t,N_t,\theta_t)$，K_t表示t期资本存量水平，N_t代表t期劳动者数量，θ_t表示自然的状态，$\{\theta_t\}(t=0,1,2,3,\cdots)$表示已经发生的历史状态系列，人均劳动产出为$y_t=f(k_t,\theta_t)$，$k_t$是人均资本存量。假设$f(\cdot)$满足以下条件：$f'>0, f''<0, f'(0,\theta_t)=\infty, f'(\infty,\theta_t)=0$。假定要素市场是竞争的，于是可以知道资本的回报率是$R_t=\partial f/\partial k_t$，工资$w_t=f(k_t,\theta_t)-k_t(\partial f/\partial k_t)$。自然状态$\theta_t$是随机的，于是资本的回报率也是随机的，这与政府债券的无风险回报率不同。

2. 动态效率

动态效率是经济增长、公共财政以及资产定价等领域研究的核心问题(Abel等，1989)。Phelps(1961)将资本的边际产量等于实际经济增长率的资本存量水平称为黄金律(Golden Rule)水平。Diamond(1965)最早注意到资本存量偏离黄金律水平的动态效率问题，并通过确定性两期代际交叠模型证明了当经济增长率超过资本的边际产量时，竞争经济可能会出现过度积累的均衡，这样的经济称为动态无效的经济，反之称为动态有效经济。在一个动态无效的经济中，资源配置不再是帕累托最优：人们可以通过减少资本存量、增加消费来提高当期社会福利水平。但Abel等(1989)和Zilcha(1990，1991)认为Diamond的动态效率判断方法并不合理，理由是确定性经济意味着经济变量不存在不确定性，这就无法区分利率水平是指资本的边际产出率还是国债的真实利率，也没有考虑经济增长率和资本品相对价格波动等情况。对此，Abel等人将随机性引入模型，研究了不确定性经济中的动态效率问题，提出了AMSZ法则，Zilcha提出了判断动态效率的充要条件。根据研究需要，这里也给出随机条件下的动态效率定义：

假设t期在自然状态θ_t出生的人的效用为$\boldsymbol{\Omega}(\theta_t)$，即

$$\boldsymbol{\Omega}(\theta_t)=u(c_{1,t}(\theta_t))+E_t\{v(c_{2,t+1}(\theta_{t+1}))|\theta_t\} \tag{8.11}$$

如果不能重新分配资源使得$\{\theta_t\}$中某个状态θ_s的效用水平$\boldsymbol{\Omega}(\theta_s)$上升而没有导致其他任何一个状态$\theta_t'$的效用$\boldsymbol{\Omega}(\theta_t')$下降，那么就称当前的均衡水平处于动态有效；反之则称为动态无效。(Abel等，1989)

由此可见，动态效率跟帕累托效率有着紧密的关系，动态有效意味着无法重新分配资源使其中至少一个个体的状况得到改善而不使其他人的状况受损，动态有效不存在帕累托改进的余地。

命题1(AMSZ法则)：如果对于所有时期t和所有自然状态，都有$R_t/V_t\leqslant -\varepsilon<0$成立，那么均衡经济是动态无效的；如果对于所有时期$t$和所有自然状态，都有$R_t/V_t\geqslant\varepsilon>0$成立，那么均衡经济是动态有效的。(Abel等，1989)[1]

在命题1中，V_t表示经济在t期有形资产的总市场价值，R_t是t期总资本的净收益。这个判断法则的应用与其他增长模型（Solow，1970）实证检验时对变量的要求不同的是，该法则使用的变量不需要严格的会计标准、折旧标准和通货膨胀的考虑，而只要比较经济生产部门的资金流入和流出。该准则的直观意义是：如果一个经济的产品从企业到投资者是净流出，那么均衡经济是动态有效的；如果一个经济的产品从企业到投资者是净流入，那么均衡经济就是动态无效的。Abel等人利用这个法则使用美国1929—1985年之间的长时间序列数据进行了检验，发现检验时期内的各期数据都满足$\frac{R_t}{V_t}\geqslant\varepsilon>0$，并据此得出美国经济动态有效的结论。然而Abel等人并没有阐述数据选取的时间区间的合理性，而且

[1] 具体证明可以参考Abel等(1989).

没有讨论检验的时期是否足以表明没有纳入检验区间的各个历史时期和未来的各个时期各个状态下也是满足 $\frac{R_t}{V_t} \geqslant \varepsilon > 0$ ，因此按照Abel等人使用有限的时间序列数据简化AMSZ法则判断经济动态效率的方法就未必科学，其因此所得到的结论在逻辑上未必严密。从理论而言，AMSZ法则也只给出了动态效率的充分条件，未能完整反映动态效率的特征，要对动态效率作出客观评价，需要做更多角度的研究，从更多角度来综合说明经济的动态效率问题。对此，Zilcha(1991)提出了判断动态效率的一个充要条件。

命题2：动态效率的充要条件(Zilcha，1991)：经济处于动态有效的充要条件[1]为

$$E\ln[f^{'}(k(w))] \geqslant \ln(1+n) \quad 或者 \\ E\ln[R(w)] \geqslant \ln(1+n) \tag{8.12}$$

同样地，经济处于动态无效的充要条件为

$$E\ln[f^{'}(k(w))] < \ln(1+n) \quad 或者 \\ E\ln[R(w)] < \ln(1+n) \tag{8.13}$$

式中：n 代表经济增长率，$R(w)=1+r(w)=f^{'}(k(w))$ ，$r(w)$ 为利率水平，可以发现在确定性经济中 $r>n$ 有 $E\ln[1+r(w)]=\ln(1+r)>\ln(1+n)$ ，从而得出经济动态有效的结论，但是在不确定性环境中经济动态无效 $E\ln[1+r(w)]<\ln(1+n)$ 却未必能推出 $r<n$ 这个确定性经济中的动态无效的条件。这说明了确定性经济中将利率和经济增长率直接比较来判断动态效率问题跟随机经济条件下的判断标准产生了差异，其主要原因在于不确定性经济充分考虑了一些实际经济变量的随机性，相应的动态效率标准蕴涵了经济变量上下波动的可能。

3. 动态效率与国债融资策略

下面将首先探讨国债滚动发行的融资策略对社会福利的影响以及相关政策可行性，并进而研究具体经济形势下国债的滚动发行策略问题，即分析动态无效经济条件下国债滚动发行策略的可行性，在对具体的问题进行分析之前，首先给出一个定义。

[1] 命题的证明可以参考Zilcha(1991).

庞氏策略[1]定义：政府推行还本付息的国债政策，如果债务与GDP比率的上确界不超过可持续债务GDP比率的上限，那么就将这种国债政策称为可行庞氏策略，否则称为不可行庞氏策略。

定义中的可持续债务GDP比率的上限可以用经验值，如《马斯特赫利特条约》（Maastricht Treaty）规定的可持续债务GDP比率60%，本书的定义中没有给出可持续上限的具体数值，主要是不希望引起具体数值带来的争论，当然使用具体数值并不会影响本书的结论。债务可持续上限的研究分为最优上限水平的确定（如Aiyagari and McGrattan(1998)）和在假定存在可持续上限水平的条件下讨论债务可持续性(如用《马斯特赫利特条约》规定的债务标准研究国债可持续性)两个方面的内容，这里的讨论重点在于判断动态效率经济下的债务可持续性而不是探讨最优上限水平，所以在可持续上限水平下研究该问题。

目前国债可持续性还没有统一的定义，研究国债可持续性问题遵循的国债可持续性定义大致可划分为两种类型。一是以特定的债务可持续性指标上限作为标准，并将满足标准的国债规模称为可持续的，比如Buiter(1985)和Blanchard (1990)提出的指标法，1992年欧盟《马斯特赫利特条约》（Maastricht Treaty）采用的也是可持续性指标上限，《马斯特赫利特条约》规定债务可持续标准是债务GDP比率不得高于60%，以此作为申请加入欧盟成员国的债务衡量标准。Aiyagari和McGrattan(1998)对美国政府最优债务规模进行测算，发现美国最优的债务GDP比率是2/3。这种方法的缺点是很难构造出各国普遍适用的国债可持续性指标上限。另一种国债可持续性定义以现值预算约束条件(Present Value Budget Constraint，PVBC)为依据，满足现值预算约束的国债规模称为可持续的，这个条件主要强调政府未来预算盈余现值和未来债务现值的一致性，由于未来充满不确定性，使得这个条件在现实中的实用性受到质疑，这一点可以由Trehan和Walsh (1988)与Hakkio and Rush(1991)的检验得到说明，他们使用该方法对美国债务可持续性进行判断却得出完全相反的结论。本书对国债可持续性的定义采用第一种方法，根据该定义可以看出可行庞氏策略的国债政策是可持续国债政策。可见，

[1] 使用庞氏策略定义的原因在其经常被用于代替国债滚动发行策略。庞氏策略来源于庞氏骗局(Ponzi Scheme)，庞氏骗局得名于20世纪20年代发生在纽约的一桩著名金融诈骗案，一名叫查尔斯·庞氏(Charles Ponzi)的意裔美国人成立了一个空壳公司，策划了一个用后来投资者的资金充作投资收益付给先期投资人的连锁性计划，一时暴富，后被拆穿。这种新债还旧债的方式与国债滚动发行策略相似，从而这里沿用庞氏策略的称呼，以此代表国债滚动发行策略。

可行庞氏策略就是可行的国债滚动发行策略，即国债滚动发行策略不会导致国债的不可持续。

命题3：如果庞氏策略可行，那么总可以通过实行特定的国债滚动发行政策，重新分配资源，实现帕累托改进，提高社会福利水平。

证明：假设 t 期的工资增长率为 g_t，t 期国债无风险回报率为 R_t^f（国债无风险利率与1之和），令 $\eta_N=\prod_{t=0}^{N}[R_t^f/(1+g_t)]$。考虑下面这个方案：假定 λ 为一个很小的常数，政府对0期的老年人转移支付 $\lambda\eta_0 w_0$ 并发行国债 $\lambda\eta_0 w_0$，当 $t\geqslant 0$ 时，t 期年轻人购买的债券数量为 $\lambda\eta_t w_t$，从而放弃了 $\lambda\eta_t w_t$ 的消费，按照国债还本付息的做法，当其年老时收到的回报是 $\lambda\eta_t w_t R_{t+1}^f$，特别地，第0期的年轻人购买的国债数量为 $\lambda\eta_0 w_0$。根据这个方案，$t+1$ 期年轻人购买的国债数量为 $\lambda\eta_{t+1}w_{t+1}$，又由于 $\lambda\eta_t w_t R_{t+1}^f=\lambda\eta_t[R_{t+1}^f/(1+g_{t+1})]w_t(1+g_{t+1})=\lambda\eta_{t+1}w_{t+1}$，这说明了 t 期年轻人购买的国债在 $t+1$ 期年老时得到的利息与本金之和刚好可以通过 $t+1$ 期年轻人购买的国债数量得以兑现，表明该方案得以延续。下面分析这个方案对 t 期（$t\geqslant 0$）年轻人的福利影响，根据式(8.10)有 $u'(c_{1,t})=R_{t+1}^f E_t v'(c_{2,t+1})$，$t$ 期年轻人购买的债券数量为 $\lambda\eta_t w_t$，当其年老时收到的补偿是 $\lambda\eta_t w_t R_{t+1}^f$，因此有 $-\lambda\eta_t w_t u'(c_{1,t})+\lambda\eta_t w_t R_{t+1}^f E_t v'(c_{2,t+1})=\lambda\eta_t w_t[-u'(c_{1,t})+R_{t+1}^f E_t v'(c_{2,t+1})]=0$，这说明所有 t 期（$t\geqslant 0$）出生的人的效用不会受到影响，而第0期的老人则得到了净收益 $\lambda\eta_0 w_0$。

如果存在上述所说的 λ，那么由上面的分析可以看出上面这个国债方案是帕累托改进的，从而命题得证，但问题是能否选择到这样的 λ 呢？事实上，假设 $b_t=B_t/Y_t$ 为 t 期的国债与GDP的比率，B_t 为 t 期国债存量水平，Y_t 为 t 期GDP，N_t 为 t 期年轻人的人数。根据命题假设庞氏策略可行的条件和可行庞氏策略的定义知债务与GDP比率 b_t 的上确界不超过可持续债务GDP比率上限，因此根据数学分析中的上确界定理知 $\{b_t\}$ 有界。另一方面，根据前面的国债方案可以知道当 $t\geqslant 0$ 时，t 期年轻人购买的债券数量为 $\lambda\eta_t w_t$，从而可知 t 期的国债存量 B_t 应不小于t期所有年轻人购买的国债总额，即 $B_t\geqslant\lambda\eta_t w_t N_t$，于是 $b_t=B_t/Y_t\geqslant\dfrac{\lambda\eta_t w_t N_t}{Y_t}=\dfrac{\lambda\eta_t w_t N_t}{w_t N_t}\times\dfrac{w_t N_t}{Y_t}=\lambda\eta_t\times\dfrac{w_t N_t}{Y_t}$，从而有 $0<\lambda\eta_t\times\dfrac{w_t N_t}{Y_t}\leqslant b_t$，这里 $\dfrac{w_t N_t}{Y_t}$ 恰好为 t 期工资总收入占GDP的比重，于是 $0<\dfrac{w_t N_t}{Y_t}<1$，宏观经济学经

常假定工资与GDP比率 $\frac{w_t N_t}{Y_t}$ 为常数，它不可能是一个收敛于零的序列，又由上面的证明可以知道 $\{b_t\}$ 有界，从而根据 $0 < \lambda\eta_t \times \frac{w_t N_t}{Y_t} \leqslant b_t$ 知 $\lambda\eta_t \times \frac{w_t N_t}{Y_t}$ 也是有界的，按照数学分析的有界性定理和工资与GDP比率 $\frac{w_t N_t}{Y_t}$ 的特性可以知道 $\{\lambda\eta_t\}$ 也有界[1]；于是由于 λ 是一个常数可以进一步得出 $\{\eta_t\}$ 也是有界，根据数学分析的有界定理可以知道存在一个正数 $M>0$ 使得 $\eta_t < M(t=0,1,2,\cdots)$，假定 ζ 为一个大于1的整数，从而只要取 $\lambda=\frac{1}{\zeta M}$ 就有 $\lambda\eta_t<\frac{1}{\zeta}$，于是 $\lambda\eta_t w_t<\frac{1}{\zeta}w_t$，这说明了此时 t 期年轻人购买的国债数量小于工资水平的 ζ 分之一，只要通过选择适当的 ζ，就可以使 $\lambda\eta_t w_t$ 为一个非常小的份额，不会超过 t 期年轻人的支付能力，这就表明我们所要的 λ 是存在的，从而说明上面帕累托改进的国债方案是可行的。命题证明完毕。

综上所述，如果庞氏策略可行，计划者只要恰当地制定国债滚动发行策略，那么国债不但不会给社会构成负担，反而有助于实现帕累托改进，提高社会福利水平。然而经济在什么形势下庞氏策略可行呢？下面这个命题给出了一个充分条件。

命题4：如果经济是动态无效的，0期的初始债务GDP比率不超过可持续债务GDP比率上限，那么引入还本付息的国债政策不但是可行的庞氏策略而且可能实现帕累托改进，提高社会福利水平。

证明：假设 b_t 为 t 期的国债与GDP的比率，B_t 为 t 期的国债存量，Y_t 代表 t 期的GDP水平，t 期国债无风险回报率为 R_t^f（国债无风险利率与1之和），n_t 为t期GDP增长率，于是 $b_t=B_t/Y_t$，根据命题引入的还本付息国债政策知 $b_{t+1}=R_{t+1}B_t/(1+n_{t+1})Y_t$；假设可持续债务GDP比率上限为 δ，则由命题的假设0期的初始债务GDP比率不超过可持续债务GDP比率上限可以知道 $b_0 \leqslant \delta$。由于经济是动态无效的，依据命题2动态无效的充要条件可以知道 $E\ln R_{t+1} < \ln(1+n_{t+1})$，从而根据数学期望的性质可以得到 $E\ln R_{t+1}=E(E\ln R_{t+1})<E[\ln(1+n_{t+1})]$，即 $E\ln R_{t+1}<E[\ln(1+n_{t+1})]$，于是在此基础上可以得到债务的动态

[1] 也可用反证法：假设 $\{\lambda\eta_t\}$ 无界，那么由 $(w_t N_t)/Y_t$ 的特性及数学分析的无界定理知 $\{b_t\}$ 无界，这就与本段开头证明所得到的 $\{b_t\}$ 有界矛盾。

路径为

$$E\ln b_{t+1}=E\{\ln R_{t+1}B_t-\ln[(1+n_{t+1})Y_t]\}=E\ln R_{t+1}+E\{\ln B_t-\ln[(1+n_{t+1})Y_t\}<$$
$$E\ln(1+n_{t+1})+E\{\ln B_t-\ln[(1+n_{t+1})Y_t\}=E\{\ln(1+n_{t+1})+\ln B_t-\ln[(1+n_{t+1})Y_t]\}$$
$$=E\ln(B_t/Y_t)=E\ln b_t$$

于是 $E\ln b_{t+1}<E\ln b_t$，从而根据函数的递归性质可以得到 $E\ln b_{t+1}<E\ln b_t<\cdots<E\ln b_0=\ln b_0\leqslant\ln\delta$，即 $E\ln b_{t+1}<\ln\delta$，根据数学分析有界性定理和单调递增复合函数的性质可知未来预期的债务与GDP比率的上确界不大于可持续债务GDP比率上限 δ，这就说明了庞氏策略是可行的。另外，由命题3的结论知道可行的庞氏策略可以通过设计特定的国债滚动发行政策方案实现帕累托改进，提高社会福利水平，于是动态无效经济条件下引入还本付息的国债政策不但是可行的庞氏策略而且可能实现帕累托改进，提高社会福利水平。

由此可见，在动态无效经济条件下可以推行可行的庞氏策略，这提供了政府干预经济的一个理由，经济动态无效时政府采用特定的国债滚动发行策略可以实现社会福利的提升，政府可以制定有助于帕累托改进的可持续性国债政策。

8.4.2 经验检验

从模型的讨论分析知道财政可持续性与经济形势密切相关，只有对中国宏观经济动态效率问题进行评价才能对财政可持续性出判断。命题1提供了判断经济动态效率的方法，接下来将采取命题一的指标进行实证分析，结合具体数据讨论中国经济动态效率问题。

根据命题1Zilcha(1991)的判断标准，比较利率与1之和对数的期望值和经济增长率与1之和对数值之间的大小关系就可以判断出经济的动态效率，这里将判断标准做一些转化，将变量期望理解为变量的平均值，根据对数的性质可以直接判别利率与1之和的均值和经济增长率与1之和均值的大小关系，由于利率未实现完全市场化，所以在判断中使用了三种利率指标：中央国债利率、地方政府债券利率与央票利率，分别与经济增长率进行比较。这里采取的数据截至2009年，主要是分析金融危机之前的情况，这样可以避免危机以来数据的有偏性。表8.4给出了1995—2009年中央国债利率、地方政府债券利率与央票利率数据情况，可以看出1+GDP增长率的平均值为15.06，三种利率情况下相应的利率与1之和的均值都小于经济增长率与1之和的均值。

当然，采取简单的利率平均手段可能会得出有偏的结论，因而需要进一步考虑时间数据序列的特征，表8.5是1995—2009年各品种利率与GDP增长率比较结果。数据显示，1995—2009年各债券品种利率都小于对应的经济增长率，根据数学期望的性质，容易得出各品种利率与1之和对数的期望值小于经济增长率与1之和对数的期望值，因此，根据命题2的动态效率充要条件可以说明中国经济处于动态无效。

表8.4　1995—2009年各品种利率与GDP增长率测算结果　　单位:%

变量	最小值	最大值	平均值
中央国债利率	2.39	14.31	5.09
地方政府债券(中央代发)利率	1.80	1.80	1.80
央行票据利率	1.34	3.78	2.57
GDP增长率	6.25	26.13	14.06
1+rBond	3.39	15.31	6.09
1+rLend	2.80	2.80	2.80
1+rBase	2.34	4.78	3.57
1+GDP	7.25	27.13	15.06

说明:中央国债利率为每年加权平均数,由于地方政府债务在2009年才开始发行,因而其利率为2009年一年的数据,相应的央行票据利率为2003—2009年之间的数据。1+rBond表示中央国债利率与1之和的数据,1+ rLend表示地方政府债券利率与1之和的数据,1+rBase表示央行票据利率与1之和的数据,1+GDP表示GDP增长率与1之和的数据。资料来源:各年的《中国统计年鉴》、Wind资讯数据库。

表8.5　1995—2009年各品种利率与GDP增长率比较结果　　单位:%

年度	中央国债利率	GDP名义增长率	地方政府债券利率	央行票据利率
1995	14.3148	26.13	n.a	n.a
1996	11.7445	17.08	n.a	n.a
1997	9.4124	10.95	n.a	n.a
1998	6.9391	6.87	n.a	n.a
1999	3.4681	6.25	n.a	n.a
2000	2.8956	10.64	n.a	n.a
2001	3.1152	10.52	n.a	n.a
2002	2.3945	9.74	n.a	n.a

续表

年度	中央国债利率	GDP名义增长率	地方政府债券利率	央行票据利率
2003	2.4619	12.87	n.a	2.48
2004	3.3839	17.71	n.a	2.86
2005	2.8125	15.67	n.a	1.94
2006	2.6604	16.97	n.a	2.35
2007	4.1160	22.88	n.a	3.23
2008	3.9978	18.15	n.a	3.78
2009	2.5753	8.43	1.7972	1.34

上面以Zilcha动态效率充要条件对中国实际经济运行的动态效率进行了考察，得出了中国经济动态无效的结论。事实上，从更现实的角度看，当经济运行处于动态无效区域时，资本会积累过度，表现为储蓄的持续上升，资金供给大于需求。因此，如果一国经济处于投资小于储蓄的状态，那么也可以从一个侧面反映出现实经济正处于动态无效状态。为此，在表8.6中给出20世纪90年代以来中国金融机构历年的存款余额、贷款余额和存贷差额。从表8.6可以看出，1994年以前，中国的贷款余额大于存款余额。但从1995年开始，随着存款余额的迅速增加，存贷差额变成正数。截至2013年，中国的存贷差额已经超过了32万亿元，这是国内储蓄偏高的有力证据。由此也可以从一个侧面更有力地证明中国当前经济正处于动态无效。

前面使用不同的方法对中国经济动态效率作出了评价，均得出中国经济处于动态无效的结论，从而可以说明中国经济正处于动态无效。根据命题3可以知道，当前我国财政具备可持续性。

表8.6　中国全部金融机构的存贷情况　　单位:10亿元

年份	存款余额	贷款余额	存贷差额
1992	2347	2632	－285
1993	2963	3294	－331
1994	4047	4081	－34
1995	5386	5054	332
1996	6857	6115	742
1997	8239	7491	748

续表

年份	存款余额	贷款余额	存贷差额
1998	9570	8652	918
1999	10878	9373	1505
2000	12380	9937	2443
2001	14362	11231	3131
2002	17092	13129	3963
2003	20806	15900	4906
2004	24053	17736	6317
2005	28717	19469	9248
2006	33543	22529	11015
2007	38937	26169	12768
2008	46620	30339	16281
2009	59774	39968	19806
2010	71824	47920	23904
2011	80937	54795	26142
2012	91755	62990	28765
2013	104385	71896	32489

说明：数据来源于2004年《中国统计年鉴》、2005年《中国统计摘要》和中国人民银行统计数据。

8.4.3 熨平中国国库资金波动影响的短期国债融资制度安排

中国经济处于动态无效，根据上述模型分析得出的命题结果知道，当经济处于动态无效时，政府可以制定有助于帕累托改进的国债滚动发行策略，而且这种策略不会导致国债的不可持续，这给出了中国现阶段通过短期国债滚动发行策略平滑国库资金波动的可行性分析。然而，短期国债的发行还会受到现有体制的约束。长期以来，中国实行的国债年度规模审批制度，在这种制度供给下，财政部发行一年期以内的短期国债会由于短期国债年度内到期而必须进行还本付息，从而占用了年度规模指标，因而财政部在这种制度供给下没有积极性发行短期国债(晓江，2004)。针对这个问题，2005年12月16日，十届全国人大常委会第四十次委员长会议通过了《全国人大常委会预算工作委员会关于实行国债余额管理制度的意见》，国债管理实现了从国债年度规模审批制度到控制年底累计额的国债余额管理制度的转变。这种制度解决了财政部没有积极性发行短期国债的问题，短期国债的发行有了相应的制度环境。

因此，中国可以利用现阶段经济动态无效的时机，推行国库资金管理制度改革，将委托金库制转向混合金库制，通过制定有助于提高社会福利水平的短期国债滚动发行策略，平滑国库资金流量，使央行国库账户资金保持在国库最优资金存量水平，熨平国库资金波动对货币政策的影响，同时又不会对我国财政状况造成负面影响。另一方面，国债是高信用低风险的债券，被誉为“金边债券”，发达市场经济国家通常将国债收益率作为市场化利率的基准。长期以来，中国由于国债期限结构单一，短期品种缺乏，从而没有形成国债的基准市场利率。随着中国逐步由委托金库制转向混合金库制，将短期国债的滚动发行制度化，短期国债收益率将逐步成为中国基准市场利率，从而为中国利率市场化打下基础，促进利率传导机制的形成，提高中国货币政策有效性。

对于短期国债的发行时机选择，还必须考虑与现有税收制度的协调。债务与税收是国库资金的两个重要来源，税收变化会造成国库资金的变化，政府对此表现出被动性，但由于税收的上缴时间和国债的期限结构设计都属于政府的控制范围，因而政府可以通过制定税收的上缴时机和国债的发行偿还机制，平滑国库资金流量。具体而言，对于短期国债的滚动发行，可以将国债的到期日确定为税收的上缴时间，这样，税收上缴时，社会因为税收高峰而出现大量资金集中缴入国库的情况，与此同时，国债的到期偿还却使国债的偿还资金流向社会流通领域，资金的流入和流出在一定程度上发生抵消作用，从而平滑国库资金流量。

8.5 熨平中国国库资金波动对货币政策影响宏观政策协调

前面各章关于国库资金对货币政策影响的理论分析和实证研究表明，国库资金不仅关系政府正常运作的财政保障，而且也会对货币政策产生显著的影响，国库资金与国债一样成为货币政策与财政政策的重要结合点。因而，推行混合金库制度改革仅仅是迈出熨平国库资金对货币政策影响的重要一步，要切实消除国库资金对货币政策的负面影响，必须进一步建立财政政策与货币政策的日常协调机制，在政策工具、政策实效和政策功能等方面加强合作和协调。

结合中国实际来看，财政政策与货币政策都是宏观调控体系的重要组成部分，现阶段中国财政政策与货币政策没有从属之分，这决定了财政部门与中央银行的相对独立性，国库资金变化产生的财政政策与货币政策冲突就难以避免。对此，必须建立财政部门与中央银行的定期会晤机制，这种会晤机制应当是多层面、全方位的，既包括高层人士之间的定期会晤，也包括具体政策调控部门之间的信息传递与交流、意见、主张的反馈等。通过这一机制，促进财政部门与中央银行在政策制定、实施等方面的协调与沟通，进而提高财政、货币政策调控的有效性和完整性。可以借鉴发达市场经济国家的经验，设立专门的财政部门和中央银行工作协调委员会，增加彼此之间协商、协调的机会，以减少摩擦、加强合作。为了便于银行进行货币管理，财政定期向银行提供详细的现金流量计划，反映财政资金的需求及在银行存款的变动情况。央行则对政府公债的发行时间、发行券种、发行期限、发行利率和发行方式等提出政策建议，对政府公债的二级市场交易提供便利和服务，并向财政部提供实时的交易信息（贾康、阎坤和周雪飞，2003）。在此基础上，财政部门与中央银行定期进行国库资金预测，彼此协商平滑国库资金的政策选择，中央银行通过公开市场操作对冲预期的国库资金波动，最终实现熨平国库资金对货币政策影响的目标。

8.6 本章小结

第七章研究表明，近年来中国国库资金变化对货币政策操作工具、货币政策操作目标、货币政策中介目标以及货币政策信贷传导机制都产生了显著的影响。对此，本章接着研究如何熨平中国国库资金对货币政策的影响。得出了以下一些主要结论：

（1）中国国库资金对货币政策影响的特点与中国实行委托金库制的单一金库制度相吻合。要熨平中国国库资金对货币政策的影响，必须推行国库资金管理制度改革。借鉴发达市场经济国家的成功经验，结合本书前面的研究结论及现阶段中国实际的金融环境和市场化水平，研究发现，银行存款制和独立金库制都不是熨平中国国库资金对货币政策影响的制度选择，混合金库制克服了传统国库资金管理制度的一些缺陷，吸收了各自的一些优点，属于当前中国比较理想的国库资金管理制度模式。

（2）测算中国政府国库最优资金存量水平是推行混合金库制度改革的核心内容之一，本章根据国库资金特点构建了国库最优资金存量模型，在此基础上结合中国的具体情况估计模型相关参数，测算结果表明，中国国库资金最优存量水平在950亿元人民币左右。将同期每个月国库资金实际余额与测算出来的最优资金存量水平相比较，得出中国政府的闲置国库资金，结果发现，2013年有一半月份政府保留的闲置国库资金超过了3万亿元。

（3）混合金库制的另一个核心内容是闲置国库资金的投资运作。闲置国库资金通过投资运作返回流通领域，使央行国库账户资金保持在国库最优资金存量水平，以此降低国库资金波动对货币政策的影响。研究表明，现阶段中国政府高额闲置国库资金的投资运作必须采取渐进方式，可以根据当前的宏观经济形势，首先通过偿还到期国债等方式返回流通领域，在此基础上，其他闲置国库资金可以遵循“安全性、流动性和收益性”原则投资于货币市场或者作为商业银行存款，实现激活财政存量资金的目的。

（4）短期国债融资是混合金库制下熨平国库资金波动影响的重要方式。模型研究表明，动态无效经济条件下可以通过实行特定国债滚动发行政策，提高社会福利水平，并且不会导致国债的不可持续。基于中国的数据检验表明，当前中国经济处于动态无效，根据模型的结论，可以推行有助于提高社会福利水平的短期国债融资策略。因而，中国可以利用现阶段经济动态无效的时机，推行国库资金管理制度改革，将委托金库制转向混合金库制，通过制定有助于提高社会福利水平的短期国债滚动发行策略，平滑国库资金流量，使央行国库账户资金保持在国库最优资金存量水平，熨平国库资金波动对货币政策的影响，同时又不会对我国财政状况造成负面影响。进一步地，从金融角度看，短期国债市场的发展还可以促进中国市场化利率的形成。对于短期国债的发行时机选择，可以将国债的到期日确定为税收的上缴时间，这样，税收上缴时，社会因为税收高峰而出现大量资金集中缴入国库的情况，与此同时，国债的到期偿还却使国债的偿还资金流向社会流通领域，资金的流入和流出在一定程度上发生抵消作用，从而平滑国库资金流量。

（5）国库资金成为货币政策与财政政策的重要结合点。因而，推行混合金库制度改革仅仅是迈出熨平国库资金对货币政策影响的重要一步，要切实消除国库资金对货币政策的负面影响，还必须进一步建立财政政策与货币政策的日常协调机制，在政策工具、政策实效和政策功能等方面加强合作和协调，建立财政部门与中央银行的定期会晤机制，加强国库资金预测，中央银行通过公开市场操作对冲预期的国库资金流动。

参考文献

[1] Aaron-Cureau C, Kempf H. Bargaining over Monetary Policy in a Monetary Union and the Case for Appointing an Independent Central Banker[J]. Oxford Economic Papers, 2006, 58 (1): 1-27.

[2] Abel A B, Mankiw G N, Summers L, et al. Assessing Dynamic Efficiency: Theory and Evidence[J]. Review of Economic Studics, 1989, 56: 1 20.

[3] Acheson K. The Allocation of Government Deposits Among Private Banks: The Canadian Case [J]. Journal of Money, Credit and Banking, 1977, 9(3): 447-459.

[4] ACIR. Invest of Idle Cash Balances By State and Local Governments [A]. Washington D C, 1961.

[5] Aiyagari S R,McGrattan E R. The Optimum Quantity of Debt[J]. Journal of Monetary Economics, 1998, 42(3): 447-469.

[6] Albrecht W S, Lookabill L L, McKeown J C. The Time-Series Properties of Annual Earnings [J]. Journal of Accounting Research, 1977, 15(2): 226-244.

[7] Aronson J R. The Idle Cash Balances of State and Local Governments: An Economic Problem of National Concern[J]. The Journal of Finance, 1968, 23(3): 499-508.

[8] Ball L, Elmendorf D W, Mankiw G N. The Deficit Gamble[J]. Journal of Money, Credit, and Banking, 1998, 30(4): 689-700.

[9] Barbie M, Marcus H, Ashok K. Assessing Aggregate Tests of Efficiency for Dynamic Economies[A]. IZA Discussion paper, 2004.

[10] Barro R J. Are Government Bonds Net Wealth?[J]. Journal Of Political Economy, 1974, 82 (6): 1095-1117.

[11] Baumol W J. The Transactions Demand for Cash: An Inventory Theoretic Approach[J]. The Quarterly Journal of Economics, 1952, 66(4): 545-556.

[12] Bernanke B S, Gertler M. Inside the Black Box: The Credit Channel of Monetary Policy Transmission[J]. Journal of Economic Perspectives, 1995, 9(4): 27-48.

[13] Bernanke B S, Blinder A S. The Federal Funds Rate and the Channels of Monetary Transmission[J]. American Economic Review, 1992, 82(4): 901-921.

[14] Bernanke B S. Alternative Explanations of the Money-Income Correlation[R]. NBER work-

ing paper，1986.

[15] Blanchard O J，Weil P. Dynamic Efficiency，the Riskless Rate，and Debt Ponzi Games under Uncertainty[R]. NBER Working paper，2001.

[16] Blanchard O J. Suggestions for a New Set of Fiscal Indicators，Organization for Economic Cooperation and Development[R]. Working Paper，1990，No.79.

[17] Blanchard O J，Fischer S. Lectures on Macroeconomics[M]. MIT Press，1989.

[18] Bloch E. The Treasury's Deposit Balances and the Banking System[J]. Essays in Money and Credit，Federal Reserve Bank of New York，1964：19－24.

[19] Blumenthal K. Texas Investment Pool Shows Similarities to Orange County，California's Troubled Fund[J]. Wall Street Journal，1994：15-15.

[20] Bohn H. The Sustainability of Budget Deficits in a Stochastic Economy [J]. Journal of Money，Credit and Banking，1995，27(1)：257-271.

[21] Bohn H. The sustainability of Budget Deficits with Lump-Sum and With Income -Based Taxation[J]. Journal of Money，Credit and Banking，1991，23(3)：580-604.

[22] Bottazzi L，Manasse P. Asymmetric Information and Monetary Policy in Common Currency Areas[J]. The Journal of Money，Credit and Banking，2005，37(4)：603-621.

[23] Brunner K，Meltzer A H. Some Further Investigations of Demand and Supply Functions for Money[J]. The Journal of Finance，1964，19(2)：240-283.

[24] Buchanan J M，Wagner R E. Democracy in Deficit：The Political Legacy of Lord Keynes[M]. New York：Academic Press，1977.

[25] Buiter W H. New Developments in Monetary Economics：Two Ghosts，Two Eccentricities，a Fallacy，a Mirage and a Mythos[J]. The Economic Journal，2005，115(502)：C1-C31.

[26] Buiter W H. The Fiscal Theory of the Price Level：a Critique[J]. The Economic Journal，2002，112(481)：459－480.

[27] Buiter W H. A Guide to Public Sector Debt and Deficits[J]. Economic Policy，November 1985，1(1)：13-79.

[28] Bunch B S. TexPool's Experiences in the 1990s：Policy Implications for Other State Investment Pools[J]. Public Budgeting & Finance，1999.

[29] Burton M，Lombra R E. The Financial System and the Economy：Principles of Money and Banking[M]. South-Western College Publishing，2000.

[30] Cagan P. Determinants and Effects of Changes in the Stock of Money 1875—1960 [M]. National Bureau of Economic Research New York，1965

[31] Campbell J Y. Some Lessons from the Yield Curve[J]. The Journal of Economic Perspective, 1995, 9(3): 129-152.

[32] Canzoneri M B, Cumby R E, Diba B T. Fiscal Discipline and Exchange Rate Systems[J]. The Economic Journal, 2001, 111(474): 667 - 690.

[33] Catt A J L. Idle Balances and the Motives for Liquidity[J]. Oxford Economic Papers, New Series, 1962, 14(2): 124-137.

[34] Cebula R J, Rhodd R G. A Note on Budget Deficits, Debt Service Payments, and Interest Rates[J]. Quarterly Review of Economics and Finance, 1993, 33(4): 439 - 45.

[35] Chattopadhyay S, Gottardi P. Stochastic OLG Models, Market Structure and Optimality[J]. Journal of Economic Theory, 1999, 89(1): 21 - 67.

[36] Ciocca G, Nardozzi P. The High Price of Money[M]. Oxford: Clarendon Press, 1996.

[37] Cooper S K. Idle Cash Balances of State and Local Governments: An Estimation Techniques [J]. Nebraska Journal of Economics & Business, 1973, 12(2): 21-21.

[38] Cooper S K. The Economics of Idle Public Funds Policies: Reconsideration[J]. National Tax Journal, 1972.

[39] Curtis D. Monetary Policy and Economic Activity in Canada in the 1990s [J]. Canadian Public Policy / Analyse de Politiques, 2005, 31(1): 59-77.

[40] DeCorleto D A, Trimble T A. Federal Reserve Banks as Fiscal Agents and Depositories of the United States in a Changing Financial Environment[J]. Federal Reserve Bulletin, 2004.

[41] Diamond P. National Debt in a Neoclassical Growth Model[J]. American Economic Review, 1965, 55(5): 1126-1150.

[42] Dickey D A, Fuller W A. Distribution of the Estimators for Autogressive Time Series with a Unit Root[J]. Journal of the American Stastical Association, 1979, 74: 427-31.

[43] Dickey D A, Fuller W A. Likelihood Ratio Statistics for Autogressive Time series with a Unit Root[J]. Econometrica, 1981, 49: 1057-72.

[44] Dobson L W. A Note on the Alternative Uses and Yields of Idle Public Funds[J]. National Tax Journal, September, 1968: 304-13.

[45] Dobson W L. The Investment of Idle Public Funds: a Review of the Issues [J]. American Journal of Agricultural Economics, 1972, 72.

[46] Dornbush R, Fischer S, Startz R. Macroeconomics, 7th Edition[M]. McGraw-Hill Company, 1998.

[47] Duggar J W, Rost R F. National Bank Note Redemption and Treasury Cash[J]. The Journal of Economic History, 1969, 29(3): 512-520.

[48] Easterly W，Schmidt-Hebbel K. Fiscal Adjustment and Macroeconomic Performance：A Synthesis[A].In Easterly，W.， Rodriquez， C.A. & Schmidt-Hebbel， K.，Public Sector Deficits and Macro-economic Performance，1994：15－78.

[49] Easterly W，Schmidt-Hebbel K. The Macroeconomics of Public Sector Deficits：A Synthesis [R]. Working Paper WPS 775，1991.

[50] Engle R F，Granger C W J. Co-Integration and Error Correction：Representation，Estimation，and Testing[J]. Econometrica，1987，55(2)：251-276.

[51] Fair R C. Estimates of the Effectiveness of Monetary Policy[J]. The Journal of Money， Credit and Banking，2005，37(4)：645-660.

[52] Feldstein M S. The Optimal Financing of Social Security[A]. Havard Institute of Economic Research Discussion Paper no.388，1974.

[53] Finger C A. The Ability of Earnings to Predict Future Earnings and Cash Flow [J]. Journal of Accounting Research，1994，32(2)：210-223.

[54] Fohlin C. Capital Mobilisation and Utilisation in Latecomer Economies： Germany and Italy Compared[J]. European Review of Economic History，Cambridge Univ Press，2006，3(2)：139-174.

[55] Fondana G. Rethinking Endogenous Money：A Constructive Interpretation of the Debate between Horizontalists and Verticalists[J]. Metroeconomica，2004，55：367-385.

[56] Friedman B M. Does Monetary Policy Affect Real Economic Activity?Why do We Still Ask this Question? [R]. NBER Working Paper N0.5212，1995.

[57] Friedman B M. Crowding Out or Crowding In? Economic Consequences of Financing Government Deficits[J]. Brookings Papers on Economic Activity，1978，3：593-641.

[58] Friedman M，Schwartz A J. A Monetary History of the United States，1867- 1960 [M]. Princeton University Press，1963.

[59] Giannoni M P，Woodford M. How Forward-Looking Is Optimal Monetary Policy?[J]. Journal of Money，Credit and Banking，2003，35(6)：1425-1469.

[60] Gilbert R A. A Revision in the Monetary Base[J]. Federal Reserve Bank of St. Louis Review，1987.

[61] Gilbert R A. New Seasonal Factors for the Adjusted Monetary Base[J]. Federal Reserve Bank of St. Louis Review，1985.

[62] Gilbert R A. Calculating the Adjusted Monetary Base under Contemporaneous Reserve Requirements[J]. Federal Reserve Bank of St. Louis Review，1984，66(2)：27-32.

[63] Granger C W J. Some Recent Development in a Concept of Causality[J]. Journal of Econo-

metrics，1988，39：199-211.

[64] Granger C W J. Developments in the Study of Cointegrated Economic Variables [M]. Oxford Bullentin of Economics and Statistics，1986：213-228.

[65] Granger C W J，Weiss A A. Time Series Analysis of Error-Correction Models [J]. Studies in Econometrics，Time Series，and Multivariate Statistics，1983.

[66] Granger C W J. Investigating Causal Relations by Econometric Models and Cross- Spectral Models[J]. Econometrica，1969，37(3)：424-438.

[67] Hakkio C S，Rush M. Is the Budget Deficit Too Large?[J]. Economic Inquiry，July 1991，29(3)：429-445.

[68] Hald E C. Monetary Aspects of Changes in Treasury Cash Balances[J]. Southern Economic Journal，1956，22(4)：448-456.

[69] Hamilton J D. Time Series Analysis[M]. Princeton University Press，1994.

[70] Hansen A H. Monetary Theory and Fiscal Policy[M]. New York：McGraw-Hill，1949.

[71] Haywood C F. The Pledging of Bank Assets：A Study of the Problem of Security for Public Deposits[M]. Association of Reserve City Bankers，1967.

[72] Hecklman J C，Wood J H. Political Monetary Cycles Under Alternative Institutions：The Independent Treasury And The Federal Reserve[J]. Economics & Politics，2005，17(3)：331-350

[73] Hicks J. Mr Keynes and the Classics[J]. Economica，1937，5(2)：147-159.

[74] Hollenhorst J. Alternative Uses and Yields of Idle Public Funds：Comment [J]. National Tax Journal，1969，22(4)：557-558.

[75] Johansen S. Estimation and Hypothesis Testing of Cointegration Vectors in Gaussian Vector Autoregressive Models[J]. Econometrics，1991，59(6)：1551-1580.

[76] Johansen S. Statistical Analysis of Cointegration Vectors[J]. Journal of Economic Dynamics and Control，1988，12(3)：231-254.

[77] Johnson P. Auditor Says Lax Oversight Led to Loss of $95 Million [J]. Wisconsin State Journal，1995，7.

[78] Jordan J L. Elements of Money Stock Determination[M]. Federal Reserve Bank of St. Louis Review，1969.

[79] Jorion P. Big Bet Gone Bad：Derivatives and Bankruptcy in Orange County [M]. Academic press，1995：12.

[80] Jungblut S. Financial Instability，Oligopolistic Banking，and Monetary Growth [J]. Oxford Economic Papers，2004，56(3)：513-538.

[81] Kaldor N. The Scourge of Monetarism[M]. Oxford：Oxford University Press，1982.

[82] Keynes J M. General Theory of Money, Interest and Employment[M]. New York: Harcourt, Brace and World, 1936.

[83] Kinley D. The Relation of the United States Treasury to the Money Market [J]. American Economic Association Quarterly, 3rd Series, 1908, 9(1): 199-211.

[84] Knecht G. Hit by Derivatives, Florida County Tries to Decide What to Do [J]. Wall Street Journal, 1994, 3: 1.

[85] Lew B. Some Economic Determinants of Time Series Properties of Earnings [J]. Journal of Accounting and Economics, 1983, 5(1): 31-48.

[86] Lipe R, Kormendi R. The Implications of the Higher-order Properties of Annual Earnings for Security Valuation[J]. Earning Quality, 1993: 142-168.

[87] Lorek K S, Willinger L G. A Multivariate Time-series Prediction Model for Cash Flow Data[J]. The Accounting Research, 1996, 71(1): 81-102.

[88] Lucas R. Asset Prices in an Exchange Economy[J]. Econometrics, 1978, 46(6): 1429-1445.

[89] Lynch T D, Shamsub H, Onwujuba C. A Strategy to Prevent Losses in Local Government Investment Pools[J]. Public Budgeting & Finance, 2002, 22(1): 60-79.

[90] Maldonado R M, Ritter L S. Optimal Municipal Cash Management: A Case Study[J]. The Review of Economics and Statistics, 1971, 53(4): 384-388.

[91] Mattson K, Hackbart M. State and Corporate Cash Management: A Comparison [J]. Public Budgeting&Finance, 1990, 10(4): 18-27.

[92] Miller M H, Orr D. A Model of the Demand for Money by Firms[J]. The Quarterly Journal of Economics, 1966, 80(3): 413-435.

[93] Miller P. Higher Deficit Policies Lead to Higher Inflation[J]. Federal Reserye Bank of Minneapolis(winter), 1983, 7(1): 8-19.

[94] Mills T C. The Econometric Modelling of Financial Time Series[M]. Cambridge University Press, 1999.

[95] Monacelli T. Monetary Policy in a Low Pass-Through Environment[J]. Journal of Money, Credit, and Banking, 2005, 37(6): 1047-1066.

[96] Musgrave R A, Musgrave P B. Public Finance in Theory and Practice [M]. McGraw-Hill, 1989.

[97] Myers M G, Beckhart B H, Smith J G, et al. The New York Money Market[M]. New York: AMS Press, 1971.

[98] Nelson C R, Plosser C I. Trends and Random Walks in Macroeconomic Time Series[J]. Jour-

nal of Monetary Economics, 1982, 10(2): 139-162.

[99] Olson M. The Logic of Collective Action[M], Harvard Univ. Press, 1965.

[100] Palivos T. Optimal Monetary Policy with Heterogeneous Agents: A Case for Inflation[J]. Oxford Economic Papers, 2005, 57(1): 34-50.

[101] Palley T I. Competing Views of the Money Supply Process: Theory and Evidence[J]. Metroeconomica, 1994 , 45(1): 67-88.

[102] Palley T I. Accommodationism Versus Structuralism: Time for an Accommodation[J]. Journal of Post Keynesian Economics, 1996, 18(4): 585-594.

[103] Phelps E. The Golden Rule of Accumulation: A Fable for Growth[J]. American Economic Review, 1961, 51(4): 638-642.

[104] Phillips P C B, Perron P. Testing for a Unit Root in Time Series Regression [J]. Biometrika, 1988, 75(2): 335-346.

[105] Pike T, Savage D. Forecasting the Public Finances in the Treasury[J]. Fiscal Studies, 1998, 19(1): 49-62.

[106] Pollin R. Two Theories of Money Supply Endogeneity: Some Empirical Evidence[J]. Journal of Post Keynesian Economics, 1991, 13(3): 366-396.

[107] Quirin J J, O'Bryan D, Wilcox W E, et al. Forecasting Cash Flow from Operations: Additional Evidence[J]. The Mid-Atlantic Journal of Business, 1999, 35(2): 3-12.

[108] Ramesh K, Thiagarajan S. Random Walk and Unit Root Tests of Acounting Earnings[R]. Working paper, Northwestern University, 1989.

[109] Razek J R. Gain Control of Your Organization' s Finances: Cash Budgets [J]. Nonprofit World, 1993, 7(2).

[110] Rita M M, Lawrence S R. Optimal Municipal Cash Management: A Case Study[J]. The Review of Economics and Statistics, 1971, 53(4): 384-388.

[111] Romer C D, Romer D H. A New Measure of Monetary Shocks: Derivation and Implications[J]. The American Economic Review, 2004, 94(4): 1055-1084.

[112] Samuelson P A. An Exact Consumption Loan Model of Interest with or without the Social Contrivance of Money[J].Journal of Political Economy, 1958, 66(6): 467-482.

[113] Sargent T J, Wallace N. Some Unpleasant Monetarist Arithmetic [J]. Quarterly Review of Minneapolis Federal Reserve Bank, 1981, 5(3): 1 – 17.

[114] Sastry A S R. The Effect of Credit on Trasactions Demand for Cash[J]. The Journal of Finance, 1970, 25(4): 777-781.

[115] Schreft S L, Smith B D. The Conduct of Money Policy with a Shrinking Stock of Govern-

ment Debt[J]. Journal of Money, Credit, and Banking, 2002, 34(3): 848-882.

[116] Sellers C, Sellers C G. The Market Revolution: Jacksonian America, 1815-1846 [M], Oxford Univ Press, 1991.

[117] Shambaugh George E. The Power of Money: Global Capital and Policy Choices in Developing Countries[J]. American Journal of Political Science, 2004, 48(2): 281-295.

[118] Simmons E C. Treasury Deposits and Excess Reserves[J]. The Journal of Political Economy, 1940, 48(3): 325-344.

[119] Simon D P. Segmentation in the Treasury Bill Market: Evidence from Cash Management Bills[J]. The Journal of Financial and Quantittative Analysis, 1991, 26(1): 92-108.

[120] Sims C. A simple Model for the Study of the Determination of the Price Level and the Interaction of Monetary and Fiscal Policy[J]. Economic Theory, 1994, 4(3): 381 - 399.

[121] Smith A. An Inquiry into the Nature and Causes of The Wealth of Nations [M/CD]. http://www.adamsmith.org/smith/won-intro.htm, 1776.

[122] Solow R. Growth Theory: An Exposition[M]. New York and Oxford: Oxford University Press, 1970.

[123] Stasavage D, Moyo D. Are Cash Budgets a Cure for Excess Fiscal Deficits(and at What Cost)? [J]. World Development, 2000, 28(12): 2105-2122.

[124] Stock H, Watlson H. Inrtoduction to Econometrics[M]. Pearson Education, 2003.

[125] Stone B K, Miller T W. Daily Cash Forecasting with Multiplicative Models of Cash Flow Patterns[J]. Financial Managementment, 1987.

[126] Suwanmala C. Crisis and Response: Treasury Cash Balance Crisis in Thailand 1980-1982[J]. Public Budgeting&Finance, 1989, 9(3): 27-36.

[127] Tabellini G, Vincenzo L V. Money, Deficit and Public Debt in the United States[J]. The Review of Economics and Statistics, 1989, 71(1): 15-25.

[128] Tanzi V, Fanizza D. Fiscal Deficits and Public Debt in Industrial Countries 1970—1994[R]. IMF Working Paper WP/95/49, 1995.

[129] Tanzi V, Lutz M. Interest Rates and Government Debt: Are the Linkages Global Rather Than National?[J]. The Political Economy of Government Debt, 1993: 233 - 254.

[130] Taus E R. Central Banking Functions of the United States Treasury 1789—1941[M]. Columbia University Press, 1943.

[131] Thompson F. Taking full Advantage of State Investment Pools[J]. Journal of Policy Analysis and Management, 1988, 7(2): 353-356.

[132] Thornton D L. Forecasting the Treasury’s Balance at the Fed[J]. Journal of Forecasting,

2004， 23(5)：357-371.

[133] Tobin J. Commercial Banks as Creators of “money” [M]. Cowles Foundation for Research in Economics at Yale University，1964.

[134] Tobin J. The Interest-Elasticity of Transactions Demand For Cash[J]. The Review of Economics and Statistics，1956，38(3)：241-247.

[135] Tobin J. Government Deficits and Capital Accumulation[J]. Reprinted from Contemporary Economic Activity，1980，2：23-46.

[136] Trask H A S. The Independent Treasury：Origins，Rationale，and Record，1846- 1861[A]. Presented at the Austrian Scholars Conference，March 2002.

[137] Trehan B，Walsh C E. Common Trends，the Government’s Budget Constraint，and Revenue Smoothing[J]. Journal of Economic Dynamics and Control，1988，12：425-446.

[138] Upson L D. Practice of municipal administration[M]. The Century Co London，1926.

[139] Verbrugge A. Idle Public Funds Policies：Some Additional Evidence [J]. Nebraska Journal of Economics and Business，1973.

[140] Wang Y. Stationary Equilibria in an Overlapping Generations Economy with Stochastic Production[J]. Journal of Economic Theory，1993，61(2)：423－435.

[141] Walsh C E. Speed Limit Policies：The Output Gap and Optimal Monetary Policy[J]. American Economic Review，2003，93(1)：265-278.

[142] Wallace Neil，Lawrence R. Klein Lecture 2000：Whither Monetary Economics ?[J]. International Economic Review，2001，42(4)：847-869.

[143] Watts R L，Leftwich R W. The Time Series of Annual Accounting Earnings [J]. Journal of accounting research，1977，15(2)：253-271.

[144] Wheeler C E. The Investment of Idle Public Funds[J]. Nebraska Journal of Economics and Business，1972：25-35.

[145] White L D. Introduction to the Study of Public Administration[M]，Macmillan New York，1955.

[146] Woodford M. Fiscal Requirements for Price Stability[J]. Journal of Money，Credit and Banking，2001，33(3)：669-728.

[147] Young J. Shoshone Lose Millions in Derivatives Investment[J]. Indian County Today (Lakota Times)，1995.

[148] Zilcha I. Dynamic Efficiency in Overlapping Generations Models with Stochastic Production [J]. Journal of Economic Theory，1990，52(2)：364-79.

[149] Zilcha I. Characterizing Efficiency in Stochastic Overlapping Generations Models[J]. Jour-

nal of Economic Theory，1991，55(1)：1-16.
[150] 巴曙松．中国货币政策有效性的经济学分析[M]．北京：经济科学出版社，2000.
[151] [美]布兰查德，费希尔．宏观经济学（高级教程中译本）[M]．北京：经济科学出版社，1998.
[152] 曹永福．格兰杰因果性检验评述[J]．数量经济技术经济研究，2006(1).
[153] 财政部财政科学研究所．中国财政管理体制改革：10年回顾[A]．中国财税论坛，2003.
[154] 陈立．现代金融大辞典[M]．长春：吉林大学出版社，1991.
[155] 陈明．美国独立国库制度的渊源、演变、弊害及影响[J]．武汉大学学报(人文科学版)，2003a(6)：690-695.
[156] 陈明．美国联邦储备体系的历史渊源[M]．北京：中国社会科学出版社，2003b.
[157] 陈晓．中央银行法律制度研究[M]．北京：法律出版社，1997.
[158] 陈野华．西方货币金融学说的新发展[M]．成都：西南财经大学出版社，2001.
[159] 陈颖．浅谈我国国库现金管理的思路与模式[J]．海南金融，2005(10)：57-58.
[160] 崔建军．货币供给的性质：内生抑或外生[J]．经济学家，2005(3)：113-120.
[161] 杜莉．中国货币市场及其发展[M]．北京：经济科学出版社，1999.
[162] 凡勃伦．有闲阶级论——关于制度的经济研究（中译本）[M]．北京：商务印书馆，1982.
[163] 高培勇，宋永明．公共债务管理[M]．北京：经济科学出版社，2004.
[164] 高希聖，郭真．政治法律大词典（全一册）[M]．上海：世界书局，1935.
[165] 顾炎武．日知录（黄汝成集释本）[M]．上海：上海古籍出版社，1985.
[166] 郭庆旺，赵志耘．财政理论与政策[M]．北京：经济科学出版社，2001.
[167] 郭庆旺，赵志耘．政府储蓄的经济分析[J]．管理世界，1999(6)：32-39.
[168] 何明霞．国库现金管理与货币政策的协调[J]．统计与决策，2004(10)：130-131.
[169] 何盛明．财经大辞典（上卷）[M]．北京：中国财政经济出版社，1990.
[170] 黄丽丽，周澍民，钱莲琴．港台语词词典[M]．安徽：黄山书社，1990.
[171] 黄挹卿．国库理论与实务[M]．北京：中国金融出版社，1996.
[172] 黄挹卿，王传纶．中国国库业务全书[M]．北京：中国财政经济出版社，1994.
[173] 贾康，阎坤，周雪飞．国库管理体制改革及国库现金管理研究[J]．管理世界，2003(6)：15-25.
[174] 江晴，陈诤直．电子支付系统对货币乘数范式的冲击[J]．世界经济，2001(10)：54-56.
[175] 蒋瑛琨，刘艳武，赵振全．货币渠道与信贷渠道传导机制有效性的实证分析——兼论货币政策中介目标的选择[J]．金融研究，2005(5)：70-79.
[176] [美]凯恩斯．就业利息和货币通论[M]．北京：商务印书馆，1983.

[177] [美]康芒斯．制度经济学中译本(上册) [M]．北京：商务印书馆，1981.
[178] 柯武刚，史漫飞．制度经济学社会秩序与公共政策[M]．北京：商务印书馆，2000.
[179] 李金珊．农村金融体系中信用社与合作金融应有各自的空间[J]．财政研究，2004，(2).
[180] 李绍光．划拨国有资产和偿还养老金隐性债务[J]．经济学动态，2004，(10).
[181] 刘菲菲．从开展国库现金管理看我国短期国债市场的建立[D]．西南财经大学，2005.
[182] 刘家新．政府储蓄论[D]．西南财经大学，2002.
[183] 刘溶沧，马拴友．赤字、国债与经济增长关系的实证分析[J]．经济研究，2001(2)：13-19.
[184] 刘溶沧，赵志耘．财政政策论纲[M]．北京：经济科学出版社，1998.
[185] 刘迎秋．论中国现阶段的赤字率和债务率及其警戒线[J]．经济研究，2001(8)：3-14.
[186] 刘正．我国开展国库现金管理问题研究[D]．西南财经大学，2005.
[187] 卢现祥．西方新制度经济学[M]．北京：中国发展出版社，1996.
[188] 鲁琳．浅议国库资金的运行对货币政策的影响及对策[J]．广西金融研究，2005(10)：23-25.
[189] 陆蓉．资本市场的货币政策[M]．上海：上海财经大学出版社，2003.
[190] 栾德方，李晓芳，殷浩．乡镇国库的理论与实践[M]．南京：江苏人民出版社，1991.
[191] 马海涛，安秀梅．中外国库管理制度的比较与借鉴[A]//刘溶沧，赵志耘. 中国财政理论研究前沿Ⅲ[M]．北京：社会科学文献出版社，2003.
[192] 马洪范．发达国家熨平国库现金波动的经验[J]．中国财政，2005(1)：63-64.
[193] 马寅初．马寅初全集（1937年第十三卷）[M]．杭州：浙江人民出版社，1999.
[194] [美]米尔顿·弗里德曼．论货币[J]．世界经济译丛，1981(5）.
[195] 米什金．货币金融学（第六版）中译本[M]．北京：中国人民大学出版社，2005.
[196] 诺斯．经济史中的结构与变迁（中译本）[M]．北京：商务印书馆，1992.
[197] 诺斯．制度、制度变迁与经济绩效（中译本）[M]．上海：上海三联书店，1994.
[198] 潘国俊．政府资金运动与货币供给量的关系研究[J]．金融研究，2004(6)：81-89.
[199] 钱争鸣，郭鹏辉，李智．宏观主要经济变量对物价影响的动态分析[J]．厦门大学学报(哲学社会科学版)，2006(1)：95-102.
[200] [日]青木昌彦．什么是制度？我们如何理解制度？[J]．经济社会体制比较，2000(6)：28-38.
[201] 邱华炳．国库运作与管理[M]．厦门：厦门大学出版社，2001.
[202] 单学勇．国库制度——理论分析与运作管理[M]. 合肥：中国科学技术大学出版社，2004.
[203] 上海财经大学公共政策研究中心．重建中国公共预算体系研究[M]．上海：上海财经大学出版社，2003.
[204] 沈国兵．汇率制度的选择——兼论对人民币汇率制度的启示[M]．北京：经济科学出版社，2003.
[205] 沈伟基．货币金融学[M]．北京：北京工业大学出版社，2001.
[206] 盛松成，施兵超，陈建安．现代货币经济学[M]．北京：中国金融出版社，2001.

[207] 盛松成. 现代货币供给理论与实践[M]. 北京：中国金融出版社，1993.

[208] 史永东，齐鹰飞. 中国经济的动态效率[J]. 世界经济，2002（8）：65-70.

[209] 宋晓梧，张中俊，张新梅. 解决隐性债务问题，深化养老保险体制改革[N]. 中国经济时报，2000.5.9.

[210] 孙伯银. 货币供给内生的逻辑[M]. 北京：中国金融出版社，2003.

[211] 孙明华. 我国货币政策传导机制的实证分析[J]. 财经研究，2004(3)：19-30.

[212] 孙勇. 从财政国库存款计息到对库底资金进行现金管理[J]. 理论界，2006(10)：222-223.

[213] 谭平. 国库制度之研究[M]. 上海：民智书局，1929.

[214] 汪祥春，夏德仁. 西方经济学[M]. 大连：东北财经大学出版社，2003.

[215] 王琪延. 大众常用经济词典[M]. 北京：中国发展出版社，2001(9).

[216] 王长勇. 国库全年超收5000亿，巨额存款为难央行[N]. 财经时报，2004年10月18日.

[217] 王振山，王志强. 我国货币政策传导途径的实证研究[J]. 财经问题研究，2000(12)：60-63.

[218] 夏德仁，张洪武，程智军. 货币政策传导的“信贷渠道”述评[J]. 金融研究，2003(5)：36-42.

[219] 萧松华. 当代货币理论与政策[M]. 成都：西南财经大学出版社，2001.

[220] 晓江. 国债余额管理触礁[J]. 数字财富，2004(6).

[221] 许雄奇，张宗益. 财政赤字、金融深化与通货膨胀理论分析和中国经验的实证检验1978—2002[J]. 管理世界，2004(9)：24-32.

[222] 杨小平. 国库资金对实施货币政策的影响[J]. 经济研究参考，2005(71).

[223] 姚长辉. 货币银行学[M]. 北京：北京大学出版社，2002.

[224] 易纲，吴有昌. 货币银行学[M]. 上海：上海人民出版社，2003.

[225] 尹文敬. 财政学[M]. 北京：商务印书馆，1935.

[226] 英国皇家银行学会(CIB). 现金流管理(中译本)[M]. 北京：中信出版社，2002.

[227] 于志军. 间接融资和直接融资下的货币政策分析[D]. 清华大学，2005.

[228] 余永定. 财政稳定问题研究的一个理论框架[J]. 世界经济，2000(5)：3-12.

[229] 袁志刚，何樟勇. 20世纪90年代以来中国经济的动态效率[J]. 经济研究，2003(7)：18-26.

[230] 张宇燕. 制度经济学：异端的见解《现代经济学前沿专题(第二集)》[M]. 北京：商务印书馆，1996：226-228.

[231] 张之骧，严恒元. 最新英国金融体系剖析[M]. 北京：中国金融出版社，1997.